도파민형
인간

THE MOLECULE OF MORE
by Daniel Z. Lieberman, MD, and Michael E. Long

Copyright © 2019 by Daniel Z. Lieberman, MD, and Michael E. Long
All rights reserved.
Korean translation rights arranged with Harvey Klinger, Inc., New York
through The Danny Hong Agency, Seoul.

Excerpt of lyrics from "Desolation Row" (page 120) Copyright © 1965 by Warner Bros.
Inc.; renewed 1993 by Special Rider Music.
All rights reserved. International copyright secured. Reprinted by permission.
Figure 2 (page 41) by Sasangi Umesha
Figure 4 (page 115) and Figure 5 (page 191) by Thomas Splettstoesser (www.scistyle.com)

이 책의 한국어판 저작권은 대니홍 에이전시를 통한
저작권사와의 독점 계약으로 쌤앤파커스에 있습니다.
저작권법에 의해 한국 내에서 보호를 받는 저작물이므로 무단전재와 복제를 금합니다.

중독과 충동에 휘둘리는 뇌 길들이기

도파민형 인간

대니얼 Z. 리버먼, 마이클 E. 롱 지음
최가영 옮김

뇌 속 작은 호르몬 하나가
어떻게 사람을 약물중독자로, 사랑꾼으로,
혹은 천재로 만들며
인류의 운명을 결정하는가?

세상을 다르게 보는 방법을 깨우쳐준 샘과 잭에게
— DZL

상대방이 듣든 말든 동네방네 자랑하고 다니셨을 아버지와
안타깝게도 좋은 시절을 못 보고 떠난 켄트에게
— ML

차례

프롤로그	더 자극적인 것, 더 놀라운 것에 미치는 도파민을 길들이는 중입니다	12
책을 읽기 전에		16

CHAPTER 1 우리는 왜 자꾸 사랑하고 중독될까

끊임없이 '더, 더, 더'를 갈구하는 쾌락 분자	21
'해보니 별 거 없네….'	27
도파민의 질주가 멈출 때 사랑은 식는가?	32
구남친과 슬롯머신의 공통점	37
불타는 로맨스에서 동반자적 사랑으로	44
섹스는 사랑의 축소판이자 호르몬 전쟁	52

CHAPTER 2 인간은 어떻게 스스로를 파괴하는가

배가 고프지 않아도 햄버거를 먹는 이유	61
매력을 느낀 순간 무조건 반응하는 의욕의 기전	64
간절히 원하게 만드는 힘	69
'욕망'을 취사선택해 '애호'로 발전시키려면	74
주말의 맥주 한 캔이 매일 마시는 보드카 한 병으로	77
뇌에 더 빠르게 도착할수록 더 강하게 중독된다	85
'즐거움'은 '욕망'과 달리 훨씬 드물고 짧아서	90
욕망의 수호자가 이성적 사고를 압도할 때	95
파킨슨병을 치료하려다 도박에 빠진 남자	98

포르노에 더 쉽게 중독되는 사람	103
온갖 보상의 보물창고, 온라인 게임	108
TV를 켜는 것도, 끄는 것도 모두 도파민이다	112

CHAPTER 3 파멸하거나 진화하거나, 중독되거나 성취하거나

욕망 회로의 폭주를 막는 통제 회로	117
끈기와 의지력을 좌우하는 것	122
지배가 복종을, 복종이 지배를 불러온다	127
대리자 관계인가, 친교 관계인가	133
우주 영웅으로 살 수밖에 없었던 남자	140
충동 성향과 체중의 연관성	143
승리에 도취된 사람들의 말로	149
차가운 폭력과 뜨거운 폭력	153
살아야 한다, 그러자면 생각해야 한다	157
감정 조절 능력을 좌우하는 도파민 수용체	160
의지력도 지갑 속의 돈처럼 쓰면 사라진다	165
"넌 할 수 있어!" 격려보다 용돈이 효과적이다	168
모성애는 어떻게 금단현상을 극복할까?	171

CHAPTER 4 창조자는 천재 아니면 미치광이

최악의 결과와 최선의 결과	181
뇌 회로가 합선되면 나타나는 현상들	189
오감이 미치지 않는 '정신의 시간 여행'	192
잘못된 가정이 정신 질환의 불씨로	195
조현병 환자와 예술가의 공통점	199
꿈은 정신 질환과 크게 다르지 않다	203
노벨상 수상자들이 그림도 잘 그리는 이유	212
멈추지 않는 도파민형 인간들	217

CHAPTER 5 진보주의자와 보수주의자는 어떻게 만들어지는가

14년 뒤의 고백	223
정치적 성향에 따른 IQ 차이	229
도파민형 인간은 기부하지 않는다?	232
익숙함은 지루함인가, 안정감인가?	235
신경과학이 알려주는 설득의 기술	239
불평등을 응징하는 도파민형 사고방식	246
이민자 추방과 봉사활동의 아이러니	249
간단한 실험으로 정치적 성향도 바뀐다	252
힘이 아닌 아이디어로 통제하는 것이 정치다	256

CHAPTER 6 **무엇이 인류를 진화하고 번영하게 만들었나**

모험가 유전자의 힘으로 더 멀리 떠나온 무리   261
생존하는 적자는 무엇이 달랐나?   265
똘똘한 사람일수록 도파민이 일으키는 정신 질환에 취약하다   270
도파민이 폭발하는 이민자들의 나라   276
도파민 부자들, 도파민으로 멸망할까?   282

CHAPTER 7 **미래지향과 현재지향을 조화시키다**

통달의 경지에서 오는 즐거움   291
예측하지 못한 발견에 흥분하는 강력한 자극제   296
행복한 미래를 상상하는 것의 대가   300

에필로그   인간이 다른 동물과 다른 점   303
감사의 글   308
참고문헌   312

프롤로그

더 자극적인 것, 더 놀라운 것에 미치는 도파민을 길들이는 중입니다

지금 당장 고개를 숙여 밑을 내려다보자. 무엇이 눈에 들어오는가? 내 손, 책상, 방바닥이 보일 것이다. 때로는 커피 한 잔, 아니면 노트북이나 신문이 함께 시선 자락에 걸릴 것이다. 이 사물들의 공통점은 내가 팔만 뻗으면 만질 수 있다는 것이다. 고개를 숙였을 때 손이 닿는 범위 안에서 보이는 피사체들은 내가 지금 당장 통제할 수 있는 것들이다. 치밀한 계획이나 노력 없이도 내 마음대로 움직이고 조작하는 것이 가능하다. 내 노력의 결과물인지, 타인이 베푼 선의의 징표인지, 운으로 얻어걸린 것인지는 중요하지 않다. 시야 안에 들어왔다면 일단은 모두 내 것이다. 내 소유물이다.

　이번에는 위를 올려다보자. 무엇이 보이는가? 십중팔구는 천장이다. 어쩌면 벽에 걸린 그림이나 창문 밖 풍경이 시선을 사로잡을지도 모르겠다. 나무, 건물, 하늘에 떠 있는 구름 등 뭐가 됐든 멀리 있는 것들이다. 이들의 공통점은 그것에 가닿으려면 고민하고, 계산하고, 미리 계획을 세워야 한다는 것이다. 이런 상황에서는 언제나 사전 준비와 적지 않은 수고가 필요하다. 밑을 내려다볼 때와 달리 위를 올려다볼 때 보이는 것들은 고민하고 노력해야만 쟁취할 수 있는 것들이다.

당연한 걸 뭐 이리 잔뜩 무게 잡고 설명하느냐고? 다 이유가 있다. 뇌에서는 이 구분에 따라 사고방식이 극과 극으로 달라지기 때문이다. 뇌는 오로지 이 차이점 하나로 두 세상을 완전히 다른 태도로 대한다. 뇌에게 눈높이 아래는 다양한 신경전달물질을 이용해 마음대로 주무를 수 있는 손바닥 안 세상이다. 뇌는 지금 이 순간 내 사정거리 안에 들어와 있는 것이라면 무엇이든 내가 만족할 때까지 즐길 수 있다고 생각한다. 그러다 고개를 들어 눈높이 위를 조망하면 뇌는 지금까지와는 다른 종류의 화학물질 딱 한 가지만을 사용하기 시작한다. 이 화학물질은 팔을 끝까지 뻗어도 닿지 못하는 저 너머를 꿈꾸게 한다. 나아가 우물 안을 벗어나 넓은 세상을 탐험하고 정복하라고 부추긴다. 그렇게 인간을 아무리 많이 가져도 늘 부족함을 느끼는 욕심쟁이로 만든다. 그래서 우리는 물질적인 것이든 정신적인 것이든 한번 맛들이기 시작하면 점점 더 집착하게 된다. 이 화학물질은 '당신이라면 거리도 지능도 모두 초월할 수 있다'며 우리를 쉼 없이 꼬드긴다.

우리가 당장 코앞에 있는 것을 탐닉할 때 뇌에서 활약하는 것은 '아래' 화학물질들이다. 우리는 아래 화학물질들의 작용으로 맛있는 음식을 음미하고, 천적에 맞서 싸우거나 잽싸게 도망친다. 모두 지근거리에서 '지금 이 순간' 일어나는 일들이다. 그러나 '위' 화학물질은 다르다. 위 화학물질은 가져보지 못한 것을 갖고 싶게 하고 늘 새로운 것을 추구하게 만든다. 이 화학물질은 시키는 대로 잘 하는 몸뚱이에게는 상을 주지만 말 안 듣는 몸뚱이는 잠도 못 자게 괴롭힌다. 그런 까닭에 이 화학물질은 창의력과 광기의 원천이 된다. 중독에 이르는 지름길이자, 아이러니하게도 중독에서 벗어나는 열쇠이기도 하다.

많은 이들은 자신의 야망을 실현하고자 가장 중요한 것을 희생한다. 배우와 기업가는 독하게 노력해 세계적 성공을 거두고, 화가는 돈과 명예를 모두 잃은 뒤에도 손에서 붓을 놓지 않는다. 남부러울 것 없는 기혼 남녀가 위험한 일탈을 꿈꾸기도 한다. 모든 것은 맨눈으로는 보이지도 않는 화학물질 하나 때문이다. 물론 학자도 예외는 아니다. 이 화학물질 때문에 뇌가 참지 못할 정도로 근질근질해지면 다른 도리가 없다. 과학자는 납득할 만한 설명을 찾아 나서고, 철학자는 논리와 의미에 대해 사유할 수밖에 없는 것이다.

우리가 하늘을 우러러보며 신에게 구원의 기도를 하는 것도 그런 이유 때문이다. 그래서 하늘은 반드시 '위'에 있어야 하고 땅은 반드시 '아래'에 있어야 한다. 우리는 이 화학물질의 부추김으로 꿈을 키우고 그 꿈이 좌절됐을 때 절망한다. 우리는 이 물질의 화학작용에 이끌려 더 나아가고 무언가를 이뤄내고자 노력한다. 그렇게 인간은 '발견'하고 '발전'하고 '번영'해왔다. 문제는 행복이 영원하지 않은 것 역시 이 화학물질 탓이라는 점이다.

사람의 뇌에서 이 화학물질은 궁극의 '만능 치트키'다. 수천 갈래의 신경화학 경로를 종횡무진하면서 우리에게 살아 있다는 사실 자체의 단순한 즐거움부터 상상 속 가능성의 바다를 모험하는 고차원적 희열까지 다채로운 감정을 선사한다. 인간뿐만 아니라 모든 포유류와 파충류는 이 화학물질의 도움을 받아 여러 가지 두뇌 기능을 수행한다. 물론 새와 물고기도 마찬가지다. 하지만 이 화학물질을 이렇듯 알차게 활용하는 생물은 인간이 유일하다. 축복인 동시에 저주이며, 동기이자 보상인 이 화학물질의 이름은 '도파민dopamine'이다.

도파민은 탄소, 수소, 산소, 질소 이렇게 네 종류의 원소로만 이루어진 조그만 분자이지만 이 호르몬이 쥐고 있는 것은 인간 행동의 비밀 그 이상이다. 세상에는 날 때부터 도파민이 남들보다 많이 분비되는 사람들이 있는데, 이것을 어떻게 길들이는지가 삶의 만족과 행복을 좌우한다. 당신 역시 계속해서 더 많은 것, 더 자극적인 것, 더 놀라운 것을 욕망하고 갈구하며, 남보다 더 잘 중독되고, 성취하는 것에서 인생의 목표를 찾고 있다면 이 책을 통해 도파민이 주인이 되는 방법을 배울 차례다.

책을 읽기 전에

미리 말해두지만 이 책에는 과학 실험이 엄청나게 등장한다. 이해를 돕기 위해 다소 과하게 단순화한 내용도 있다. 하지만 세계적으로 손꼽히는 신경과학자조차도 극단적으로 단순화시킨 뇌 모델로 연구를 진행한다. 그 정도로 뇌는 어마어마하게 복잡한 장기인데다 실험 자체도 호락호락하지 않다. 같은 실험에서도 결과가 반대로 나오는 일이 다반사다. 그렇게 쏟아지는 여러 선택지 중에서 무엇이 정답인지 확정 짓기까지는 상당한 시간이 걸린다. 원칙적으로는 증거자료 전체를 꼼꼼하게 검토하는 게 옳지만 보나마나 여러분 중 대다수는 이 과정을 견딜 수 없이 지루해할 것이다. 그래서 이 책에서는 해당 분야에서 중요한 전환점이 되었거나 학계 전체가 협의해 과학적으로 인정한 연구만을 선별해 언급했다.

과학은 호락호락하지 않다. 때때로 기이하기까지 하다. 인간 행동을 연구하는 분야가 특히 그렇다. 주제가 주제인지라 시험관 속

화학물질을 분석하거나 감염 환자를 관찰하는 것만으로 끝나지 않는다. 두려움, 식탐, 성욕처럼 강렬한 호불호의 감정에서 촉발되는 민감한 행동을 분석해야 할 때는 과학자들의 시름이 더욱 깊어진다. 우리는 책에서 이렇게 유별나고도 흥미로운 연구들을 최대한 많이 소개하려고 노력했다.

주제가 무엇이 됐든 사람을 연구 대상으로 삼는 것은 조심스러운 일이다. 임상 연구는 의사와 환자가 치료를 위해 한마음 한뜻이 되는 임상 치료와 또 다르다. 임상 치료는 환자의 쾌유를 유일한 사명으로 삼고 환자에게 가장 적합한 방법을 찾는 반면, 연구는 과학적 의문에 대한 답을 찾는 것을 목적으로 한다. 그런 까닭에 연구에서는 참가자들이 위험 요소에 다소 노출되더라도 올바른 결과를 가장 우선으로 여긴다. 연구 참가자들은 때때로 평범한 치료를 받았다면 걱정할 일 없을 위험도 감수해야 한다. 가끔은 연구 중인 임상 치료가 생명을 구하기도 하지만 말이다.

참가자들의 봉사에는 '다수를 위한 개인 안위의 희생'이라는 가치가 있다. 연구가 성공적으로 끝난다면 연구 참가자들의 노고 덕분에 다른 많은 환자들이 더 밝은 미래를 누릴 수 있다. 그런 의미에서 임상 연구 참가자들은 화재가 난 건물 안으로 용감하게 뛰어드는 소방관과도 같다. 절대다수의 행복을 위해 스스로를 불길에 내던지는 것이다.

따라서 그들은 자신이 참가하는 연구가 어떤 연구인지부터 정확히 알아야 한다. 그런 정보를 사전에 제공하고 이들에게 생각할 시간을 주는 절차를 '연구 대상자 동의'라고 부른다. 보통은 꽤 묵직한 설명서가 함께 제공된다. 연구의 목적과 위험 요소들을 자세히 설명하는 문서다. 연구 대상자 동의는 바람직한 절차지만 이것 또한 완벽한 보호막이 되지는 못한다. 모두가 설명서를 성실하게 정독하는 것은 아니기 때문이다. 특히 끝까지 읽을 엄두가 나지 않을 정도로 설명서가 두꺼울수록 관리는 허술해진다. 또한 연구의 객관성 유지를 위해 어쩔 수 없이 연구진이 중요한 사항을 연구 참가자에게 숨겨야 하는 경우도 있다. 하지만 모든 연구 참가자가 합당한 처우를 받을 수 있도록 과학자들 또한 만전을 기하고 있다는 것만은 확실하다.

CHAPTER 1

우리는 왜 자꾸 사랑하고 중독될까

도파민은 어떤 마법을 부려 우리를 사랑에 빠지게 만들까?
그리고 그런 사랑도 왜 언젠가는 변할까?

사랑은 인생에서 받을 수 있는
가장 큰 상을 받고자 하는 강렬한 욕구다.
— 헬렌 피셔 Helen Fisher, 생물인류학자

끊임없이 '더, 더, 더'를 갈구하는 쾌락 분자

숀은 수증기로 뿌예진 욕실 거울을 대충 쓱쓱 닦아내고 손으로 검은 머리칼을 쓸어 넘기며 중얼거렸다. "이만하면 되겠지." 그는 허리에 둘렀던 타월을 걷고 탄탄한 아랫배를 잠시 감상했다. 헬스장에 열심히 다닌 덕분에 복근이 제법 그럴듯하게 도드라졌다. 근육의 굴곡을 보고 있는데 떠올리기 싫은 사실 하나가 다시 떠올랐다. 지난 2월부터 연애 공백 상태였던 것이다. 좋게 표현해 그렇다는 것이고 솔직하게 말하면 무려 7개월 하고도 3일 동안 한 번도 섹스를 하지 못했다. 날짜까지 정확히 기억하고 있다니. 순간 숀은 몹시 심란해졌다. "오늘은 꼭 결판을 내겠어." 그는 다짐했다.

바를 찾은 그는 사냥감을 물색하기 시작했다. 당연히 섹스가 고팠지만 그는 무엇보다도 자신과 인생을 함께할 누군가가 필요했다. 별일 없어도 문자메시지를 보낼 수 있고 매일 봐도 볼 때마다 반가운 반쪽을 갈망했다. 그는 자신이 로맨티스트라고 생각했다. 일단 오늘의 목적이 하룻밤 상대를 찾는 것일지라도.

숀은 높은 테이블 곁에 수다스런 친구와 함께 서 있는 한 여자와 계속 눈이 마주쳤다. 밤색 머리에 갈색 눈동자를 가진 그녀는 복장만 보면 토요일 밤을 불태우러 나온 사람 같지 않았다. 섹시한 클럽 의상 대신 청바지 차림이었고 신발은 힐이 아니라 단화였다. 숀은 자기소개를 하고 빠르게 여자들과 친해졌다.

그녀의 이름은 서맨사였다. 그녀가 처음으로 한 얘기는 자신은 술을 마시며 노는 것보다 운동하는 게 더 좋다는 거였다. 그렇게 해서 대화는 자연스럽게 동네 헬스클럽, 피트니스 앱, 아침 운동과 오후 운동의 장단점 등으로 흘러갔다. 그날 저녁 내내 숀은 그녀의 곁을 떠나지 않았고 서맨사 역시 그가 옆에 있는 것이 좋았다.

남녀가 진지한 사이로 발전하기에 완벽한 상황이었다. 같은 관심사가 있고, 두 사람이 서로를 편하게 느꼈으며, 술과 약간의 절실함까지 있었으니 말이다. 이 중 어느 하나도 사랑의 핵심 요소가 아니라고는 말할 수 없다. 그러나 중요한 것은 그날 두 사람 모두 눈에 콩깍지를 씌우는 화학물질의 지배를 받고 있었다는 점이다. 그때 술집에 있었던 다른 남녀들도 마찬가지다. 그리고 결국, 당신도 예외는 아닐 것이다.

도파민은 1957년에 런던 근교의 런웰 병원 연구실에서 캐슬린 몬터규Kathleen Montagu에 의해 발견된 뇌 속 화학물질이다. 처음에 도파민은 노르에피네프린norepinephrine이라는 화학물질의 체내 합성을 돕는 물질 정도로만 여겨졌다. 참고로 노르에피네프린은 아드레날린adrenaline 중 뇌에서 작용하는 화학물질만을 구분하는 이름이다. 그런데 뭔가 이상했다. 도파민을 만들 수 있는 뇌세포의 수는 오로지 0.0005%, 즉 200만 분의 1에 불과함에도 이 화학물질이 사람의 행동을 크게 좌지우지하는 것이었다. 연구에 참여한 피시험자들은 도파민 신호가 켜졌을 때 쾌감을 느꼈고, 이 소수정예 세포들을 깨우기 위해서라면 어떤 고생도 마다하지 않았다. 게다가 조건이 맞아떨어져 쾌락 호르몬인 도파민을 갈구하는 생리적 욕구가 걷잡을 수 없이 부풀어 오르면 제아무리 성인군자라도 저항할 수 없을 정도였다. 과학자들은 이런 도파민에 '쾌락 분자pleasure molecule'라는 이름을 붙이고 뇌세포가 도파민을 만드는 반응을 '보상회로reward circuit'라 불렀다.

약물중독자를 대상으로 한 실험들은 쾌락 분자인 도파민의 명성을 더욱 드높였다. 그중 한 실험에서는 방사성원소인 당 분자를 코카인에 섞어 피시험자에게 주사했다. 뇌의 어느 부분이 가장 많은 열량을 소모하는지 알아보기 위해서였다. 피시험자가 할 일은 혈관으로 들어간 코카인이 약효를 발휘할 때 약에 취한 본인의 상태를 자세히 기록하는 것이었다. 실험 결과, 도파민 보상회로가 활성화될수록 피시험자가 매긴 점수가 높았다. 코카인이 뇌에서 빠져나오면 도파민의 활성화 정도가 약해지고 코카인 효과도 점차 사라졌다. 다른 실험들의 결과도 비슷했다. 쾌락 분자로서 도파민의 역할이 과학적으로 확실히 입증된 것이다.

뒤이어 이 결과를 똑같이 재현해 검증하려는 연구가 여기저기서 시도되었다. 그리고 바로 이 과정에서 뜻밖의 성과를 얻게 된다. 이때까지 연구자들은 사람을 마약에 더 잘 취하게 만드는 쪽으로 도파민 경로가 발달하는 건 아닐 거라고 생각했다. 그보다는 마약이 도파민을 흉내 내 비슷한 효과를 유도하는 게 틀림없다고 확신했다. 도파민이 특별한 힘을 갖게 된 것은 생존과 생식을 위한 필요에 의한 진화 기전이라는 것이다. 이런 논리를 바탕으로 연구자들은 코카인 대신 음식을 사용해 실험을 진행했다. 음식이 코카인과 똑같은 효과를 낼 거라 기대했던 것이다. 그런데 실제 결과는 모두의 예상을 뒤엎었다. 그리고 그것은 쾌락 분자인 도파민의 명성을 무너뜨렸다.

사실 도파민은 쾌락과 아무 상관이 없다. 여태껏 모두가 완전히 잘못 알고 있었던 것이다. 정확히 말하자면 쾌락보다 훨씬 더 섬세하고 심층적인 감정을 전달하는 것이 도파민의 진짜 역할이다. 인간은 다양한 활동을 하며 살아간다. 미술, 문학, 음악과 같은 예술에 심취하고 성공을 추구한다. 또 신세계를 탐험하고 자연법칙을 탐구하며 신에 대해 사유한다. 그리고 인간은 자주 사랑에 빠진다. 도파민을 제대로 이해하면 이렇게 다채로운 인간 행동의 면면을 정확하게 설명할 수 있고 심지어는 예측까지 할 수 있다.

손은 자신이 사랑에 빠졌음을 느꼈다. 시시각각 그를 옭아매던 불안감은 눈 녹듯 사라졌고 이제는 하루하루가 행복에 겨워 눈이 부셨다. 서맨사와 함께 시간을 보낼수록 그녀에게 끌리는 마음은 점점 강해지고 애정은 더욱 깊어졌다. 그녀만 생각하면 뭐든 다 가능할 것 같았다. 성욕이 그 어느 때보다도 강해졌지만 그는 오직 서맨사에게만 충실했다. 다른 여자들은 세상에서 사라지고 이제 그에게 여자는 서맨사 한 명뿐이었다.

어느 날 손은 요즘 자신이 얼마나 행복한지를 서맨사에게 고백하려고 했다. 그런데 그녀가 그의 말을 중간에 막고는 자신도 똑같은 마음이라고 말했다. 손은 날아갈 것 같았다. 손은 그녀와 영원히 함께하고 싶었다. 그래서 얼마 지나지 않아 서맨사에게 청혼을 했다. 돌아온 대답은 예스였다.

그런데 신혼여행을 다녀온 뒤 몇 개월이 지나자 상황이 달라지기 시작했다. 초반에는 매일 깨를 볶으며 서로 죽고 못 살았지만 시간이 지나면서 애타는 마음은 차차 식어갔다. 이 사람과 함께라면 뭐든지 가능할 거라는 확신은 흐려졌고 상대방을 전보다 덜 생각하게 되었으며 세상의 중심이 다시 내 쪽으로 가까워졌다. 들떠서 구름 위를 걷던 마음은 차분하게 가라앉았다. 불행한 것은 아니었지만 둘이 함께라는 사실만으로 느껴졌던 넘치는 만족감은 자취를 감춰버렸다. 무슨 일이든 다 할 수 있을 것 같던 자신감은 이제 딴 세상 얘기였다. 하루 종일 그 사람 생각에 아무것도 못 하거나, 그 사람 때문에 무슨 일이든 하는 일은 더 이상 없었다. 바람을 피우는 건 아니었지만 숀은 지나가는 여자들을 곁눈질하곤 했다. 서맨사도 다르지 않았다. 슈퍼마켓 계산대에서 짐 정리를 도와주는 아르바이트생과 예의상 주고받는 미소에 가끔 그녀는 사심을 담곤 했다. 두 사람은 서로가 있어서 즐거웠다. 하지만 미래에 대한 희망이 넘쳤던 신혼의 환희는 서로 남남이었던 시절과 크게 다르지 않은 느낌으로 바래갔다. 마법이 사라지고 있었다.

'옛날 연애들과 조금도 다르지 않잖아.' 서맨사가 생각했다.

'해보니 별거 없네.' 숀이 생각했다.

'해보니 별 거 없네….'

과학자들은 음식과 약물 모두 도파민을 활성화시킨다는 가설을 검증하기 위해 쥐의 뇌에 전극을 심었다. 이렇게 하면 도파민 뉴런neuron 하나하나의 활성 정도를 직접 측정할 수 있다. 그런 다음에는 고체 사료 투입로가 달린 우리에 쥐를 넣었다. 실험 결과는 정확히 예상대로였다. 투입로로 사료 알갱이 하나를 떨어뜨리자 쥐 머릿속의 도파민 시스템에 불이 들어왔다. 자연적 보상이 코카인 같은 약물과 똑같이 도파민 활성을 자극한다는 가설이 적중한 것이다.

여기까지는 과거의 실험들과 다르지 않다. 하지만 이번에는 여기서 끝나지 않았다. 과학자들은 계속해서 사료를 넣어주었을 때 쥐의 뇌가 어떻게 반응하는지를 살폈다. 그리고 완전히 뜻밖의 결과가 관찰됐다. 녀석들은 사료를 점점 더 게걸스럽게 먹어치웠다. 엄청난 식탐이었다. 도파민 활동이 잠잠해진 지 꽤 지난 뒤에도 말이다. 사료의 자극이 지속되는 상황에서 왜 도파민 발화는 중간에 멈추었을까? 그 답은 전혀 예상치 못한 것들로부터 발견됐다. 바로 원숭이와 전구다.

스위스 프리부르대학교의 신경생리학 교수인 볼프람 슐츠Wolfram Schultz는 세계적으로 손꼽히는 도파민 연구의 권위자다. 학습 과정에서 도파민이 어떤 역할을 하는지 궁금해진 그는 마카크 원숭이의 뇌에서 도파민 세포들이 모여 있는 곳에 작은 전극을 심었다. 그러고는 원숭이를 전구가 연결된 상자 두 개가 달려 있는 우리에 넣었다. 두 전구 중 하나에는 어쩌다 한 번씩 불이 들어왔다. 왼쪽 전구에 불이 켜지면 오른쪽 상자에 사료가 들어 있다는 신호였고 오른쪽 전구에 불이 켜지면 왼쪽 상자에 사료가 들어 있다는 뜻이었다.

원숭이가 규칙을 이해하기까지는 어느 정도 시간이 필요했다. 처음에 원숭이는 아무 상자나 열었기 때문에 두 번 중 한 번꼴로만 사료를 찾아냈다. 음식을 발견한 원숭이의 뇌에서는 쥐 실험 때와 마찬가지로 도파민이 반짝하고 활성화됐다. 그렇게 녀석들은 시행착오를 거쳐 마침내 신호를 이해했고, 매번 사료가 들어 있는 상자를 제대로 열게 되었다. 그리고 바로 이쯤부터 도파민이 분비되는 시점이 원숭이가 사료를 찾았을 때가 아니라 전구에 불이 들어왔을 때로 바뀌기 시작했다. 어떻게 된 일일까?

어느 전구에 불이 들어올지는 언제나 예측이 불가능하다. 하지만 불빛과 음식의 연결고리를 납득한 원숭이는 음식이 아니라 불빛에 전율을 느끼게 된 것이다. 여기서 새로운 가설 하나를 세울 수 있다. 도파민 활성은 쾌락의 지표가 아니라 '예측 불가능성', 즉 가능성과 기대에 대한 반응이라는 것이다.

모두가 기대하는 순간에 도파민 폭발을 경험한 적이 있을 것이다. 애인의 편지를 펼치기 직전이라면 '무슨 내용일까?' 설렐 것이고, 오랫동안 뜸했던 친구로부터 이메일을 받으면 '어떤 내용이 적혀 있을까?' 궁금해질 것이며, 단골 바에서 매력적인 상대를 만난다면 '이 사람과 어디까지 가게 될까?' 상상하게 된다. 하지만 이런 일이 일상이 되면 신선함은 사라지고 도파민이 솟구치는 일도 더 이상 없다. 달달한 사랑의 속삭임도, 장문의 이메일도, 새롭게 단장한 단골 바의 깔끔한 인테리어도 모두 무용지물이다.

사랑이 식는 이유는 무엇일까? 수 세기 동안 인류가 풀지 못했던 이 미스터리를 도파민은 간단명료하게 설명한다. 애초에 인간의 뇌는 예측 불가능한 일들을 갈망하도록 빚어졌다. 그래서 인간은 갖가지 가능성을 자양분 삼아 미래를 꿈꾼다. 반면 익숙해진 것에는 흥분과 기대가 사라지고, 그때 인간은 다른 새로운 것으로 눈을 돌리게 된다.

이 현상을 과학자들은 '보상예측오류 reward prediction error'라고 부른다. 뜻은 말 그대로다. 우리는 다음 순간에 어떤 일이 일어날지 매순간 끊임없이 예측한다. 그중 실제로 일어난 일이 내 예상보다 좋았을 때 우리는 미래 예측에 오류가 있었다고 말한다. 오늘 예상보다 일찍 퇴근하거나, 통장에 10만 원이 더 들어 있다면 어떨까? 이 행복한 오류는 도파민을 작동시킨다. 도파민 발화에 시동을 거는 것은 이렇듯 예상치 못한 좋은 소식이 선사하는 짜릿함이다. 아낀 시간이나 돈 자체가 아니라는 뜻이다.

심지어 보상예측오류가 일어날 수 있다는 가능성만으로도 도파민은 꿈틀거린다. 평범한 출근길이라고 상상해보자. 늘 다니던 곳이라 눈 감고도 다니는 길이다. 그런데 중간에 새로 생긴 빵집을 발견한다. 당장 들어가서 어떤 빵을 파는지 구경하고 싶은 욕구가 솟구친다. 도파민이 폭발해 일순간 미각, 촉각, 시각을 마비시켰기 때문이다. 이것이 기대감이 주는 쾌락이다. 이 집에서 만든 빵을 맛보지도, 시음 음료를 받아보지도, 가게 안에 들어가보지도 않았으면서 벌써 마음이 들뜨고 신이 난다.

설레는 가슴을 안고 빵집에 들어가 진하게 내린 커피 한 잔과 크루아상을 주문한다. 커피 한 모금을 맛본다. 지금까지 마셔본 커피 중 단연 최고다. 바로 크루아상을 한 입 베어 문다. 여러 해 전 파리의 한 카페에서 먹었던 바로 그 맛이다. 지금 이 순간 당신은 아마도 하루를 이런 행운으로 시작하게 되어 아주 조금은 더 행복해졌을 것이다. 당장 내일부터 이곳에 매일 들러 아침식사를 해결할 것이다. 빵집 이름이 새겨진 머그컵을 살 테고, 매일 아침이 점점 즐거워질 것이다. 바로 끝내주는 빵집 덕분이다. 이게 바로 도파민의 영향력이다. 마치 빵집과 사랑에 빠진 것 같지 않은가?

하지만 언젠가는 원하던 것을 손에 넣고도 생각만큼 기쁘지 않은 날이 온다. 도파민이 주는 흥분감인 기대감이 주는 스릴은 영원하지 않다. 미래도 언젠가는 현재가 되기 때문이다. 알지 못하기에 황홀했던 미스터리는 지루한 일상이 된다. 바로 그 지점에서 도파민은 냉정하게 우리의 손을 놓아버린다. 남는 것은 실망뿐이다. 몇 주 뒤 동네에서 가장 맛있는 커피와 크루아상은 그저 그런 아침 끼닛거리가 되어 있을 것이다. 커피나 빵의 맛이 달라져서일까? 아니다. 변한 것은 당신의 기대감뿐이다.

서맨사와 숀의 관계 변화도 같은 이치다. 일상이 되면 보상예측오류는 더 이상 일어나지 않는다. 도파민이 발화하지 않기 때문에 서로에 대한 기대에 흥분하는 일은 없다. 서맨사와 숀은 낯선 얼굴들로 가득한 바에서 서로에게 꽂혔고 점점 깊이 빠져들었다. 하지만 상상했던 미래는 어느새 잔인한 현실이 되어 있다. 미지의 것을 아름다운 꿈처럼 미화시키던 도파민이 활동을 멈춘 탓이다.

인간의 열정은 가능성의 세계를 꿈꿀 때 자라나고 현실에 부딪힐 때 꺾인다. 당신을 유혹하던 사랑의 신이 졸린 눈을 하고 너덜너덜한 화장지에 코나 풀며 누워 있는 배우자로 전락한다면 사랑, 그리고 두 사람의 관계도 도파민이 그리는 이상적인 꿈에서 다른 성격의 무언가로 변화해야 한다. 그렇다면 그것은 무엇일까?

도파민의 질주가 멈출 때 사랑은 식는가?

호주 퀸즐랜드대학교의 생리학 명예교수인 존 더글러스 잭 페티그루John Douglas Jack Pettigrew는 와가와가Wagga Wagga라는 발랄한 이름을 가진 도시에서 태어났다. '날아다니는 영장류' 가설을 내세워 박쥐를 인간의 먼 친척으로 규정한 교수는 신경과학계에서 세계적인 유명인사가 되었다. 이 가설을 연구하는 과정에서 그는 뇌가 바깥세상의 3차원 지도를 그려내는 원리를 세계 최초로 밝혀냈다. 이게 사랑과 대체 무슨 상관인가 싶겠지만 얘기를 끝까지 들어보면 이것이 도파민과 사랑을 설명하는 데 얼마나 중요한 개념인지 알게 될 것이다.

교수의 연구에 따르면 뇌는 바깥세상을 '개인 공간peripersonal space'과 '외부 공간extrapersonal space'이라는 두 구역으로 엄격하게 나누어 관리한다. 전자는 나와 물리적으로 가까운 공간이고 후자는 나에게서 멀리 떨어진 공간이다. 기본적으로는 옆으로 나란히 자세로 빙 돌았을 때 그려지는 궤적 안의 영역이 개인 공간에 해당된다. 이 안의 모든 사물은 나의 절대적인 통제 아래에 있다. 지금 이 순간 코앞에서 펼쳐지는 현실의 세계인 것이다. 반면에 내가 자리를 옮기지 않는 한 만질 수 없다면 그곳은 외부 공간의 영역이다. 그곳은 가능성과 상상의 세계다.

이제 공간의 개념이 좀 잡히는가? 그렇다면 마지막으로 하나만 더 짚고 넘어가겠다. 한 공간에서 성격이 다른 한 공간으로 넘어가려면 시간이 걸린다. 당연히 외부 공간에서 내가 겪을 일은 미래의 사건이 된다. 즉, 거리는 시간과 연결되어 있다. 예를 들어 지금 복숭아가 몹시 먹고 싶다고 가정해보자. 복숭아를 구할 수 있는 가장 가까운 곳이 길 건너 슈퍼마켓이라면 지금 당장은 복숭아를 먹을 수 없다. 맛있는 복숭아를 먹는 것이 미래의 사건이 되는 것이다. 심지어 때로는 손 닿는 거리에 없는 것을 구하기 위해 사전에 계획까지 짜야 한다. '자리에서 일어나 집 안의 불을 켜고, 열쇠를 챙기고, 슈퍼마켓까지 걸어간다'와 같은 것이다.

계획이 이처럼 늘 간단하면 좋겠지만 달에 로켓을 쏘아 올리는 것처럼 엄청난 계획을 세워야 하는 경우도 드물지 않다. 바로 이것이 외부 공간만이 갖는 특징이다. 이곳에 있는 것을 가지려면 노력, 시간, 계획이 필요하다. 그런 게 전혀 필요 없는 개인 공간과 대비되는 지점이다. 개인 공간 안에서 하는 경험은 즉각적이다. 만지고, 맛보고, 손으로 들어 꽉 쥐어본다. 그러면서 우리는 기뻐하고 슬퍼하고, 때론 화를 내거나 즐거워한다.

이 같은 공간 구분의 배경에는 뇌 신경화학의 특별한 능력이 숨어 있다. 사유의 대상이 개인 공간일 때와 외부 공간일 때 뇌는 완전히 다른 방식으로 작동한다. 따라서 만약 살아 있는 인간을 만들 수 있다면 우리는 사물을 이런 식으로 구분하는 기능을 뇌에 장착해야 할 것이다. 뇌가 '지금 갖고 있는 것'과 '아직 갖지 못한 것'을 따로 관리할 수 있도록 말이다.

'가졌거나 못 가졌거나'라는 요즘 말을 원시시대로 가져가면 그 뜻이 '가졌거나 죽었거나'로 한층 묵직해질 것이다. 진화의 관점에서 갖지 못한 음식은 갖고 있는 음식과는 차원이 다른 무게감을 지닌다. 그것은 단순한 여분의 식량을 뛰어넘는다. 그래서인지 뇌가 개인 공간과 외부 공간을 구분하는 능력은 다른 능력들과 애초에 동원되는 경로와 화학물질부터가 다를 정도로 근원적이다. 우리의 시선이 아래를 향할 때 뇌는 개인 공간을 인식한다. 그 순간 뇌는 현재를 관장하는 화학물질들로 뒤덮인다. 반면 뇌가 외부 공간의 일에 대처해야 할 때는 다른 화학물질들이 모두 숨을 죽인 채, 오직 한 가지 화학물질만이 전권을 쥔다. 바로 도파민이다.

저 멀리 존재하기 때문에 아직 갖지 못했고, 맛볼 수도, 만져볼 수도 없는 무언가를 소망하는 것, 포기하지 못하고 기대와 상상만을 끊임없이 키워가는 것. 사람을 이렇게 만드는 도파민의 역할은 매우 구체적이다. 도파민은 훨씬 좋은 날이 곧 올 거라는 환상을 우리의 머릿속에 심는다. 그래서 우리를 계속 "더, 더!" 하고 외치는 천하의 욕심쟁이로 만드는 것이다.

이러한 이분법은 인간사의 모든 면면에 적용된다. 누구나 원하는 것과 이미 가진 것을 다르게 대하지 않는가? 내 집을 마련하고 싶어서 열심히 일해 돈을 벌고 적당한 집을 찾아 계약서에 도장을 찍는다. 안정적인 내 집에서의 나날은 틀림없이 즐거울 것이다. 하지만 긍정적 감정의 원천이 되는 뇌 회로는 계약서에 도장을 찍기 전과 후가 명백하게 다르다. 마찬가지로 연봉 인상 소문이 돌 때 미래지향적인 도파민은 기대감을 한껏 부풀린다. 두툼해질 월급봉투를 상상하며 설레는 마음은 실제로 자릿수가 늘어난 월급명세서를 받아보는 순간의 기쁨과 또 다르다.

사랑도 마찬가지다. 새로운 사랑을 막 찾았을 때와 지금의 사랑을 지킬 때 우리는 완전히 다른 기술을 구사한다. 사랑이 오래 지속되려면 외적 경험 중심의 태도가 내적 경험 중심으로 달라져야 한다. 엄연히 종류가 다른 기술이다. 이것이 시간이 흐르면서 사랑의 성격이 달라져야 하는 이유이며, 우리가 로맨스라 부르는 도파민의 질주가 멈출 때 사랑이 식는 것처럼 보이는 이유다. 전환기에는 누구나 비틀거리지만, 사람들은 곧 자세를 바로잡고 다시 나아간다. 어떻게 그럴 수 있을까? 어떻게 우리는 도파민의 유혹을 이길 수 있는 걸까?

오직 닿을 수 없는 것만이 매력적이다

매력은 우리가 날 선 현실감을 잃고 도파민이 그려내는 상상 속에 침잠할 때 더욱 환하게 빛난다. 비행기는 아주 좋은 예다. 고개를 들어 위를 올려다보자. 마침 하늘에 비행기가 지나간다면 어떤 생각이 떠오를까? 흔히 사람들은 비행기가 천상낙원으로 가는 천국의 배인 양 말한다. 구름바다를 활보하는 저 비행기를 타고 어느 이름 모를 곳으로 떠나버리고 싶다고 말하기도 한다. 이때 비행기를 타고 있는 당사자들은 다를 것이다. 사실은 이곳도 도심을 꾸역꾸역 달리는 버스 안보다 나을 게 없다고, 안 그래도 피곤한데 좁아터져서 짜증 나 죽겠다고 불평할 게 뻔하다. 이런 걸 우아하다고 표현할 수는 없을 것이다.

할리우드 배우들은 어떨까? 화려하게 차려 입은 미남, 미녀들이 파티에 참석해 수영장 근처를 우아하게 거닐거나 삼삼오오 모여 시시덕거리는 게 다일까? 아니다. 현실은 완전히 다르다. 작렬하는 조명 아래서 14시간 내내 촬영하는 건 기본이고, 여자 배우는 성적으로 착취당하기 일쑤며, 액션 신이 많은 남자 배우는 근사해 보이기 위해 원치 않는 스테로이드와 성장호르몬 주사를 맞는다. 이처럼 고되고 지저분한 직업이 또 있을까 싶다.

산을 예로 들 수도 있다. 산은 멀찍이서 제자리를 지키며 위풍당당하게 서 있다. 몸 안에 도파민이 많은 사람은 산을 올라 탐험하고 정복하고자 하는 욕구가 강하다. 하지만 그건 불가능하다. 산은 정복당할 성질의 존재가 아니기 때문이다. 본래 산은 스스로 생겨나 존재해왔고 앞으로도 그럴 것이다. 게다가 산꼭대기에 선다는 야망은 절대로 실현될 수 없는 상상이다. 매력은 실현될 수 없는 소망을 낳는다. 소망하는 대상 자체가 상상 속에만 존재하는 것들이기 때문이다.

창공의 비행기든, 할리우드 스타든, 멀리 보이는 산봉우리든 오직 닿을 수 없는 것만이 매력적일 수 있다. 닿을 수 없는 것은 현실이 아니다. 사실상 매력은 모두 허상인 것이다.

구남친과
슬롯머신의 공통점

 그 답 역시 도파민이 쥐고 있다. 그런 의미에서 지금부터는 도파민의 두 얼굴을 살펴보기로 하자. 우리 안에 사료가 던져지면 쥐의 뇌에서는 도파민이 분수처럼 솟구친다. 하늘에서 음식이 내리다니 얼마나 꿈같은 일인가! 그런데 정확히 5분마다 반복해서 사료를 던져주면 도파민 수치는 서서히 떨어지기 시작한다. 언제쯤 사료가 날아올지 예측할 수 있게 되면 쥐에게 하늘에서 음식이 내리는 일은 더 이상 신기한 일이 아니다. 녀석의 보상예측에 오류가 사라지는 것이다. 그렇다면 사료를 아무 때나 무작위로 던지면 어떻게 될까? 그렇게 하면 항상 녀석을 기쁘게 할 수 있지 않을까? 만약 쥐와 동물 사료가 아니라 사람과 돈을 가지고 똑같은 실험을 한다면 어떨까?
 카지노의 블랙잭은 일확천금을 노리는 많은 이들을 울리고 웃기는 카지노의 상징이다. 하지만 운영자들은 수익률이 가장 좋은 게임이 따로 있다는 걸 알고 있다. 그건 바로 '슬롯머신'이다. 흔히 슬롯머신 하면 어설픈 관광객이나 은퇴한 노인, 아니면 후줄근한 한량을 떠올릴 것이다. 그들은 오색 조명을 번쩍이며 경박한 종소리를 내는 기계 앞에 몇 시간이고 붙어 앉아 허송세월한다. 그런데 현대식 카지노에서는 슬롯머신의 공간 점유율이 무려 80%나 된다는 것을 알고 있는가? 그럴 만한 이유가 있다. 사업자 입장에서는 슬롯머신이 흑자를 책임지는 수익의 일등공신이기 때문이다.

'사이언티픽 게임Scientific Games'이라는 이름의 회사는 세계 최대의 슬롯머신 제조업체 중 하나를 소유하고 있다. 그런데 이 회사가 이름값을 하는 것이, 카지노 업주에게 떼돈을 벌어다주는 이 기계의 8할이 실제로 과학적이기 때문이다. 슬롯머신의 기원은 19세기로 거슬러 올라가지만 기계가 현대식으로 정밀해진 데에는 행동과학자 B. F. 스키너B. F. Skinner의 공이 크다. 스키너는 1960년대에 행동조작 이론을 정립한 것으로 유명하다.

한 실험에서 그는 비둘기 한 마리를 상자에 넣었다. 비둘기가 부리로 손잡이를 쫄 때마다 그는 모이를 주면서 비둘기를 훈련시켰다. 어떤 녀석에게는 부리질을 할 때마다 모이를 준 반면 또 다른 녀석에게는 부리질 열 번에 한 번씩만 모이를 주었다. 단, 한 개체 안에서 기준 횟수를 바꾸지는 않았다. 실험 결과는 그다지 놀랍지 않았다. 기준 횟수가 몇이든, 비둘기들은 천장까지 쌓인 서류에 결제 도장을 찍는 중년의 공무원마냥 손잡이를 부서져라

쪼아댔기 때문이다.

그래서 스키너는 조금 다른 시도를 하기로 했다. 모이를 얻을 수 있는 부리질의 횟수가 무작위로 달라지도록 실험 설정을 살짝 바꾼 것이었다. 이제 녀석들은 언제 일용할 양식이 떨어질지 알 수 없었다. 보상예측이 불가능해지자 녀석들은 더 흥분하기 시작했고 부리질은 점점 빨라졌다. 무언가가 녀석들을 미친 듯이 채근하고 있었다. 투명 채찍을 쥔 정체불명의 주인공은 다름 아닌 도파민이었다. 슬롯머신의 과학적 근거는 그렇게 탄생했다.

어느 날 점심, 서맨사는 길에서 우연히 더마코와 마주쳤다. 더마코는 그녀가 숀과 결혼하기 전 마지막으로 진지하게 사귀었던 남자다. 그와는 연락이 끊어진 지 벌써 수년째였다. 오랜만에 재회한 구남친은 왠지 더 재미있고 똑똑해졌으며 몸도 좋아진 것 같았다. 금세 그녀의 눈동자가 초롱초롱해졌다. 한동안 잊고 지내던 감각이 살아나고 있었다. 내면에서 흥분과 자신감이 다시금 몽글몽글 피어오르는 게 느껴졌다. 보물섬 같은 남자와 영혼이 통하는 짜릿한 느낌이 들었다. 신난 것은 그도 마찬가지인 것 같았다. 하고 싶은 말이 너무 많아서 안절부절못하는 게 눈에 훤히 보였다. 그런 그가 상기된 얼굴로 서맨사에게 전한 첫 소식은 자신의 약혼 소식이었다. 그는 마침내 영혼의 반쪽을 찾았다고, 언제 한번 다 같이 차라도 마시면 좋겠다고 말했다. 이렇게 강하게 끌리는 여자는 그녀가 처음이라고도 했다.

더마코와 헤어진 후 서맨사는 술을 좀 마셔야겠다고 생각했다. 그녀는 가까운 바에 들어가 캔맥주와 안주 한 접시를 주문했다. 그렇게 30분을 멍하니 앉아 캔을 만지작거리며 그녀는 생각에 잠겼다. '난 숀을 사랑해. 진짜로. 아닌가? 그냥 그렇다고 착각하는 건가?'

최근 두 사람의 부부생활은 무미건조한 나날의 연속이었다. 그녀가 원하는 것은 방금 전 더마코와의 짧은 재회가 남긴 생생한 감각이었다. 한때는 숀도 그녀에게 짜릿한 자극을 줄 수 있었다. 하지만 더 이상은 아니었다.

구남친을 우연히 마주쳤을 때 서맨사의 가슴속에서는 온갖 연애 감정이 되살아나 북받쳤다. 온몸의 신경이 오직 그에게만 쏠리며 흥분과 자신감에 가슴이 주체할 수 없이 콩닥거렸다. 그는 너무나 멋있어졌고 자신에게 호의가 전혀 없는 것 같지도 않았다. 이렇게 완전히 비현실적이지만은 않은 백일몽은 메말라가는 그녀의 마음에 예상 밖의 달콤한 간식거리처럼 툭 던져졌다. 물론 서맨사는 그 사실을 자각하지 못했지만 말이다.

서맨사와 더마코는 다시 만나서 술이나 한잔하기로 약속한다. 다음 날 점심도 같이 하기로 한다. 두 사람의 만남은 곧 데이트 엇비슷한 것이 된다. 대화를 하며 서로를 어루만지고 헤어질 때는 포옹을 했다. 함께 있을 때 시간은 그 옛날 연애 시절처럼 야속하게도 빨리 흘렀다. 서맨사는 남편과 가장 좋았던 시절에 그를 보며 했던 것과 똑같은 생각을 하게 된다. 어쩌면 더마코가 진짜 자신의 짝이었는지도 모르겠다는 생각도 하지만 도파민을 제대로 이해했다면 지금 두 사람 사이의 핑크빛 공기도 새로운 사랑이 아님을 확신할 수 있다. 도파민 폭발에 의한 흥분이 오랜만에 반복된 것일 뿐이다.

도파민이 불러오는 신선한 감각은 영원히 지속되지 않는다. 로맨스의 열기는 언젠가 반드시 식기 마련이고 그때는 선택의 기로가 우리를 기다린다. 우리는 지금 이곳에 저 사람이 함께 있다는 사실에 하루하루 감사하는 마음으로 관계의 새 장을 열 수도 있고, 아니면 지금의 관계를 끝내고 새로운 사랑을 찾아 떠날 수도 있다. 후자는 쉬운 선택이지만 이렇게 선택한 사랑은 늘 눈 깜짝할 사이에 끝나버린다. 쨍하게 단 크림과자를 한입에 먹어치우는 것처럼 말이다. 오래 가는 사랑은 이와 완전히 다르다. '기대'가 아닌 '경험'을 바탕으로 할 때 두 사람은 오랜 연인이 될 수 있다. 두 사람 모두 환상에서 벗어나 현실을 직시하고 현실의 불완전성을 인정해야 한다. 물론 이런 태도 전환이 쉬운 일은 아니다. 어려운 과제에 직면했을 때 세상이 쉬운 길을 제시하면 십중팔구 미끼를 덥석 무는 것이 인간이다. 도파민이 요란하게 개시한 불꽃놀이가 끝날 즈음에 많은 연인이 헤어지는 이유가 바로 이 때문이다.

연애 초기는 다리 초입에 설치된 회전목마를 타는 것과 같다. 목마에 앉아 제자리를 빙빙 돌면서 다리 너머로 보이는 아름다운 풍경을 천천히 감상한다. 하지만 목마는 늘 출발한 자리로 되돌아오기 마련이다. 음악이 멈추고 목마에서 내려왔을 때 당신은 선택을 해야 한다. 회전목마를 한 번 더 탈 것인가, 아니면 다리를 건너가 좀 더 성숙한 사랑을 시작할 것인가?

4만 명을 만나도 찾지 못한 '만족의 열쇠'

1965년에 믹 재거가 〈난 만족할 수 없어! I can't get no satisfaction!〉라는 곡을 발표했을 때는 아무도 이 노래의 제목이 그의 삶을 예언할 줄 몰랐다. 재거가 2013년에 자신의 전기 작가에게 고백한 바에 따르면 그는 평생 4만 명에 가까운 여자를 만났다고 한다. 거의 열흘마다 상대를 갈아치운 셈이다.

사람은 연애를 얼마나 많이 해야 만족할 수 있을까? 지금까지 만난 상대가 4만 명이 넘을 정도라면 도파민이 그 사람의 삶을 조종하고 있다고 표현해도 무방하다. 적어도 섹스에 관한 한 말이다. 그러나 욕심을 점점 더 키우기만 하는 게 이 도파민이라는 놈의 본성이다. 그러니 만약 재거가 반백년을 더 살았다고 해도 그는 죽는 날까지 원하는 것을 얻지 못했을 것이다. 그에게 '만족'이란 현실에서는 절대로 이룰 수 없는 신기루다. 도파민이라는 화학물질에 이끌려 평생 그것을 쫓아다니지만 결코 거머쥘 수 없는 것이다. 그런 까닭에 미녀를 침실에 들이는 데 성공한 바로 다음 날, 그의 목표는 다음 미녀를 찾는 것으로 재설정된다. 그런 식으로 재거는 단 하루도 외롭지 않았다.

우리는 모두 새로운 사랑을 찾는 흥미진진한 모험의 열기와 흥분감에 자주 몰입한다. 이때 우리가 재거와 다른 점은 어느 순간부턴가 도파민이 우리를 속이고 있다는 것을 스스로 알아챌 수 있다는 점이다. 매트리스 영업사원이었다가 롤링스톤스의 리드싱어로 대스타가 된 누군가와 달리 우리는 이해하고 있다. 만날 수 있을지조차 불확실한 미남, 미녀가 결코 '새티스팩션 satisfaction(만족)'의 열쇠가 아니라는 사실을!

불타는 로맨스에서
동반자적 사랑으로

"숀은 어때?" 서맨사의 엄마가 물었다.

"그냥…. 내가 기대했던 거랑 좀 달라." 서맨사가 커피잔을 매만지며 말했다.

"이번에도?"

"또 시작이다, 엄마."

"내가 보기엔 숀이 괜찮은 사람 같던데, 왜?"

"엄마, 잔소리는 사절이에요."

"이번이 처음이 아니니까 그러잖니. 로런스 기억나? 더마코는?" 서맨사는 입술을 꽉 깨물었다.

"왜 너는 가진 것에 만족하질 못하니?"

도파민은 현재의 소유물에는 도통 관심이 없다. 도파민에게 중요한 것은 오직 미래에 더 가질 수 있는 것들이다. 다리 밑을 전전하는 노숙자는 텐트만 있으면 소원이 없겠다고 말한다. 하지만 텐트 생활을 하는 사람은 초가삼간이라도 집을 원한다. 궁궐 같은 대저택에 사는 사람은 달나라에 별장을 짓고 싶어 한다. 모두 도파민의 부추김 때문이다. 도파민에게는 끝이 없다. 반짝거리는 무언가를 새로 얻게 될지 모른다는 작은 기대감에도 뇌의 도파민 회로는 순식간에 타오른다. 지금 자신이 얼마나 풍족한지는 안중에 없다. 도파민의 인생관은 그저 '무조건 더!'다.

도파민은 연애가 시작되는 초반에 사랑을 더 활활 타오르게 만드는 불쏘시개다. 그리고 연애 중반기에 접어들면 사랑의 성격은 달라진다. 화학작용이 변하기 때문이다. 그런 의미에서 궁극적으로 도파민은 쾌락 분자가 아니다. 그보다는 '기대감 분자anticipation molecule'라는 표현이 더 정확할 것이다. 우리가 꿈과 환상만을 좇는 것을 멈추고 현실을 즐길 수 있으려면, 미래바라기 도파민이 쥐고 있던 뇌의 지배권이 다른 신경전달물질들에게 넘어가야 한다. 현재지향적 화학물질들에게로 말이다. 현재지향적 화학물질들 중 상당수는 우리에게도 이미 익숙하다. 세로토닌serotonin, 옥시토신oxytocin, 엔도르핀endorphin, 그리고 엔도카나비노이드endocannabinoid 계열 분자들(뇌에서 마리화나와 같은 효과를 낸다)이 여기에 속한다. 도파민이 기대감을 통해 기쁨을 주는 것과 달리, 이 화학물질들은 실제 감각과 감정에서 우러나오는 기쁨을 선사한다. 오죽하면 엔도카나비노이드 계열 분자들 중 아난다마이드anandamide는 이름부터 '즐거움', '행복', '기쁨'을 뜻하는 산스크리트어에서 따왔을까.

인류학자 헬렌 피셔의 설명에 의하면, 초기의 열정적 사랑은 1년에서 길어야 1년 반 정도밖에 가지 못한다. 이 시기를 지나도 여전히 서로가 애틋한 커플은 뜨겁지만 설익었던 사랑을 이른바 '동반자적 사랑'으로 발전시킨 것이다. 동반자적 사랑은 현재지향적 화학물질들이 관장한다. 이 단계에서 연인이 경험하는 것들은 지금 이 순간, 바로 이곳에 집중된 성질의 것이기 때문이다. 이 화학물질들은 "지금 네가 사랑하는 그 사람이 곁에 있으니 순간을 즐겨"라고 속삭인다.

동반자적 사랑은 인간만의 고유한 특징이 아니다. 배우자를 맞이하는 모든 동물종에게서 같은 성향이 관찰된다. 동반자적 사랑을 하는 동물들은 하나같이 공동체를 이뤄 적으로부터 집단을 보호하고 몸을 누일 보금자리를 짓는 습성을 가졌다. 동반자 관계의 한 쌍은 서로에게 밥을 먹이고, 털을 골라주고, 함께 새끼를 기른다. 대부분의 시간을 딱 붙어 지내면서 잠시라도 떨어지면 눈에 띄게 불안해한다. 마치 사람과 같다. 우리는 취미와 일상을 연인과 공유하며 비슷한 감정을 나눈다. 삶을 함께하는 누군가가 곁에 있다는 사실이 주는 정서적 포만감은 말로 형용할 수 없이 크다.

사랑의 제2막이 오르고 현재지향적 화학물질들이 통수권을 넘겨받으면 도파민은 침묵한다. 그리고 그렇게 되는 것이 마땅하다.

지금껏 도파민이 온 마음을 요동치게 했던 것은 열심히 노력해서 그 장밋빛 환상을 실현시켜 보라는 일종의 응원이다. 그 끝에서 현재의 관계가 성에 차지 않는다면 변화를 주는 게 당연하다. 그래서 새 사랑을 찾는 것이고 말이다. 반대로 현재의 관계가 여전히 흡족하다면 2막의 공연은 계속되어도 좋다. 그렇게 현재에 집중하는 동반자적 관계로 변한 사랑은 이 순간 주어진 현실에 만족하고 현재의 관계에 충실하면서 일상의 변화를 꺼리게 된다. 적어도 연애에 관한 한 말이다. 도파민과 현재지향적 화학물질들이 사이좋게 함께 활동할 수도 있겠지만 대부분의 경우 두 회로는 2교대를 한다. 현재지향적 화학물질들의 활동기에 우리는 자신 주변의 현실에 집중한다. 이때 도파민은 침묵을 지킨다. 그러다 도파민 회로가 가동하면 이번에는 우리 뇌 속의 현재지향적 화학물질들이 숨을 죽이고, 우리는 다시 상상의 나래를 펼치는 것이다.

이 해설을 뒷받침해주는 실험이 하나 있다. 연구진은 열정적 사랑 단계에 있는 사람들의 혈액에서 세포를 추출하여 분석했다. 그들의 세포에는 현재지향적 화학물질인 세로토닌의 수용체(세로토닌이 이 수용체에 결합해야 신호 전달이 이어지고 최종 목적지에서 세로토닌의 활성이 발현된다 – 옮긴이)가 대조 집단에 비해 적었다. 현재지향적 화학물질들이 숨죽이고 있다는 증거였다. 새 연애 상대에게 열정을 쏟을 때 도파민이 주는 짜릿함을 포기하기란 쉽지 않다.

하지만 포기도 성숙한 어른만이 할 수 있는 것이다. 게다가 이것은 오래 지속되는 행복을 얻기 위해 반드시 거쳐야 할 관문이다.

한 남자가 휴가를 로마에서 보내기로 한다. 그는 일정을 짜는 데만 몇 주에 걸쳐 공을 들였다. 유명한 박물관과 관광명소를 한 군데도 빼놓지 않고 들르기 위해서다. 그런데 인간의 작품이라고는 믿기지 않을 정도로 아름다운 명화 앞에 섰을 때 정작 그의 머릿속에는 저녁을 예약해둔 식당에 어떻게 가야 하나 하는 고민만이 가득하다. 그가 유독 미켈란젤로에게 불손해서가 아니다. 단지 그는 도파민의 힘이 우세한 인간일 뿐이다. 그래서 여행 중인 현재보다는 여행 계획을 짜며 기대감에 들뜨는 시간을 더 즐기는 것이다. 연인들도 이와 정확히 똑같은 사고의 이분법을 경험한다. 도파민이 우세한 초반의 열정적 사랑은 미래만을 바라보며 모든 것을 아름답게 포장한다. 그렇기 때문에 계속해서 기대하고, 흥분하고, 설레는 것이다. 반면 후반에 등장하는 동반자적 사랑은 현재에 집중한다. 그래서 침착하게 주어진 상황에 만족하면서 온몸의 감각과 감정을 총동원해 현실에 오롯이 녹아든다.

도파민이 피워내는 로맨스는 찰나일지라도 롤러코스터를 탈 때처럼 짜릿하다. 다행히 롤러코스터의 질주가 끝나는 곳에서 뇌는 다음 코스로 가는 길을 닦아놓고 우리를 기다린다. 동반자적 사랑으로 가는 길이다. 도파민이 순간의 과욕을 상징하는 분자라면 오래 지속되는 사랑을 가장 잘 대변하는 화학물질은 옥시토신과 바소프레신vasopressin이다. 옥시토신은 여성의 몸에서 더 활동적이고 바소프레신은 남성에게 더 쓸모가 많다.

과학자들은 다양한 실험을 통해 이 화학물질들을 연구했다. 한 실험에서 연구자들은 암컷 들쥐의 뇌에 옥시토신을 주입했다. 그러자 녀석이 마침 우연히 곁을 지나가던 수컷에게 마치 오래 전부터 친했던 사이처럼 굴기 시작했다. 또 다른 실험에서는 유전자 조작으로 늘 성욕 항진 상태에 있는 수컷 들쥐에게 바소프레신 분비를 촉진하는 유전자를 이식했다. 그러자 녀석은 주위에 매력적인 암컷이 아무리 많아도 오직 한 마리의 암컷만을 바라보는 성향으로 돌변했다고 한다. 도파민은 정반대다. 선천적으로 도파민 수치가 높은 사람은 같이 잔 상대의 수가 많고 첫 경험을 하는 나이도 도파민 수치가 낮은 사람에 비해 더 낮다는 통계가 있다.

대부분 커플의 경우, 열정적 사랑기에서 동반자적 사랑기로 넘어가면서 성관계 빈도는 줄어들게 된다. 옥시토신과 바소프레신이 테스토스테론testosterone 분비를 억제하므로 아주 자연스러운 현상이다. 비슷한 이치로 테스토스테론은 옥시토신과 바소프레신의 분비를 억제한다. 그래서인지 태생적으로 테스토스테론 수치가 높은 남성 중에서는 미혼이 유독 많다. 미혼 남성의 테스토스테론 수치가 기혼 남성에 비해 높다는 사실도 비슷한 맥락으로 해석할 수 있다. 또 결혼했더라도 부부 사이가 원활하지 않으면 남성의 체내

바소프레신은 감소하고 테스토스테론은 증가한다.

그렇다면 사람에게 장기적인 동반자 관계는 반드시 필요할까? 종합적인 연구 결과, 답은 '그렇다' 쪽으로 기운다. 누구나 한 번쯤은 여러 명의 연인을 두는 즐거운 상상을 하지만 대부분의 사람은 결국 한 사람에게 정착한다. 유엔UN이 실시한 조사에 따르면, 남녀의 90% 이상이 49세 전에 평생의 배우자를 만나 결혼한다고 한다. 인간은 동반자적 사랑 없이도 충분히 살아갈 수 있는 동물이다. 그럼에도 우리는 인생의 상당 기간을 동반자가 될 사람을 찾는 데 소모한다. 현재지향적 화학물질들의 활약이 없다면 불가능할 일이다. 이 화학물질들이 우리를 끈기 있게 다독이고 격려할 때 우리는 지금 눈앞에서 보이고 만져지는 것들에 있는 그대로 만족감을 느낀다.

테스토스테론보다 위험한 도파민

테스토스테론은 남녀 모두에게 성욕을 불러일으키는 호르몬이다. 물론 양의 차이는 있다. 남성의 몸에서는 테스토스테론이 다량 분비된다. 주로 하는 일은 수염을 나게 하고, 근육량을 늘리고, 음색을 낮추는 것으로 흔히 말하는 '남성성'을 부각시키는 것이다. 여성의 경우에는 난소에서 테스토스테론이 소량 만들어진다. 여성의 체내 테스토스테론 수치는 평균적으로 월경 주기의 13번째 날이나 14번째 날에 정점을 찍는다. 바로 난자가 난소에서 나오는 날이다. 이날은 임신할 확률이 가장 높아지는 날이기도 하다. 물론 정확한 시점은 그때그때 다르고 하루 동안에도 어느 정도 수치 변동이 있다. 가령 어떤 여성은 아침에 테스토스테론 분비량이 더 많은 반면 어떤 여성은 오후에 분비가 더 왕성하다. 그러니 개인차가 큰 것은 말할 것도 없다. 타고나길 다른 여자들보다 남성 호르몬이 많이 만들어지는 여성이 있다는 소리다.

테스토스테론을 합성해 약으로 쓰기도 한다. 미국의 유명 가정용품 제조업체 '프록터 앤드 갬블 P&G, Procter&Gamble'이 테스토스테론을 첨가한 여성용 화장품을 개발한 적이 있다. P&G는 본격적인 판매에 앞서 시제품을 테스트했는데, 테스트에 참가한 여성들의 성관계 횟수가 증가했다는 결과를 얻었다. 하지만 수염이 나고, 목소리가 굵어지고, 남성형 탈모가 생기는 등의 부작용도 함께였다. 그런 사연 때문에 여성용 비아그라로 주목받던 이 제품은 결국 미국 정부의 최종 심사를 통과하지 못했다.

헬렌 피셔는 테스토스테론이 불러일으키는 성욕이 배고픔과 같은 동물적 본능과 유사하다고 지적한다. 테스토스테론 때문에 인간의 성욕이 불타오를 때 섹스에 대한 열망은 특정인을 겨냥하지 않는다. 보통은, 특히 혈기왕성한 젊은이들의 경우에는 더더욱 그렇다. 그러나 성욕이 그 정도로 압도적인 욕구는 아니다. 그래서 섹스에 목말라 정신줄까지 놓는 사람은 없다. 반면 도파민이 선사하는 사랑의 환상에 중독된 사람은 미쳐서 자살하거나 살인을 저지르기도 한다. 이것이 테스토스테론과 도파민의 가장 큰 차이점이다.

섹스는 사랑의 축소판이자
호르몬 전쟁

어떤 면에서 섹스는 사랑의 축소판이다. 섹스는 높은 기대감으로 시작되고 은밀한 신체접촉이 주는 쾌감으로 마무리된다. 마치 사랑의 단계 변화를 빨리 감기한 것 같다. 처음 섹스의 신호탄이 되는 것은 '욕망'이라는 감정이다. 욕망은 테스토스테론과 도파민의 특별한 공조가 탄생시키는 합작품이다. 긴장감이 감도는 가운데 두 사람은 점점 흥분한다. 도파민이 주도하는 비현실적 경험은 딱 여기까지다. 이제 두 사람의 살과 살이 실제로 맞닿기 시작한다. 그러면 뇌의 지휘권은 신속하게 현재지향적 화학물질들, 그중에서도 엔도르핀에게 넘어간다. 마지막으로 행위의 완성인 오르가슴은 99.9%가 현실 경험이다. 따라서 이때부터 엔도르핀을 위시한 현재지향적 화학물질들은 도파민이 다시 고개를 들어 찬물을 끼얹지 못하게 하는 데에 온 힘을 쏟는다.

이러한 화학적 전환은 실제로 카메라에 포착되었다. 네덜란드의 한 실험에서 연구자들은 남녀 피시험자가 오르가슴에 이르는 전 과정 동안 그들의 뇌를 의료용 카메라로 스캔했다. 뇌 스캔 사진을 보면 절정의 시점에 전전두피질의 활동이 확연히 줄어든 것을 확인할 수 있다. 전전두피질은 뇌가 도파민을 매개해 행동을 통제하는 부위다. 통제의 고삐가 느슨해지니 현재지향적 화학물질들의 경로가 활성화되었고 오르가슴에 이를 수 있었던 것이다. 몇몇 특이사례를 제외하고는 절정의 순간에 뇌의 반응은 모든 피시험자가 똑같았다. 도파민은 꺼지고, 현재지향적 화학물질들이 켜졌다. 그러나 연애에 있어서 좀처럼 동반자적 사랑의 단계로 넘어가지 못하는 사람들이 있듯이, 체내에 도파민이 필요 이상으로 많은 사람은 성관계에서도 후반부로 진행하는 데 어려움을 겪곤 한다. 의욕은 충만한데 잡생각이 많아 몸의 감각에 좀처럼 집중하지를 못하는 것이다.

현재지향적 화학물질들은 현실 경험을 선사한다. 특히 섹스 중의 현실 경험은 굉장히 강렬하다. 이와 달리 도파민은 현실 너머의 것을 꿈꾸게 한다. 도파민은 지금보다 좋아질 수 있다고 쉴 새 없이 속삭인다. 그러면서 그것이 마치 실제인 듯 착각하도록 마법을 부린다. 자신이 내놓은 기획안이 합리적인 것인지, 아니면 얼토당토않은 것인지는 안중에 없다. 도파민은 몸뚱이가 환상을 좇게 만든다는 자신의 임무에 충실할 뿐이다.

성관계로 연결될 수 있는 분위기에서 연인들은 도파민이 파놓은 이 함정에 빠지기 일쑤다. 여성 141명을 대상으로 설문조사를 실시한 결과, 성관계 중에 상대가 다른 사람이라고 상상하거나 심지어는 완전히 상관없는 일을 생각했다는 답변이 65%에 달했다. 비슷한 다른 연구들에서는 이렇게 답변한 응답자의 비율이 높게는 92%나 됐다. 또 여성만큼이나 남성도 관계 중에 딴생각을 하고, 남녀 모두 섹스 빈도가 높을수록 몽상에 잘 빠지는 것으로 나타났다.

용기 내어 연인을 침실로 초대하라고 우리를 등 떠밀던 뇌 회로가 막상 섹스를 방해하다니 아이러니한 일이다. 경험의 강도를 비교해보는 것도 좋다. 첫 경험은 100번째 경험보다 훨씬 강렬하다. 특히 상대가 동일인물이라면 확실한 비교가 가능하다. 하지만 오르가슴은 거의 매번 짜릿하다. 마실 나간 정신을 당장 침대 위로 소환하기에 충분할 만큼 말이다.

도파민이 쾌락 분자라는 별명을 얻게 된 계기는 한 실험이었다. 마약이 도파민 경로를 활성화시키는 바람에 피시험자들이 이상행복감 증세를 보인 앞의 실험이었다. 실험의 결론은 후속 연구에서 진실이 드러나기 전까지는 단순명료해 보였다. 좀 더 정밀해진 후속 연구에서는 마약 대신 더 자연적인 보상 품목인 음식이 사용됐다. 그 결과, 오직 예상치 못한 보상만이 도파민 분비를 촉발시키는 것으로 밝혀졌다. 정확히 설명하자면 도파민은 보상 자체가 아니라 보상예측오류에 반응했다. 수식을 사용해서 단순화해보면 보상예측오류는 실제로 받은 보상에서 기대한 보상을 뺀 값과 같다. 도파민의 이런 특징은 '왜 사랑이 영원하지 않은가?'라는 질문의 답이 된다.

숀은 몸무게가 좀 늘었다. 하지만 요즘 서맨사는 남편이 어느 때보다도 매력적으로 느껴졌다. 숀의 눈에도 아내가 전보다 훨씬 좋아 보였다. 그는 서맨사가 잘 꾸미면 얼마나 근사한지는 더 말하면 입 아픈 소리고, 특히 아침에 아내가 얼마나 아름다운지 모른다며 친구들에게 자랑하기 바빴다.

아기가 깨지 않도록 하기 위해 최근 두 사람에게는 목소리를 낮추어 속삭이는 습관이 생겼다. 하루 중 오직 이때만이 두 사람만이 무방비 상태로 서로의 존재를 느낄 수 있는 유일한 시간이었기 때문이다. 그럴수록 두 사람은 함께하는 시간을 소중히 여기게 되었다. 말 한마디 나누지 않고도 편안함을 느꼈다. 서맨사는 어느 날 밤 잠들기 전 침대에서 있었던 일을 기억한다. 숀의 손이 슬그머니 다가와 그녀의 등을 쓱 쓸고는 다시 물러났다.

"왜?" 서맨사가 물었다.

"그냥 당신 거기 있는지 확인하려고." 숀이 대답했다.

사랑에 빠진 사람들은 상대가 함께함으로써 완벽해질 나의 미래를 상상한다. 1~2년 뒤 현실감이 밀려오면 바로 산산조각 날 미래다. 많은 커플이 딱 그 즈음에 헤어진다. 두 사람은 서로에게 안녕을 고한 뒤 각자의 도파민이 점지하는 새로운 사랑을 찾아 다시 길을 떠난다. 이때 헤어지지 않은 커플의 경우는 얘기가 좀 다르다. 그들의 관계는 불타는 사랑에서 인내하는 사랑으로 변모한다. 더 나아가면 동반자적 사랑으로 정착하는데, 이 경지에 오른 이들은 도파민이 주도할 때처럼 짜릿한 느낌을 받기는 힘들지만 잔잔하고 그윽한 행복감으로 충만하다. 옥시토신, 바소프레신, 엔도르핀과 같은 현재지향적 화학물질들이 열심히 일하는 덕분이다.

단골집을 생각하면 이해가 쉽다. 우리는 친숙함이 주는 편안한 즐거움에 매료되어 매번 단골집을 찾는다. 친숙한 분위기는 실재하는 공간이 가진 물리적 성질이다. 이때 우리가 탐닉하는 대상은 이 가게가 앞으로 얼마나 성장할지와 같은 잠재력이 아니다. 우리는 지금, 있는 그대로의 가게를 사랑하는 것이다. 서로에게 만족하면서 오래 지속되는 관계는 바로 이런 태도를 바탕으로 만들어진다. 도파민은 우리로 하여금 사랑의 여정에 발을 들이게 한다. 도파민의 지상 과제는 기대치를 최대한 높이는 것이므로, 우리의 욕망을 부추기고 상상을 부풀리고 눈부신 미래를 꿈꾸게 한다. 하지만 도파민은 사랑의 시작일 뿐 완성이 아니다. 도파민은 만족을 모른다. 오로지 "더, 더!"만을 외칠 뿐이다.

'밀당'은 사실 검증된 과학이다?

테스토스테론과 도파민의 관계는 특별하다. 테스토스테론은 현재지향적 화학물질 치고는 특이하게도 도파민이 활동할 때 뒤로 숨지 않는다. 두 화학물질은 오히려 협력 관계에 더 가깝다. 테스토스테론과 도파민의 회로는 서로 되먹임 작용으로 순환하도록 연결되어 있고 이 순환고리는 로맨스의 감정을 무한히 부추기는 영구기관처럼 작용한다. 예를 들면 이런 식이다. 사랑의 열정이 막 불타오르기 시작한 사람은 흔히 섹스에 목말라한다. 이 갈증을 테스토스테론이 심화시키고 목마름은 다시 열정적 사랑의 연료가 된다. 즉, '밀당'으로 성적 만족을 거부할 때 열정이 도리어 부풀어 오르는 것이다. 물론 효과가 영원하지는 않다.

순간의 유혹만 꾹 참으면 되니 크게 어려운 일도 아니다. 이 뇌 화학을 이해하면 오늘날 도처에서 목격되는 인간 행동의 배경 기전을 대충이나마 설명할 수 있다. '기다림'은 가장 정열적인 사랑의 시기를 최대한 길게 끌어준다. 밀당 중인 두 사람 사이에 감도는 달콤쌉싸름한 긴장감도 사랑의 화학물질들이 일으키는 효과 중 백미라 할 만하다. 열정을 유예하면 오히려 그 열정이 더 오래간다. 연애에 능숙한 사람이라면 열정을 바로 해소하지 말고 부풀리기도 하라고 조언할 것이다. 환상이 현실이 되면 도파민은 힘을 잃는다. 도파민은 꿈같은 연애 초반에만 활약할 수 있다.

당신에게 선택권이 주어진다고 치자. 당장 오늘 밤 그의 침실로 들어갈 수도 있고, 그의 손을 뿌리쳐 잠자리를 다음으로 미룰 수도 있다. 도파민 수치를 높이는 것은 둘 중 어느 쪽일까?

CHAPTER 2

인간은 어떻게 스스로를 파괴하는가

도파민이 이성을 압도할 때 인간은 어떻게
욕망의 노예가 되어 스스로를 파괴할까?

이성 없는 충동은 어딘가 부족하고,
충동 없는 이성은 어설픈 미봉책이다.

— 윌리엄 제임스 William James, 철학자

배가 고프지 않아도
햄버거를 먹는 이유

남자가 도로를 걷고 있다. 마침 지나치는 식당에서 햄버거 패티 굽는 냄새가 솔솔 새어나온다. 그는 햄버거를 한 입 베어 먹는 상상을 한다. 입안에서 진짜로 햄버거 맛이 느껴지는 것 같다. 그는 요즘 다이어트 중이다. 하지만 지금 이 순간 머릿속에 햄버거 말고 다른 생각은 떠오르지 않는다. 그래서 그는 식당에 들어가 주문을 한다. 예상대로 처음 한 입은 환상적이다. 그런데 두 번째는 처음만 못하다. 그렇게 갈수록 감흥은 떨어진다. '기대가 너무 컸나'라고 생각하면서도 그는 귀신에 홀린 듯이 햄버거를 깨끗하게 해치운다. 배가 너무 불러서 토할 것 같은 데다 뭔가 패배한 기분이 들어 불쾌하다. 오늘 다이어트는 실패. 식당을 나오면서야 그는 깨닫는다. '원하는 것과 좋아하는 것 사이에는 큰 차이가 있구나.'

누구나 한 번쯤은 '내가 왜 이러고 있지?', '내가 왜 이런 선택을 했을까?' 하고 생각해본 적이 있을 것이다. 언뜻 멍청한 질문 같기도 하다. 당연히 그럴 만한 이유가 있어서겠지. 추우니까 스웨터를 덧입고, 공과금을 내야 하니까 아침에 일어나 출근을 하고, 이가 썩지 않기 위해 양치질을 한다. 우리가 하는 행동의 대부분은 무언가를 '위해서'다.

그런데 작정하고 덤비면 이 질문에는 끝이 없다. 그렇다면 왜 따뜻해져야 하는 건데? 공과금은 왜 내야 해? 의사 선생님 꾸중이 왜 듣기 싫은 거야? 이 놀이에는 아이들만 한 전문가도 없다. "이제 잘 시간이야", "왜요?", "내일 학교에 가려면 아침에 일찍 일어나야 하잖니", "왜요?", "어린이는 배워야 하니까", "왜요?" 질문에 끝이 없다.

철학자 아리스토텔레스 역시 이 게임을 한 적이 있다. 물론 훨씬 심오한 차원에서 말이다. 그는 인간의 모든 행동에는 나름의 이유가 있다고 생각했다. 그리고 그 모든 이유가 수렴하는 단 하나의 시작점이 무엇인지 궁금했다. 더 이상 "왜?"라고 묻지 않아도 되는 궁극의 가치가 있을까? 아리스토텔레스가 내린 결론에 따르면 인간이 하는 모든 행동은 결국 '행복'을 위한 것이다.

누구라도 이 논리를 반박하기는 어려울 것이다. 공과금이 밀리지 않아서 전기를 마음껏 쓸 때 우리는 행복하다. 남부럽지 않은 학벌을 갖췄을 때 우리는 행복하다. 때로는 타당한 이유만 있다면 고통을 견디는 것조차도 행복하다. 행복은 인생이라는 여정에서 북극성처럼 변치 않는 이정표가 되어준다. 갈림길을 마주했을 때 우리가 할 일은 가장 행복해지는 길을 선택하는 것뿐이다.

문제는 사람들이 실제로는 행복하지 않다는 것이다. 사람의 뇌는 행복해지는 방향으로 그다지 발달하지 않았다. 그래서 사람들은 결단의 순간에 작정하고 앉아서 두 눈 부릅뜨고 모든 선택지를 분석한다. 피곤한 작업이다. 그럼에도 만족스러운 결과를 얻는 경우는 드물다. 애써 고민한 뒤 선택을 내렸지만 자신이 옳은 결정을 했다고 100% 확신하는 사람은 얼마 없다. 결국 '이럴 바에야 하고 싶은 걸 하는 게 속 편하지' 하고 생각하게 되는 것이다. 그래서 우리는 그냥 마음 가는 대로 선택한다.

그렇다면 다음에 나올 말은 뻔하다. "그래서, 네가 하고 싶은 게 뭔데?" 이 질문에 혹자는 부자가 되고 싶다고 대답할 것이고 혹자는 좋은 아빠가 되고 싶다고 말할 것이다. 대답은 시간에 따라서도 달라진다. 저녁 7시에는 저녁식사가 답변 목록 상위권에 올라 있을 것이고 오전 7시에는 꿀 같은 늦잠이라는 대답이 많을 것이다. 한편 사람들은 자신이 뭘 원하는지 정확히 모를 때도 많다. 아니면 너무 많아서 하나만 콕 집지 못하기도 한다. 재미있는 점은 서로 모순되는 것들을 동시에 원하기도 한다는 것이다. 도넛을 보며 먹고 싶다고 생각하면서도 먹고 싶지 않다고 생각하는 경우다. 어떻게 된 일일까?

매력을 느낀 순간
무조건 반응하는 의욕의 기전

앤드류는 20대 때 기업용 소프트웨어를 파는 한 회사에서 일했다. 쾌활하고 당당한 성격 덕분에 그의 영업 실적은 늘 최상위였다. 그는 취미 생활은 고사하고 요령 한 번 피우지 않고 거의 일에만 매달렸다. 단 하나, 그의 여가 활동이 있다면 여자를 만나는 것이었다. 어림짐작으로 이 시절에 그가 만난 여자는 100명이 넘었다. 하지만 그녀들과는 한두 번 잤을 뿐 만남이 이어지지는 못했다. 물론 그도 진지한 관계를 원했다. 평생의 행복을 위해서는 진짜 연애가 필요하다는 걸 그도 알았다. 이런 하룻밤 만남은 당장 그만두어야 마땅했다. 그럼에도 그는 이런 연애를 계속했다.

욕망은 오랜 진화의 역사를 가진 복측피개영역ventral tegmental area이라는 뇌 심층부에서 생겨난다. 복측피개영역에는 도파민이 유독 많다. 뇌 안의 주요 도파민 생산지인 두 곳 중 하나가 이곳이기 때문이다. 대부분의 뇌세포와 비슷하게 이곳의 뇌세포 역시 엄청나게 긴 꼬리를 갖고 있다. 꼬리는 뇌 안 여기저기를 거쳐 측좌핵nucleus accumbens이라는 곳에 도착한다. 이 긴 꼬리의 뇌세포들이 활성화되면 꼬리 끝에 달린 주머니를 열어 도파민을 측좌핵에 분비한다. 바로 이것이 의욕의 기전이다. 이 회로에는 중변연계meso-limbic 경로라는 어려운 공식 명칭이 있지만 우리는 쉽게 '도파민 욕망 회로'라 부르기로 하자.

이 도파민 회로는 생존과 번식에 유리한 행동을 부추기도록, 몸뚱이가 식량을 많이 구하고 짝짓기를 잘 하며 경쟁에서 이길 수 있게 진화했다. 식탁 위에 놓인 도넛을 보면 뇌의 이 욕망 회로가 활

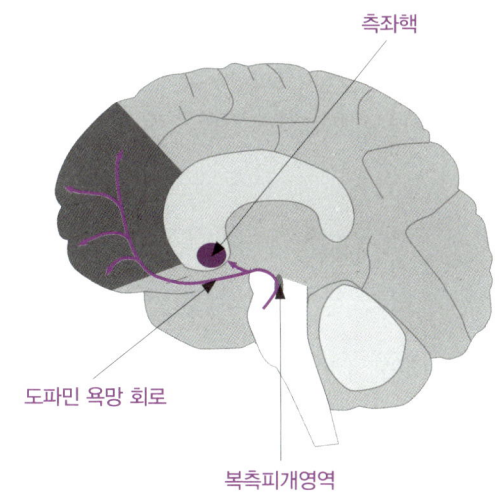

성화된다. 도넛이 꼭 필요해서가 아니다. 진화적 관점 혹은 생명 유지를 위한 본능 면에서 매력적인 것이기 때문이다. 다시 말해 그런 무언가가 눈에 들어오는 순간 배가 고프든, 그렇지 않든 도파민 욕망 회로는 무조건 긴장하게 된다. 이것은 도파민의 '본성'이다. 도파민은 오로지 미래만 생각하며 뭐든지 더 많이 쟁이는 데에만 집중한다. 허기를 느끼는 것은 그 시점에 일어나고 있는 현실의 사건이지만 도파민은 말한다. "지금 배가 고프지 않아도 상관없어. 어서 가서 도넛을 집어 먹어. 하루라도 더 살아 있을 수 있을 거야. 다음에 또 언제 먹을 수 있을지 모르잖아?" 아사 직전까지 굶는 날이 허다한 원시인에게라면 설득력이 있는 주장이다.

하나의 생물종이 미래를 대비해 완수해야 할 가장 중요한 사명은 바로 살아 있는 것이다. 그래서 도파민 회로는 몸뚱이를 살아 있게 만드는 데 총력을 기울인다. 도파민은 먹을 것, 쉴 곳, 짝짓기 상대, DNA 복제에 필요한 제반 자원을 찾아 쉬지 않고 주변을 탐색한다. 쓸모 있어 보이는 게 눈에 띄면 바짝 긴장한 도파민은 몸뚱이 전체에 메시지를 보낸다. '이봐, 일어나. 여기 좀 봐. 아주 중요한 일이야!' 무언가를 보고 욕망이 불타올랐다면 바로 이 메시지가 발송되었다는 신호다. 때로는 흥분감도 함께한다. 이 욕망은 재고 골라서 인간의 의지로 버리거나 선택할 수 있는 감정이 아니다. 맞닥뜨리는 상황에 따라 자연스럽게 튀어나오는 본능적 반응이다.

식당을 지나칠 때 남자는 뭔가 다른 중요한 일을 생각하고 있었을 것이다. 하지만 고기 굽는 냄새를 맡은 순간 도파민의 작용으로 남자의 마음에는 열 일 제치고 햄버거를 먹고 싶다는 거부할 수 없는 충동이 솟구친다. 아마도 수천 년 전, 인간의 뇌는 이와 똑같은 기전으로 작동했을 것이다. 우리 할머니의 할머니의 몇 대 더 위 할머니쯤 되는 한 원시인이 사바나 초원을 걷고 있다. 청명한 아침, 해가 기세 좋게 떠오르고 새들이 지저귄다. 한 여자가 이런저런 다른 생각을 하며 터덜터덜 발길을 옮긴다. 그러다 야생 딸기가 탐스럽게 열린 덤불을 발견한다. 전에도 수십 번 지나친 곳이지만 이 덤불에 열매가 열린 건 처음 본다. 아마도 옛날에는 정신이 딴 데 가 있는 바람에 맛있는 간식을 놓친 것이리라. 하지만 오늘은 기특하게도 제대로 봤다. 여인은 놀라운 집중력을 발휘해 덤불을 중심으로 일대를 샅샅이 뒤진다. 나뭇가지 하나, 이파리 한 장 놓칠 수 없다. 여자는 신이 나서 흥분을 감추지 못한다. 덤불이 열매를 맺어준 덕에 며칠 더 생존을 보장받게 되었으니 얼마나 기쁜 일인가!

바로 그 순간, 도파민 욕망 회로가 가동하기 시작한다. 이제 여자는 여기가 야생 딸기 군락지라는 사실을 기억할 것이다. 내일부터 이렇게 생긴 덤불이 보일 때마다 뇌에서는 도파민이 더 많이 분비되어 여자를 바싹 긴장시킬 것이다. 일용할 양식을 구해 목숨을 연명할 수 있을 거라는 기대에 흥분할 것이다. 그렇게 아주 중요한 기억이 형성된다. 생존과 직결되는 정보이기 때문에 도파민이 나서서 새긴 기억이라는 점이 중요하다. 그렇다면 도파민이 통제 불능에 빠지면 어떤 일이 벌어질까?

간절히 원하게
만드는 힘

매력적인 여자를 발견할 때마다 앤드류의 일생일대 목표는 그녀를 침대로 끌어들이는 것이 되었다. 그는 매번 상대 여성 말고는 모든 것이 잿빛으로 보이는 경험을 했다. 보통 그는 바에서 여자를 만났기 때문에 근무일이 아니면 늘 바에 가고 싶은 욕망이 불타올랐다. 가끔은 맥주 몇 잔 마시면서 스트레스나 풀기 위해 가는 날도 있었다. 그는 단골 바의 분위기가 좋았다. 물론 여자들에게 말을 걸고 싶은 유혹을 어렵게 뿌리치는 날도 많았다. 성관계가 끝나자마자 그 여자에 대한 흥미를 잃을 거라는 사실을 잘 알고 있었기 때문이다. 그는 그런 상실감이 싫었다. 그럼에도 늘 같은 실수를 되풀이하곤 했다.

흥미가 떨어지기까지의 시간은 갈수록 짧아졌다. 이제 앤드류는 자신의 집에 같이 가자는 그의 제안에 여자가 승낙하기만 해도 흥미를 잃기 시작했다. 밀당이 끝나면 모든 풍경이 달라졌다. 심지어 여자의 얼굴도 달라 보였다. 눈 깜빡임 한 번에 풀려버린 마법처럼 말이다. 아파트에 다다를 때쯤이면 그녀와의 잠자리 생각은 이미 사라진 지 오래였다.

도파민이 욕망에 불을 지르는 대상을 우리는 중요하다고 말하곤 한다. 생존에 유익한 무언가가 출현했음을 알려주는 생체 경보 시스템들 중에 도파민이 가장 잽싸고 민감하기 때문이다. 도파민 덕분에 우리는 깊이 고민할 필요가 없다. 도파민은 몸뚱이가 지금 당장 그것을 원하게 만든다. 나중에 마음이 변한다 해도, 지금 당장 필요하지 않더라도 상관없다. 그런 것은 도파민이 신경 쓸 바가 아니다. 도파민은 매일 두루마리 화장지를 사는 사람과 같다. 창고에 죽을 때까지 쓰고도 남을 만큼의 화장지가 있지만 그는 개의치 않는다. 그에게는 아무리 사다 놔도 늘 부족한 게 바로 화장지다. 도파민도 똑같다. 다른 점이 있다면 도파민의 집착 대상은 화장지가 아니라 생존에 유리해 보이는 무언가라는 것뿐이다.

이 점을 알고 나면 다이어트 중인 남자가 배가 고프지 않음에도 햄버거 패티 굽는 냄새에 굴복한 이유를 이해할 수 있다. 앤드류가 몇 시간, 아니 몇 분 뒤면 십중팔구 후회할 것을 알면서도 즉흥만남을 그만두지 못하는 것 역시 같은 이유에서다. 이 밖에도 비슷한 현상이 많다. 그중 재미있는 사례가 있다. 사람마다 유난히 더 잘 기억하는 이름이 있다는 것이다. 대화 중에 일부러 상대방의 이름을 여러 번 언급하는 것을 비롯해 사람 이름을 쉽게 외우는 요령은 한두 가지가 아니다. 기억이란 곧잘 흐려지기 마련이지만 말이다. 그런데 아무리 많은 시간이 흘러도 가족이나 가까운 지인처럼 중요한 인물의 이름을 잊는 사람은 없다. 또 파티에서 시시덕거리던 사람의 이름은 데면데면하던 사람의 이름보다 기억에 더 오래 남는다. 제안할 일자리가 있으니 약속을 잡자는 헤드헌터의 이름도 마찬가지다. 특히 구직자에게는 이 이름이 잠꼬대로 튀어나올 정도로 깊이 각인될 것이다. 동물도 예외는 아니어서 수컷 쥐는 미로 반대편에서 매혹적이고 자신에게 호의적인 암컷이 기다리고 있을 때 출구로 나가는 길을 더 잘 기억해낸다. 그런데 때때로 이 집중력이 초인적으로 발휘되면 정작 중요한 것은 놓치고 사소한 일에 온 정신을 쏟기도 한다. 9mm 구경 베레타 권총으로 위협하는 강도에게 탈탈 털리고 살아남은 한 남성이 그런 사례다. 범인의 특징을 진술해달라는 요청에 그가 말했다. "사람 얼굴은 기억이 안 나고, 총이 어떻게 생겼는지는 설명할 수 있어요."

좀 더 평범한 상황에서는 도파민 욕망 회로가 활력과 열정, 희망을 북돋운다. 그런데 이게 참 기분 좋은 느낌이다. 인생이 점점 더 살 만해질 거라는 희망적인 느낌이다. 이 기분을 느끼기 위해 온갖 노력을 하는 데 삶의 대부분을 쏟아붓는 사람도 적지 않다. 근사한 레스토랑을 저녁에 예약했거나, 보고 싶던 오랜 친구와 만

나기로 했거나, 노리던 파격세일이 초읽기에 들어갔거나, 명예로운 상의 수상자로 선정됐다는 연락을 받았을 때 도파민은 인간의 상상력에 날개를 달아 온 세상을 장밋빛 미래로 뒤덮는다.

그렇게 고대하던 미래가 현재로 다가오면 어떻게 될까? 막 썬 고기 한 점을 입에 넣을 때, 혹은 연인이 마침내 내 품에 안길 때 세상은 여전히 장밋빛일까? 미안하지만 그 모든 흥분과 열정, 에너지는 삽시간에 증발해버린다. 도파민이 사라져 묵묵부답인 탓이다. 도파민 회로는 오직 상상 속 미래에만 관심이 있기 때문에 현실 경험에는 일체 관여하지 않는다. 이때 대부분의 사람들은 낙심한다. 현실에서 도피해 판타지의 세상에 안주하게 해주는 도파민의 마력에 그동안 너무 빠져 있었던 탓이다. "내일은 뭐 하지?" 사람들은 고기를 씹으면서 혼잣말을 한다. 자신이 눈앞의 만찬을 얼마나 고대해왔었는지 까맣게 잊은 채로 말이다.

미래는 실재가 아니다. 머릿속에서만 존재할 수 있는 모든 가능성의 집합이 바로 미래다. 그리고 그런 가능성은 흔히 비현실적인 모습으로 미화되곤 한다. 일부러 나쁜 미래를 상상하는 사람은 없으니까. 사람들의 마음은 가능성이 있는 미래 중 가장 멋진 것, 그래서 가장 아름다워 보이는 쪽으로 기운다. 이와 달리 현재는 실재고, 상상이 아니라 확고부동한 체험이다. 현실 경험을 하는 동안에는 뇌에서 활동하는 신경전달물질의 종류도 달라진다. 이 시기의 뇌는 현재지향적 화학물질들의 활동 무대가 된다. 도파민이 무언가를 간절히 원하게 만드는 것과 달리, 현재지향적 화학물질들은 눈앞의 것들을 오롯이 즐기게 만든다. 그렇기 때문에 우리는 코스 요리가 나오는 고급 레스토랑에서의 저녁 식사를 오감을 총동원해 음미하고 가족, 친구, 연인과 함께 시간을 보내며 마음을 나눈다.

'욕망'을 취사선택해
'애호'로 발전시키려면

기대가 실제 즐거움으로 바뀌는 과정이 말처럼 쉽지만은 않다. '구매자의 후회'를 생각해보자. 마구 지른 뒤에 후회하는 심리를 일컫는 관용어구다. 이런 감정이 밀려올 때 흔히 사람들은 물건을 잘못 골랐거나, 과소비를 했거나, 판매원의 입발림에 너무 쉽게 넘어간 자신을 탓한다. 하지만 사실 구매자의 후회는 욕망 회로가 약속을 어기는 전형적인 사례다. 욕망 회로는 분명히 비싼 차를 사면 기분이 엄청 좋아지고 인생이 달라질 거라고 말했다. 그런데 웬걸. 슈퍼카 주인이 되어도 기분이 기대했던 것만큼 좋아지지 않을 뿐더러 좋은 기분이 오래 가지도 않는 것이다. 이렇듯 욕망 회로는 약속을 밥 먹듯 어긴다. 그도 그럴 만한 게 욕망 회로에 만족이라는 감정을 생성하는 기능이 없기 때문이다. 욕망 회로는 공수표를 남발하지만 정작 꿈을 실현하기 위한 과정에는 땀 한 방울의 노력도 보태지 않는다.

구매를 고민할 때 우리 뇌에서는 미래지향적 도파민 회로가 활성화되어 흥분과 기대감을 조성한다. 그러다 소유 욕구가 충족되면 천상의 외부 공간을 둥둥 떠다니던 꿈의 상품은 지상의 개인 공간으로 추락한다. 도파민이 지배하는 환상 속 미래 세상에서 민낯이 적나라하게 드러나는 현상계로 뚝 떨어지는 것이다. 이때 현실 경험이 도파민 각성 효과의 빈자리를 채우지 못할 경우, 구매자의 후회는 홍수처럼 밀려온다. 반면에 만약 당신이 현명한 소비를 했다면 현상계에서도 뿌듯하고 만족스러운 마음이 충분히 클 것이기 때문에 도파민이 선사하는 스릴이 사라지는 것이 결코 아쉽지 않을 것이다. 아니면 기대감을 오히려 더 부풀려줄 품목을 질러버림으로써 구매자의 후회를 피하는 방법도 있다.

정리하면 구매자의 후회를 피해갈 해결책으로 크게 세 가지를 생각해볼 수 있다. 첫째, 도파민이 부추기는 것보다 물건을 더 구매한다. 둘째, 도파민의 꾐을 무시하고 최대한 절약한다. 셋째, 도파민이 주도하는 '욕망'을 취사선택해 현재지향적 화학물질이 주도하는 '애호'로 발전시키는 분별력을 기른다. 어느 누구도 내가 간절하게 원하는 어떤 것이 손에 넣었을 때도 반드시 내 맘에 쏙 들 거라고 100% 보장해주지는 못한다. 소유하고자 하는 마음과 아끼며 좋아하는 마음은 뇌의 기전 자체가 다르다. 그렇지 않다면 고대하던 것을 막상 손에 넣고서 다들 그렇게 시큰둥할 이유가 없지 않을까. 미국 시트콤 〈오피스The Office〉에서 배우 윌 페럴Will Ferrell이 카메오로 나왔던 한 에피소드가 이 점을 분명하게 보여준다. 페럴이 연기한 인물 디앤절로 비커스는 극 중에서 케이크를 앞에 두고 홀로 사투를 벌인다.

"난 귀퉁이가 제일 좋더라."
그는 케이크 귀퉁이 한 조각을 잘라 손으로 들고 한 입 베어 문다. "방금 내가 무슨 짓을 한 거지? 별로 맛있는 케이크도 아니고 먹고 싶지도 않았는데! 이미 점심을 먹었잖아."
그는 손에 들고 있던 남은 케이크 조각을 쓰레기통에 던져 넣는다. 그러나 이어서 다시 케이크를 한 움큼 퍼올리며 그는 말한다.
"아니야, 내가 요즘 좀 착실했잖아. 이 정도는 먹어도 돼."
순간 그는 그대로 얼음이 되었다가 또 외친다.
"너 지금 무슨 짓을 하는 거야? 이봐, 디앤절로!"
손에 든 케이크를 또 쓰레기통에 던진 그는 다시 케이크 쪽으로 돌아선다. 그는 몸을 숙여 코를 케이크에 바짝 대고 고함친다.
"안 돼! 안 된다고!"

보통 사람들에게는 무언가를 원하는 것과 좋아하는 것의 구분이 쉽지 않을 것이다. 그러나 약물중독자들을 보면 이 둘의 차이가 그 어느 때보다 확연하게 드러난다.

주말의 맥주 한 캔이
매일 마시는 보드카 한 병으로

앤드류에게 여자 헌팅은 취미이자 일상이었기 때문에 바는 그가 여가시간의 대부분을 보내는 곳이었다. 대학생 때는 바에서 죽치는 대신 파티란 파티는 죄다 쫓아다녔다. 파티에서는 새벽까지 마음껏 술을 마실 수 있었다. 대낮에도 한 손에 맥주 캔이 없으면 허전할 정도였다. 이 시절에 노상 붙어 다니던 술친구들은 졸업과 동시에 각자의 인생을 찾아 뿔뿔이 흩어졌다. 이제 술과 파티는 더 이상 그들 인생의 중심이 아니었다. 하지만 앤드류에게는 바만큼 맘 편한 장소가 또 없었다. 그래서 그는 계속 바를 드나들었다. 괜찮은 여자들이 많은 날은 술 마시는 속도가 특히 빨라졌다. 세상이 평소보다 반짝거리고 왠지 좋은 일이 일어날 것만 같은 기분이 들 땐 술이 훨씬 달았다.

그는 요즘 자신의 숙취가 근무에 큰 지장을 줄 정도라는 사실을 잘 알고 있었다. 실적은 곤두박질쳤고 술을 끊으라는 상담사의 조언도 들었다. 상담사는 맨 정신으로 생활하는 것에 다시 익숙해질 수 있도록 우선 한 달만 금주할 것을 권했다. 상담사 말로는 대부분의 도전자가 첫 번째 시도에 성공하면 생활의 활력을 되찾는다고 했다. 머리가 맑아지고 소소한 일상의 기쁨을 즐길 줄 알게 되어 금주를 이어갈 의욕이 생기는 것이다. 반대로 처음 한 달을 참아내지 못한다면 그 사람이 자제력을 잃고 술의 노예가 되었다는 신호라고 했다. 이 테스트는 그의 삶에서 술을 몰아낼 절호의 기회였다.

앤드류는 상담사의 조언에 따라 금주를 시작했다. 술을 참는 게 그리 힘들지는 않았다. 바에서 하룻밤을 보낼 여자를 수색할 때 빼고는 말이다. 장소가 문제인 게 틀림없었다. 그 바는 그의 과거 만행을 모두 기억하고 있었다. 그래서 가만히 있는 사람의 승부욕을 괜스레 자극했다. 상황이 심각하다고 판단한 상담사는 그에게 알코올중독 판정을 내리고 익명으로 참가할 수 있는 금주 모임 몇 개를 소개해주었다.

앤드류는 인정할 수 없었다. 내가 알코올중독이라니. 그는 오기로 헌팅 욕구를 참는 데 집중했다. 그는 스스로 충동을 억누를 수 있다면 다시는 바에 가지 않아도 되고 과음 문제도 자연스럽게 해결될 거라고 굳게 믿었다. 하지만 치료는 지지부진했고 반복되는 상담에도 상황은 더 악화되기만 했다. 그러나 그는 한 가지 약속을 지켰다. 몇 차례 시도 끝에 마침내 오래 만나볼 만한 여자를 찾은 것이다. 그는 즉흥만남을 완전히 끊었다. 바에도 옛날만큼 자주 가지 않았다. 하지만 그는 여전히 술고래였다. 뇌가 술에 푹 절여져 복구 불능으로 망가진 것 같았다. 이제 그는 멈출 수 없었다.

중독성 있는 약물은 마치 미사일처럼 욕망 회로를 강타해 뇌 속에서 화학적 대폭발을 일으킨다. 위력이 얼마나 대단한지 자연계에는 약물에 비할 대상이 없다. 세계 최고 산해진미와 뜨거운 섹스도 약물을 따라잡지는 못한다. 미국 국립약물남용연구소National Institute on Drug Abuse의 소장을 지낸 앨런 레슈너Alan Leshner는 약물이 욕망 회로를 탈취한다고 표현할 정도다.

그러나 연구에 따르면 약물 쪽이 보상 효과만 어마어마하게 더 클 뿐, 건드려지는 뇌 회로는 자연적 자극과 약물이 다르지 않다. 그런 까닭에 자연적 자극제인 음식이나 섹스에 중독된 상태는 약물중독(책에서는 오남용할 경우 사람의 신체적·정신적 건강을 해친다는 면에서 술도 약물 범주에 포함시켜 얘기하고 있다 – 옮긴이)과 공통점이 많다. 본디 뇌 회로는 '생존'이라는 역사적 사명에 부합하며 진화해왔다. 그런데 돌연 중독적 약물에 의해 점령당하면 회로의 목적은 개체를 살아 있게 하는 것이 아니라 중독의 늪에 영원히 가두는 것으로 변질되어 버린다. 약물중독은 심각해지면 쥐도 새도 모르게 한 사람의 삶을 집어삼킨다. 흡사 암처럼 말이다. 조금만 더, 조금만 더, 하다 보면 어느새 돌이킬 수 없을 지경에 와 있는 것이다.

주말의 맥주 한 캔이 매일 마시는 보드카 한 병이 되고 온종일 취한 상태라 정상적인 생활 자체가 불가능해지는 식이다. 처음에는 아들의 야구 경기에 가야 하는 시간에 집에서 술을 마시는 수준이지만 시간이 갈수록 심각해지면서 학부모 면담이나 가족 모임도 빠지기 시작한다. 그래도 술을 사려면 돈을 벌어야 하니 직장은 나갈 수 있을 때까지 나간다. 하지만 결국에는 직장도 버린다. 중독은 암세포처럼 무서운 기세로 증식해 멀쩡하던 한 사람을 술밖에 모르는 멍청이로 전락시킨다. 과연 이게 이성적인 판단에서 나온 행동일까? 겉보기에는 절대 그렇지 않은 것 같지만 머릿속으로 들어가 도파민의 입장에서 생각해보면 남자의 모든 행동은 이치가 착착 들어맞는다.

도파민 회로는 생물의 생존과 번식을 독려하도록 진화해왔다. 인간에게 목숨을 부지하고 자식들을 안전하게 지키는 것보다 중요한 일은 없다. 그래서 취식과 양육을 위한 모든 활동은 체내에 다량의 도파민을 분비시킨다. 다량의 도파민 분비는 생사의 기로에 선 지금이 적절한 행동을 취해야 할 때라는 결정적인 신호다. '쉴 곳을 마련해', '음식을 찾아', '아이들을 보호해'. 평범한 인간에게 도파민 회로를 이보다 더 세차게 흔들어 깨우는 사안은 없다. 세상에 이보다 중요한 일이 또 어디 있단 말인가?

그런데 중독자에게는 그런 게 있다. 바로 약물이다. 약이라는 미사일이 대폭발을 일으키면 뇌 전체가 도파민 먹구름으로 뒤덮인다. 이런 핵폭탄급 약물과 나머지 자극들을 양쪽에 놓고 양팔저울로 무게를 비교해본다면 중독성 있는 약물은 한쪽 접시에 떡하니 자리 잡은 코끼리와 같다. 코끼리에게 누가 감히 도전장을 내밀 수 있을까?

중독자에게는 그 무엇보다도 약이 먼저다. 일도 가족도 다 필요 없다. 세상에, 정말이지 제정신이 아닌 거 같다는 생각이 들 것이다. 하지만 그의 뇌는 나름대로 완벽하게 논리적인 판단을 하고 있다. 누군가 레스토랑 식사권과 10억 원짜리 수표 중 하나를 공짜로 주겠다고 한다면 이 상황에서 머뭇거리며 고민할 사람이 몇이나 될까? 아무리 그 레스토랑이 동네에서 소문난 맛집이라도 말이다. 그러나 집세와 약값 중 하나를 선택하는 것처럼 답이 명확한 선택지 사이에서도 중독자들은 진지하게 고민을 한다. 그리고 중독자는 당연히 도파민 수치를 더 높이 끌어올리는 쪽을 택한다. 특히 코카인이 유발하는 이상행복감 효과는 비견되는 대상이 없을 정도다. 그런 코카인을 선택하는 것이 욕망의 수호자 도파민 입장에서는 가장 합리적인 판단이다. 결과가 마약중독이라는 게 문제지만 말이다.

약물은 자연적인 도파민 분비 촉진인자들과 근본적인 성질이 다르다. 굶주린 사람에게 먹을 것을 찾는 것보다 중요한 일은 없다. 하지만 허기를 달래고 나면 포만감 회로가 활성화되어 식욕 회로는 억제되므로 식량을 구하러 다닐 의욕이 그 전보다 현저히 떨어진다. 안정을 추구하는 견제와 균형의 기전이 생명체 안에서도 작동하는 것이다. 그런데 코카인에는 포만감 회로라는 게 없다. 그래서 중독자는 정신을 잃거나 몸이 망가지거나 돈이 다 떨어질 때까지 크랙(담배처럼 피우는 코카인 - 옮긴이)을 피운다. 중독자에게 크랙을 얼만큼 갖고 싶냐고 물어보면 모두가 짠 것처럼 같은 대답을 한다. 많으면 많을수록 좋다고 말이다.

그렇다면 이렇게도 한번 생각해보자. 도파민의 사명은 미래를 멋지게 그려 보여주는 것이다. 그러다 예상치 못한 보상이 얻어걸리면 신호를 보내 "여기 주목! 새롭고 아름다운 세상을 배울 시간이야"라고 알린다. 그렇게 도파민이 범람하는 욕망 회로는 놀라운 적응력을 발휘한다. 이제 도파민 회로는 스스로 새 길을 내고 그곳에 따끈따끈한 기억을 새긴다. 새로운 신경망이 형성된다. 도파민 회로는 방금 느낀 기분을 기억하라고, 미래에 쓸모 있을지 모른다고 종용한다.

그렇다면 이 기억의 역할은 뭘까? 다음에 똑같은 보상을 받게 되었을 때 놀라지 않도록 하는 것이다. 취향을 저격하는 음악 스트리밍 사이트를 우연히 발견한 순간, 그 사람은 자리에서 벌떡 일어날 정도로 신이 날 것이다. 그러나 다음에 사이트에 접속했을 때는 그 정도로 좋지 않다. 보상예측오류는 더 이상 없다. 도파민은 사람을 기쁘게 하는 데 인색하다. 원래 도파민의 일은 뇌를 살짝 손봐서 깜짝 이벤트를 예측 가능한 소소한 에피소드 정도로 강등시키는 것이다. 그래야 이 몸뚱이가 생존 자원을 최대한 끌어모을 수 있으니까. 다만, 깜짝 이벤트와 보상예측오류가 선사하는 즐거움이 사라지면 도파민 자신의 활동력도 함께 줄어든다.

그런데 중독성 있는 약물은 골치 아픈 '예측-예측 오류 회로'를 아예 우회해버린다. 그러고는 도파민 회로를 인위적으로 점화시킨다. 그렇게 모든 것을 엉망진창으로 만들어버린다. 결과적으로 남는 것은 온몸의 세포가 타들어가는 듯한 갈증뿐이다. 약물은 정교하게 유지되던 몸의 균형을 너무나 쉽게 무너뜨린다. 이 균형이 무너지면 뇌는 정상적으로 기능할 수 없다. 약물은 몸의 사정은 아랑곳 않고 무조건 도파민 분비를 재촉한다. 뇌는 잠시 우왕좌왕하다가 곧 만사를 약물과 연관시켜 처리하기 시작한다. 모든 것의 해결책이 약물이라 믿어 의심치 않는다. 축하할 일이 있어? 약을 해. 슬퍼? 약을 해. 친구를 만나러 가? 약을 해. 스트레스 받아? 지루해? 편안해? 긴장돼? 화가 나? 자신감이 넘쳐? 후회돼? 피곤해? 의욕이 충만해? 그렇다면 약을 해!

기상천외한 흥분의 신호들

마약중독자들은 갖가지 기상천외한 것에서 신호를 받아 흥분한다. 가령 과거에 중독자였다가 지금은 완치된 어떤 사람은 만화영화를 보지 않도록 늘 조심해야 했다. 약을 할 시절에 만화 캐릭터가 인쇄된 포장지에 싸인 약을 먹었기 때문이다. 한편 무엇이 갈증의 불씨가 되는지 본인조차도 알지 못하는 중독자들이 있다. 한 헤로인중독자는 슈퍼마켓에 갈 때마다 미친 듯이 약이 당기는 자신을 발견했다. 아무리 생각해도 도통 이유를 알 수가 없었다. 이 수수께끼 때문에 지금까지의 갱생 노력이 모두 수포로 돌아갈 판이었다. 하루는 그가 장을 보러 가는 길에 상담사가 동행했다. 직접 지켜보고 원인을 분석하기 위해서였다. 상담사는 그에게 또 그런 마음이 들면 자신에게 알려달라고 당부했다. 두 사람은 통로부터 돌기 시작했다. 그러던 중 갑자기 남자가 발을 멈추더니 외쳤다. "지금이요!" 두 사람이 멈춰선 곳은 다름 아닌 세탁 세제 코너였다. 눈앞의 선반에는 각종 표백제가 진열되어 있었다. 한창 약에 빠져 있던 시절에 그는 에이즈에 걸리지 않기 위해 주삿바늘을 표백제에 담가 소독하곤 했던 것이다.

뇌에 더 빠르게 도착할수록
더 강하게 중독된다

약이 사람들을 중독시킬 수 있는 이유는 도파민 욕망 회로를 깨우는 효과 때문이다. 술이 그렇고 헤로인, 코카인, 마리화나도 마찬가지다. 다만 이 충동질에 도파민 경로가 흥분하는 정도의 크기는 약물마다 차이가 있다. 그리고 약물의 중독성은 그 정도에 비례한다. 더 많은 도파민을 분비시키는 약물일수록 더 큰 행복감을 선사하지만 뒤따르는 갈증도 훨씬 큰 것이다. 예를 들어 마리화나는 효과가 상대적으로 작기 때문에 대체로 코카인보다 중독성이 약하다. 근본적으로 도파민 폭우를 퍼부은 다음 참을 수 없는 갈증을 일으킨다는 것이 모든 약물의 공통점이긴 하지만 말이다.

차이를 만드는 요인은 여러 가지다. 우선은 약물 분자의 화학적 구조가 중요하다. 분자구조에 따라 어떤 약물은 다른 약물보다 도파민 분비를 더 잘 촉진한다. 하지만 다른 요인들도 고려할 필요가 있다. 가령 담배처럼 피우는 크랙 코카인과 코로 들이마시는 가루 코카인은 분자구조가 똑같지만 중독성 면에서는 크랙이 현저한 우위를 차지한다. 덕분에 크랙은 1980년대에 혜성같이 등장하자마자 왕좌에 오를 수 있었다. 도대체 크랙의 어떤 점이 그렇게 대단했기에 코카인 시장을 한 방에 평정하고 수천 명을 자신의 노예로 만들 수 있었던 걸까? 과학적 관점에서 이 질문의 답은 허무할 정도로 간단하다. 비결은 바로 작용발현의 '속도'였다.

도파민 분비를 촉발하는 어떤 약물이 있다고 치자. 약이 뇌에 빨리 도착할수록 약을 한 사람은 더 강하게 취할 것이다. 아래 그림을 보자. 그래프의 가로축은 시간, 세로축은 뇌 속의 알코올 양을 의미한다. 샤도네이 와인 한 잔을 천천히 음미하며 마실 때 알코올 수치 곡선은 천천히 상승할 것이다. 반대로 보드카를 단숨에 연거푸 들이킨다고 치자. 이때 곡선 시작 부분의 경사는 한층 가

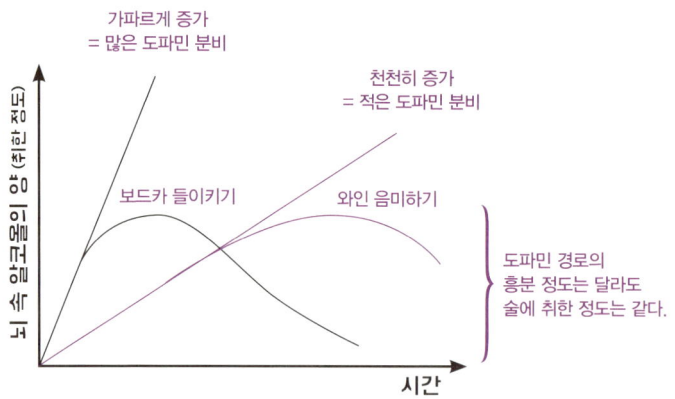

팔라질 것이다.

직선의 기울기는 뇌 속에서 알코올의 농도가 얼마나 빨리 상승하는지를 보여준다. 기울기가 가파르면 더 많은 도파민이 분비되어 더 큰 행복감에 빠진다는 뜻이다. 물론 약효가 떨어질 때 몰려오는 갈증도 훨씬 심하다.

코로 마시는 가루 코카인이 크랙을 이기지 못하는 이유가 여기에 있다. 크랙의 도파민 경로 자극효과가 가루 코카인보다 훨씬 더 빠르고 큰 것이다. 다른 코카인들은 담배처럼 피울 수가 없다. 열에 의해서 파괴되기 때문이다. 그런데 크랙은 불을 붙여 연기로 빨아 마실 수가 있다. 그러면 코카인 성분이 코가 아닌 폐를 통해 체내로 들어간다. 유입 경로가 천지 차이를 만드는 것이다.

가루 코카인은 흡입 과정에서 코 점막에 들러붙는다. 콧구멍 안쪽에 늘 벌겋고 축축한 부분 말이다. 코 점막이 벌건 것은 혈관이 있어서다. 코카인은 이 혈관을 타고 전신의 혈류로 들어가는데 수송 효율이 그리 높지 않다. 코카인 입자가 붙어 있을 자리가 많지 않기 때문이다. 코 점막 표면적이 그리 넓지 않은 까닭에 상당량의 코카인 입자는 핏물에 발 한번 담가보지 못하고 낙오된다.

물론 낮은 효율에도 코를 통한 코카인 흡입은 위험하고 중독성이 강하다. 그런데 폐를 통한 코카인 흡입은 그보다 훨씬 더 심각하다. 크랙 흡입의 입자 수송 효율이 엄청나게 좋기 때문이다. 코 점막이 동네 우물이라면 폐의 표면적은 태평양이다. 차곡차곡 들어찬 작은 공기주머니 수억 개를 모두 펼치면 폐의 표면적은 테니스 코트 반쪽에 육박한다. 모든 코카인 입자가 동시에 뛰어놀아도 남을 공간이다. 즉 기화되어 폐에 들어간 코카인은 바로 혈류를 타고 뇌에 도달하며 이 모든 과정은 순식간에 벌어진다. 농도 상승 곡선의 경사는 가파르고 도파민 경로를 강타하는 충격은 어마어마하다.

혈중 약물 농도의 급속한 증가와 도파민 분비량 사이의 비례관계는 중독자들이 종국에는 직접 혈관에 약을 주입하려고 주사기를 들게 되는 이유를 잘 설명한다. 혈관 주입은 더 이상 어떤 투약경로로도 원하는 스릴을 느끼지 못할 때 시도하는 최후의 수단이다. 바늘로 살을 뚫어 약을 집어넣다니 소름이 끼친다. 게다가 그것은 명백한 중독의 징후다. 아마도 상당수의 중독자는 주삿바늘의 공포와 바늘 자국을 들켰을 때 사회적 낙인이 두려워 그 이전에 멈출 것이다. 문제는 코카인이 뇌에 도달하는 속도 면에서 크랙 흡입이 혈관 주입과 비교해서 조금도 뒤지지 않는다는 데 있다. 게다가 크랙 흡입은 혈관 주입처럼 이미지가 나쁘지도 않다. 이처럼 복합적인 요인 탓에 크랙을 가볍게 시작한 많은 이가 회생불능의 중독자로 전락한다. 또 다른 마약인 메스암페타민methamphetamine 역시 코카인과 똑같은 전철을 밟았다.

술에 취한 것과 약에 취한 것은 어떻게 다를까?

약에 취하는 것과 술에 취하는 것 사이에는 큰 차이가 있지만 많은 이들은 그 차이를 모른다. 모든 일과를 마치고 저녁께 술 몇 잔 걸치면서 하루를 마무리할 때 가장 기분이 좋은 순간은 술자리를 시작한 지 얼마 되지 않았을 무렵이다. 기분이 붕 뜨면서 마냥 다 좋게 느껴진다. 도파민이 선사하는 이상행복감이다. 이 감정은 알코올이 뇌에 도달하는 속도와 직결되어 있다. 초반에 무서운 상승세를 보이던 알코올 농도 곡선은 시간이 지날수록 등반을 힘겨워하더니 결국 곤두박질치기 시작한다. 행복감이 만취 상태에 자리를 내주는 순간이다.

알코올 그래프가 쭉쭉 올라가는 초반에는 힘이 넘치고 신이 나 동작과 목소리가 커지고 아무 이유 없이 즐겁다. 반면에 후반의 하강기, 만취 상태에는 잠이 쏟아지고 손발이 따로 놀며 말이 어눌해지고 판단력이 흐려진다. 술에 취한 정도를 결정하는 것은 마신 알코올의 총량이다. 빨리 마셨는지 천천히 마셨는지는 아무 상관이 없다. 그런데 술을 자주 마시지 않는 사람들은 두 가지를 혼동한다. 그래서 초장부터 부어라 마셔라 하며 혈중 알코올 농도를 잔뜩 높이고 도파민 대홍수가 일으키는 유쾌한 기분을 즐긴다. 그래 놓고 지금 이렇게 기분이 좋은 것은 자신이 잔뜩 취했기 때문이라고 믿어버린다. 그런 이유로 그들의 술잔은 비는 족족 다시 채워진다. 초반의 상승세가 다시 재현되기를 소망하지만 다 헛된 바람이다. 이 광란의 질주는 열이면 열 지저분한 결말을 맺는다. 대개는 변기통에 머리를 처박은 채로 엔딩을 맞이한다.

간혹 이 원리를 스스로 납득하는 사람도 있다. 언젠가 파티에서 알게 된 한 여성은 자신이 맥주보다는 칵테일을 선호한다고 말했다. 과학적으로 따져보면 여성의 말에 일리가 있다. 칵테일은 농도가 더 진하고 설탕이 들어가 있어서 더 달다. 그래서 사람들은 칵테일을 다른 술보다 빨리 마신다. 게다가 도수도 맥주나 와인보다 더 높다. 칵테일은 더 많은 양의 알코올을 더 빨리 체내에 공급함으로써 도파민 회로를 더 크게 자극한다. 아마도 그녀가 원한 것은 만취 상태가 아니라 초반의 들뜬 기분이었을 것이다.

'즐거움'은 '욕망'과 달리 훨씬 드물고 짧아서

약에 대한 갈증은 약을 끊지 않는 한 계속된다. 그런데 그 와중에도 뇌의 흥분 능력은 점점 약해져서 웬만한 강도에는 반응하지 않는다. 욕망 회로가 둔해지기 때문인데, 결국은 약이나 소금물이나 큰 반응 차이가 없어질 정도로 약해진다.

작고한 미국 전 상원의원 테드 케네디의 아들이자 전 하원의원인 패트릭 케네디는 이것을 너무나 정확하게 이해하고 있었다. 뇌 연구 지원과 정신의학과 의료 서비스 개선을 앞장서 지지했던 그는 사실 중독과 정신 질환으로 고생한 당사자이기도 하다. 어느 날 밤, 국회의사당 앞에 세워진 바리케이드를 차로 들이받는 사고를 낸 뒤 그는 전 국민 앞에서 이 비밀을 공개했다. 인터뷰에서 케네디는 쾌감을 얻지 못한다 해도 약이 필요했다고 고백했다.

"방방 뜨지도 즐겁지도 않아요. 약을 하는 건 통증을 줄이기 위해서입니다. 사람들은 약에 취한다는 것에 대해 단단히 착각하고 있습니다. 약을 해서 얻는 효과는 들뜨는 게 아니라 가라앉지 않는 거예요."

중독자들이 더 이상 약에 취하지 않는데도 약을 끊지 못하는 것이 바로 이 때문이다. 헤로인, 술, 마리화나도 마찬가지다. 앞에서 말했던 맛있는 크루아상과 커피를 파는 신장개업 빵집 이야기를 기억하는가? 아무 기대 없이 걷다가 빵집 간판을 발견하는 순간 뇌의 도파민 회로는 반짝하고 켜진다. 예측이 빗나가며 보상예측오류로 인해 도파민 화산이 폭발한 것이다. 그날부터 그는 매일 빵집에 들른다. 아침마다 커피와 크루아상을 사기 위해 긴 줄을 서는 것도 마다하지 않는다. 그러던 어느 날 여느 때와 같이 줄을 서고 있는데 전화벨이 울린다. 회사에 일이 터졌다는 직장 상사의 연락이다. 지금 어디서 뭘 하고 있든 당장 튀어오라고 지시한다. 아쉽고 속상할 것이 분명하다.

기대했던 보상이 실체화되지 못하면 도파민 회로는 한순간에 꺼져버린다. 휴지기의 도파민은 심심풀이 삼아 1초에 3~5회 정도 발화해 기척만 낸다고 한다. 반면 활동기의 도파민 회로는 부지런히 1초에 20~30회쯤 발화한다. 그러나 당연하게 기대했던 보상을 얻지 못했을 때 도파민 회로의 발화 횟수는 0회로 뚝 떨어진다. 이때 인간이 느끼는 기분은 처참 그 자체인 것이다. 도파민 회로가 정지했을 때 원망과 박탈감이 밀려오는 것은 이 때문이다. 재활 과정에 있는 중독자는 약 없이 제정신을 유지하기 위해 매일 이

끔찍한 기분과 사투를 벌인다. 중독을 이기기 위해서는 어마어마한 체력과 결단력, 주변 사람들의 도움이 필요하다. 그러니 웬만하면 도파민은 건드리지 마라. 후폭풍이 어마무시하다.

약을 향한 갈증에 항복하면 적어도 행복감은 보장받을 것 같지만 사실상 그렇지도 않다. 원하는 것은 좋아하는 것과 다르기 때문이다. 도파민은 갖가지 공약을 외치지만 지킬 생각은 추호도 없다. 욕망 회로는 "이 신발을 사면 네 인생이 달라질 거야"라고 말한다. 어쩌면 진짜 달라졌다는 생각이 들지도 모르겠지만 그렇더라도 그런 생각이 들게 한 실체는 도파민이 아닐 것이다.

세계 최초로 미래지향적인 도파민의 '욕망 회로'를 현재지향적인 '애호 회로'와 분리해 설명해낸 인물은 켄트 베리지Kent Berridge 박사다. 미국 미시건대학교의 심리학·신경과학 교수인 그는 행동으로 쥐의 애호와 욕망을 구분할 수 있다고 주장했다. 그의 설명에 따르면 실험 쥐가 설탕물을 좋아할 때는 혀를 할짝거리는 애호의 몸동작을 하고 설탕물을 욕망할 때는 그저 설탕물을 더 많이 마시는 행동으로 그것을 표출한다는 것이었다. 박사는 쥐의 뇌에 도파민 분비를 촉진하는 물질을 주입했다. 그랬더니 애호 동작에는 아무 변화가 없었고 녀석이 마시는 설탕물의 양만 늘어났다. 반대로 현재지향적 화학물질을 촉진하는 물질을 주입했을 때는 애호의 몸동작이 세 배나 잦아졌다. 돌연 세상에 이보다 맛난 별미가 또 없다는 듯이 말이다.

〈이코노미스트The Economist〉에 실린 베리지 박사의 인터뷰 기사를 보면 도파민의 욕망 회로는 강력하고 대단히 영향력 있는 반면 애호 회로는 작고 미약하고 깨우기가 더 어렵다고 한다. 두 회로가 이처럼 다른 이유는 뭘까? 이 질문에 박사는 이렇게 답했다. "인생에서 '즐거움'은 '욕망'과 달리 훨씬 드물고 짧기 때문입니다."

애호는 도파민이 아닌 현재지향적 화학물질들을 사용하여 완전히 다른 회로를 통해 메시지를 발송한다. 특히 애호의 감정이 동원하는 화학물질은 동반자적 사랑의 장기적 만족감을 불러일으키는 것들과 정확하게 일치한다. 바로 엔도르핀과 엔도카나비노이드 계열 분자들이다.

한편 헤로인과 옥시코돈oxycodone은 오피오이드opioid 계열 약물(뇌에서 아편과 비슷한 효과를 낸다 - 옮긴이)에 속한다. 그런데 이 오피오이드 계열 약물은 욕망 회로(도파민이 작용하는 곳)와 애호 회로(엔도르핀이 작용하는 곳)를 둘 다 건드린다. 그래서 그 어떤 마약보다도 중독성이 강하다. 마리화나도 비슷해서, 두 회로 모두와 상호작용해 도파민 시스템과 엔도카나비노이드 시스템을 동시에 자극한다. 이와 같은 이중작용은 복잡한 결과를 낳는다. 우선 도파민 분비가 증가하면 평소에는 눈길도 주지 않았을 사소한 것들에 열광하고 집착하게 된다. 가령 마리화나에 취한 사람은 수도꼭지에서 떨어지는 물방울을 뚫어져라 바라보며 세면대 앞에서 망부석이 되곤 한다. 평소 같으면 조금도 신경 쓰일 일이 아닌데 말이다. 마리화나 흡연자가 자신만의 상상 속 세상에 푹 빠져서 횡설수설하는 것도 머릿속에서 도파민이 용솟음친다는 명백한 증거다. 그런데 또 어떨 때는 마리화나가 도파민을 억제하고 현재지향적 화학물질들을 흉내 내기도 한다. 이런 경우에는 욕구나 의욕과 관련된 활동이 덜 중요해진다. 그래서 일이나 공부, 혹은 몸단장에 소홀해지는 것이다.

욕망의 수호자가
이성적 사고를 압도할 때

중독자들이 내리는 결정 중 다수는 충동에서 비롯된다. 특히 스스로를 망가뜨리는 결정은 백이면 백 충동 때문에 벌어진다. 장기적 결과는 뒷전이고 당장의 쾌락에 지나치게 큰 가치를 둘 때 충동적 행동이 발현된다. 욕망의 수호자 도파민이 뇌의 이성적 사고를 압도한 것이다. 그러니 최선이 아님을 알면서도 어쩔 수 없이 잘못된 선택을 할 수밖에 없다. 이때는 당장의 쾌락에 대한 욕구가 자유의지를 짓누를 정도로 무시무시하다. 다이어터에게는 감자칩 한 봉지가, 평범한 월급쟁이에게는 럭셔리한 호캉스가 그런 쾌락이다.

도파민 분비를 부추기는 약물은 충동적 행동도 부추긴다. 언젠가 한 코카인중독자가 말했다. "코카인을 한 줄 들이마시면 마치 새로 태어난 느낌이 들어요. 그 남자가 다시 태어나서 처음으로 원하는 것은 또 한 줄의 코카인이죠." 중독자가 뇌의 도파민 시스템을 활성화시키면 도파민 시스템은 더 많은 자극을 요구하는 것으로 화답한다. 코카인중독자가 약에 취했을 때 담배도 많이 피우는 것이 바로 이 때문이다. 담배에 들어 있는 니코틴은 코카인과 마찬가지로 도파민 분비를 촉진한다. 게다가 담배는 코카인보다 저렴하고 구하기 쉽다.

사실 니코틴은 특이한 물질이다. 강박성을 부추기는 것 말고는 별로 하는 일이 없다는 점에서다. 미국 존스홉킨스 의과대학의 정신의학·행동과학 교수 롤런드 R. 그리피스Roland R. Griffiths는 "대부분의 사람들이 처음에는 니코틴을 좋아하지 않습니다. 이것이 첫 경험부터 푹 빠져 다시 찾게 되는 다른 약물들과 니코틴의 차이점이죠"라고 설명한다. 니코틴은 마리화나나 술처럼 사람들을 환상의 세계로 인도하지도, 메스암페타민처럼 하늘을 나는 느낌을 선사하지도 않는다. 간혹 니코틴 덕분에 긴장이 풀린다거나 집중력이 좋아진다고 말하는 사람도 있지만 니코틴의 주 효과는 니코틴에 대한 갈증을 줄여주는 것이다. 완벽한 악순환의 고리인 셈이다. 흡연자는 갈증이라는 불쾌한 느낌이 해소되는 쾌감을 누리기 위해 다시 라이터에 불을 붙인다. 한 개비 피우고 났을 때 몸이 가벼워지는 기분이 좋다는 이유로 종일 바위를 짊어지고 다니는 남자처럼 말이다. 그런 면에서 흡연의 중독성은 마약 못지않다.

중독은 화학반응이 욕망을 양산할 때 나타난다. 개성과 취향을 결정하는 개개인의 섬세한 신경계는 강박성이라는 무기를 무식하게 휘두르는 흥분한 도파민 시스템에 비하면 연약하기 짝이 없다. 도파민 시스템이 폭주하면 욕망은 걷잡을 수 없이 부푼다. 욕망의 대상이 내가 진짜 사랑하는 것인지, 내게 유익한 것인지, 아니면 내게 독이 될 것인지는 상관없다. 심성이 약하거나 의지가 부족해서 중독자가 되는 것이 아니다. 자극이 도를 넘은 탓에 욕망 회로가 병적 상태로 치달을 때 중독은 일어난다. 너무 세거나 오래 몰아붙이면 도파민은 폭주한다. 그리고 한번 주도권을 쥔 도파민은 웬만해서는 길들여지지 않는다.

파킨슨병을 치료하려다
도박에 빠진 남자

도파민 회로를 자극하는 것은 비단 마약만이 아니다. 질병 치료를 위해 사용되는 의약품 중에도 같은 효과를 내는 것이 적지 않다. 그런 의약품이 욕망 회로를 너무 강하게 흥분시키면 이상한 일이 일어난다. 파킨슨병은 근육의 움직임을 조절하는 신경경로에 도파민이 부족해져 생기는 병이다. 쉽게 설명하면 사람이 자신의 의지대로 몸을 움직이지 못하게 되는 병이라고 할 수 있다. 근육조절회로에 도파민이 부족한 사람은 몸이 뻣뻣해지면서 덜덜 떨리고 움직임이 느려진다. 치료법은 도파민 분비 촉진제를 복용하는 것이다.

대부분의 환자는 별다른 부작용 없이 약물 치료를 견딘다. 하지만 여섯 명 중 한 명꼴로 중독 증세가 나타난다. 병적 도박, 성욕 과잉, 강박적 쇼핑이 가장 대표적인 증상이다. 이 위험성을 심층적으로 조사하기 위해 영국의 한 연구팀이 나섰다. 그들은 건강한 자원자 열다섯 명에게 'L-도파L-dopa'라는 의약품을 투약했다. L-도파는 뇌에 들어간 뒤에 도파민으로 변하는 의약품으로 파킨슨병 치료제다. 그리고 또 다른 건강한 자원자 열다섯 명에게는 위약을 투약했다. 피시험자들은 자신이 어떤 약을 투여받았는지 알지 못했다.

투약 후 피시험자들은 게임장으로 안내되었다. 연구팀은 L-도파를 복용한 피시험자들이 가짜 약을 복용한 피시험자들보다 큰 판돈을 걸며 위험하게 도박한다는 사실을 발견했다. 특히 여성보다 남성의 행보가 더 과감했다. 그런데 만족감을 스스로 점수 매기게 한 설문조사의 결과는 두 집단 간에 차이가 없었다. 활성화된 도파민 경로가 충동적 행동을 부추겼지만 역시 만족감을 주지는 못한 것이다. 도파민은 욕망을 증가시킬 뿐 애호 능력을 키우지는 못한다는 사실을 다시 한 번 증명하는 연구다. 이 같은 도파민 촉진제의 장기 복용은 인간의 판단력을 왜곡시켜 때때로 한 사람을 파멸에 이르게 한다.

2012년 3월 10일, 호주 멜버른에서 날아온 변호인단이 미국 연방법원에 고소장을 제출했다. 고소인은 이언이라는 이름의 66세 호주 남성이었다. 파킨슨병 치료제 카베르골린(cabergoline, 도파민 수용체에 결합해 도파민 분비를 유도하는 맥각 유도체 - 옮긴이) 때문에 모든 것을 잃었다며 제약회사 화이자Pfizer를 고발하는 내용이었다.

이언이 파킨슨병 진단을 받은 것은 2003년이었다. 의사는 카베르골린을 처방했고 이듬해 용량을 두 배로 늘렸다. 문제가 생긴 것은 그때부터였다. 그는 기계 포커 도박에 주체할 수 없이 빠져들기 시작했다. 은퇴한 그는 당시 매달 850달러씩 꼬박꼬박 들어오는 연금으로 생활하고 있었다. 그런데 그는 적지 않은 금액인 이 돈을 전부 포커 기계에 들이부었다. 그러고도 성에 차지 않았던 그는 차를 829달러에 팔고, 살림살이의 대부분을 저당 잡혀 6,135달러를 마련했다. 그래도 모자라 가족과 친구들에게 총 3,500달러를 빌렸다. 하지만 사라지지 않는 강박감은 그를 계속 몰아붙였다. 그래서 은행 네 곳에서 5만 달러가 넘는 자금을 대출받았다. 마침내 그는 집까지 팔아야 했다.

결국 10만 달러가 넘는 돈을 몽땅 도박으로 날려버린 그가 도박에서 완전히 손을 뗄 수 있었던 것은 한참이 흐른 2010년, 한 신문기사를 읽고 난 뒤였다. 기사는 파킨슨병 치료제와 도박의 연관성을 다루고 있었다. 카베르골린 복용을 그만두자 도박 충동은 깨끗하게 사라졌다.

같은 병으로 똑같은 약을 복용했는데 일부 환자만 이상해지는 이유는 무엇일까? 가설 중 하나는 그런 환자들이 태생적으로 취약하다는 것이다. 도박 전적이 있는 사람이 파킨슨병 치료제를 복용한 후 도박 중독에 더 잘 빠진다는 통계가 나온 걸 보면, 이쪽으로 취약한 사람들만이 가진 어떤 개인적 요소가 있는 것도 같다.

파킨슨병 치료제 부작용의 두 번째 대표 증상은 성욕 과잉이다. 미국 메이오 클리닉에서 파킨슨병 환자들을 대상으로 한 시리즈 증례 연구가 실시되었다. 특정 질환을 앓거나 특정 치료를 받는 환자들을 소규모로 추적 관찰하는 연구를 시리즈 증례 연구라 한다. 그중에 L-도파를 복용한 57세 남성의 사례가 주목할 만하다. 이 남성은 매일 하루에 최소 두 번, 가능하면 그 이상 성관계를 가져야 만족했다고 한다. 남자가 62세의 나이에 은퇴하자 상황은 더욱 심각해졌다. 그는 이웃은 물론이고 먼 친척인 젊은 여성들과 동시다발적으로 바람을 피웠다. 이 문제가 주로 남성 환자에게 발생하기는 하지만 여성도 안심할 수는 없다. 메이오 클리닉의 시리즈 증례 연구에 의하면 분석된 환자 열세 명 중 두 명이 여성이었는데, 모두 파킨슨병 치료를 시작하기 전에는 금욕적 생활을 하던 독신이었다고 한다.

성욕 발산의 객체가 늘 사람인 것은 아니다. 가령 어떤 환자는 매일같이 성인 채팅방에서 긴 시간을 보내며 주체할 수 없는 성욕을 해소했다. 물론 이런 약을 복용하지 않는데도 많은 이가 도파민의 부름에 일말의 저항도 없이 컴퓨터 앞으로 소환될 만큼 포르노 자체가 가진 위력 또한 어마어마하긴 하다.

한 사람을 성욕의 노예로 만들고 인생을 송두리째 빼앗아가는 덫은 파킨슨병 치료제 말고도 많다. 도파민, 과학기술, 포르노의 삼박자가 딱 들어맞을 때가 바로 그런 경우다.

포르노에 더 쉽게
중독되는 사람

28세 청년인 노아가 혼자서는 포르노를 끊을 수 없어 도움을 요청했다. 천주교 집안에서 자란 그가 처음 포르노를 접한 것은 15세 때였다. 웹서핑 중 갑자기 스팸 팝업이 뜨더니 벌거벗은 여자의 사진이 스크린을 도배한 것이다. 그는 순간 홀린 듯이 눈을 뗄 수 없었다고 그때를 회상했다.

처음에는 그렇게 심각하지 않았다. 전화선 모뎀으로 인터넷에 접속해야 했던 탓에 사진 한 장을 받는 데만 해도 체감상 100만 년쯤 걸렸기 때문이다. 어떤 면에서 그는 운이 좋았다. 기술의 한계가 포르노 노출량도 제한해주었기 때문이다. 노아는 그가 초반에 본 사진들을 '얌전했다'고 표현했다. 그러나 시간이 흐르면서 기술도, 사진의 수위도 급격히 달라졌다. 빨라진 인터넷은 그에게 실시간 접속을 허락했고 그는 매일 끊김 없이 동영상을 볼 수 있었다. 얌전한 사진은 자극적인 동영상에게 자리를 내주어야 했다. 그에 따라 성적 흥분감에 대한 노아의 내성도 커져갔다.

그는 뭔가 크게 잘못되고 있다는 걸 알고 있었다. 날로 커지는 죄책감과 함께 좋은 사람이 되기는 영 글렀다는 생각이 들었다. 그래서 강박감이 들 때마다 교회를 떠올리며 마음을 다잡으려 애썼다. 자주 고해성사를 하고 정서적 위안을 얻었다. 그러면 조금은 참을 만했다. 그러던 그가 새로 발령을 받은 해외 지사로 나가면서 모든 일이 틀어졌다. 말이 통하지 않아 외로움까지 겹치자 포르노를 보지 않으면 안 될 것 같은 압박감이 활화산처럼 폭발했다. 그동안 그는 스스로 '가장 어려운 부분은 내면의 갈등이야. 싸워 이겨야 하는 상대는 나 자신인 거야'라고 되뇌었다. 하지만 고삐가 완전히 풀린 그는 이것이 개인 인격의 문제가 아님을 깨달았다. "약물 치료를 받든가 해야겠어. 언젠가는 나도 결혼을 해야 될 테니 말이야."

요즘은 손가락 몇 번만 까딱하면 누구나 성인 음란물을 고화질로 감상할 수 있는 시대다. 전부 초고속 인터넷 덕분이다. 이렇게 누구에게나 똑같이 위험한 환경에서도 이상하게 포르노에 더 쉽게 중독되는 사람이 있다. 달리 받는 약물 치료도 없는데 말이다. 2015년에 〈데일리 메일Daily Mail〉은 영국 청년 인구 중 섹스 중독자의 비율이 스물다섯 명 중 한 명꼴이라는 집계를 내놨다.

기사의 근거 자료가 된 것은 케임브리지대학교의 한 연구팀이 진행한 실험이었다. 연구팀은 젊은 남성 피시험자들이 포르노를 시청하는 동안 그들의 뇌를 촬영했다. 예상대로 영상에서는 도파민 회로가 바쁘게 활동하는 모습이 포착됐다. 포르노를 끄고 평범한 비디오를 틀었을 때는 뇌 신경회로의 활성이 평상시 수준으로 돌아갔다.

연구팀은 다음 피시험자 그룹을 컴퓨터 앞에 앉히고 검색 내역을 기록했다. 준비된 콘텐츠 중에서 젊은 남성들이 가장 광적으로 클릭한 것은 벗은 여자의 사진이었다. 또 피시험자들에게 '흥분시키는 야한 사진을 보여줬을 때 그들은 온 정신을 빼앗겨 다른 일에 집중하지 못했다. 모든 관찰 결과를 종합한 연구팀은 강박적 성행동이 급증하는 이유가 인터넷 음란 콘텐츠의 접근성이 지나치게 좋아졌기 때문이라는 결론을 내렸다.

낮은 문턱이 모두 좋은 것은 아니다. 중독의 원인이 된다면 더더욱 그렇지 않다. 세상에는 담배와 술에 중독되는 사람이 헤로인 중독자보다 월등하게 더 많다. 헤로인의 중독성이 훨씬 높은데도 말이다. 담배와 술이 누구나 쉽게 구할 수 있는 물건이기 때문이다. 안 그래도 최근 흡연과 음주를 국민 건강을 위협하는 사회문제로 다루는 분위기가 확산되는 추세다. 이 문제의 해결책은 간단하다. 바로 담배와 술을 구하기 어렵게 만드는 것이다.

우리는 버스며 지하철이며 도처에서 금연 광고를 쉽게 목격한다. 하지만 그다지 큰 효과는 없어 보인다. 학교에서는 매번 학생들에게 누가 마약이나 술을 권하면 단호하게 거절하라고 가르치지만 이는 아이들의 호기심만 자극해 교내에 마약과 술이 더 유행하게 만든다. 그나마 꾸준한 성과를 보이는 정책은 딱 하나다. 이 품목들에 더 높은 세금을 매기고 판매 장소와 시간을 제한하는 것이다. 오로지 이 조치를 통해 강제적으로 발을 묶을 때만 음주와 흡연이 실질적으로 감소했다. 그런 이유로 담뱃값이 날로 올라가는 동안 포르노에 대한 진입 장벽은 반대로 계속 낮아졌다. 사진은 물론이고 동영상을 다운받는 데 몇 초도 걸리지 않는다. 게다가 사생활까지 완벽하게 보장되니 평판이나 소문을 걱정할 필요가 전혀 없는 것이다.

    강박적 포르노 시청이 약물중독만큼 심각하다고 확언할 수는 없지만 둘 사이에는 분명한 공통점이 있다. 포르노의 늪에 빠진 사람들은 약물중독자처럼 포르노 시청에 점점 더 많은 시간을 쏟는다. 그래서 하루도 빠짐없이 매일 몇 시간씩 보는 수준에 이른다. 포르노중독자는 이 은밀한 취미에 매진하느라 다른 여러 가지 활동들을 포기한다. 진짜 연인과의 성관계는 만족스럽지 않고 자연스럽게 뜸해진다. 간간히 연애포기자도 나온다. 이들은 밖에서 연애 상대를 찾아 헤맬 시간에 포르노를 보는 게 낫다고 말한다. 화면 속의 여자는 그에게 이래라저래라 하지도 않고 어떤 부탁도 거절하지 않는다면서 말이다.

또 다른 공통점은 마약과 마찬가지로 포르노도 습관이 된다는 것이다. 원하는 효과를 얻기 위해서는 점점 용량을 높여야 한다는 말이다. 한 실험에서 섹스중독자들에게 동일한 19금 사진을 반복해서 보여주었더니 사진의 성욕 유발효과가 처음보다 줄어들었다는 결과가 나왔다. 그 증거로 뇌 영상 검사로 측정한 도파민 회로의 활성도도 사진 감상이 반복될수록 하향곡선을 그렸다. 중독자가 아닌 건강한 남성 역시 똑같은 포르노 비디오를 반복 시청하면 비슷한 현상이 나타났다. 그리고 비디오를 새 것으로 바꾸면 도파민 시스템은 되살아났다. 도파민이 급상승한 뒤 반복되는 영상에 익숙해져 급강하했다가 새로운 영상을 보고 또 급상승하는 극적 변동을 경험하고 나면 중독자는 끊임없이 신선한 콘텐츠를 찾게 되는 것이다. 인터넷 성인 사이트를 뒤지는 취미가 강박적 행위로 변질되는 이유일지도 모른다. 도파민 회로의 요구를 거절하기란 쉽지 않다. 특히 그 요구가 섹스처럼 진화학적으로 중요한 사안일 때 더더욱 어렵다.

마지막 공통점은 앞서 언급했던 연구팀이 실험을 통해 발견했다. 바로 약물중독자에게 그랬던 것처럼 섹스중독자들에게도 욕망과 애호는 분명 별개의 감정이라는 것이다. 연구팀은 이렇게 발표했다. "포르노를 시청하는 동안 섹스중독자들의 성욕은 더 커졌지만 그들이 그만큼 비디오에 높은 평점을 주지는 않았다."

온갖 보상의 보물창고, 온라인 게임

덫을 설치해놓고 인간이 컴퓨터에 로그인하기만을 기다리는 것은 포르노만이 아니다. 학계 일부에서는 온라인 게임에도 중독성이 있다고 경고한다. 일리가 있는 것이 온라인 게임은 카지노와 닮았다. 슬롯머신처럼 방심한 틈에 예상 밖의 보상을 퍼부으며 플레이어를 놀라게 한다. 심지어 도파민 분비를 촉진하는 강도 면에서 온라인 게임은 때때로 도박을 능가하기도 한다. 미국 아이오와주립대학교의 심리학자 더글러스 젠틸레Douglas Gentile는 이 같은 온라인 게임의 문제점을 분석했다. 그 결과 온라인 게임을 하는 8세에서 18세 사이 청소년 열 명 중 한 명이 대인관계 혹은 학업에 지장을 받거나 심리적 이상이 생길 정도로 게임에 중독된다는 것이 밝혀졌다. 미국 학술연구원이 발표한 도박 중독 발생률보다 다섯 배 넘게 높은 빈도다. 온라인 게임의 중독성을 높이는 원인은 뭘까?

여러 가지를 꼽을 수 있겠지만 가장 중요한 것은 젠틸레의 관찰 대상이 청소년이었다는 점이다. 성인은 온라인 게임에 이렇게까지 푹 빠지는 경우가 흔치 않다. 반면에 청소년은 뇌가 아직 미숙한 까닭에 마치 뇌 손상을 입은 성인처럼 행동한다. 특히 20대 초반은 되어야 완전히 발달하는 전두엽의 기능이 청소년의 경우에는 많이 미숙하다. 그런데 하필 전두엽은 논리와 이성을 담당하는 부위다. 성인이라면 몸뚱이가 그릇된 길로 가려고 할 때 전두엽이 브레이크 역할을 해서 뜯어말릴 것이다. 그러나 전두엽이 아직 제 기능을 다 하지 못하는 청소년은 어른보다 충동적이고 어리석은 판단을 내리기 쉽다. 공부 머리는 어른보다 훨씬 빨리 돌아가지만 말이다.

물론 이것만으로 모든 걸 설명할 수는 없다. 온라인 게임의 기제는 슬롯머신보다 훨씬 복잡하기 때문이다. 게임 프로그래머는 플레이어가 로그아웃하기 힘들도록 도파민 분비를 쉴 새 없이 촉진하는 요소들을 게임 곳곳에 심어놓는다. 온라인 게임은 꿈과 환상의 세계다. 게임에 접속하는 순간 플레이어는 판타지의 주인공이 된다. 온라인 게임은 현실 세계를 싫어하는 도파민에게 더없이 최적화된 활동 무대인 셈이다. 플레이어는 수시로 변모하는 신세계를 모험한다. 지루할 틈이 없다.

그런데 플레이어는 단순히 탐험만 하는 게 아니다. 온라인 게임의 핵심은 발전이다. 플레이어는 환상 속 세상을 오늘보다 내일 더 발전시켜야 한다. 그렇게 체력과 능력치를 높여가며 레벨 업을 해나간다. 도파민의 꿈이 실현되는 달콤한 순간들이다. 언젠가부터 레벨 업이 최우선 과제가 된 플레이어는 스크린 귀퉁이에 표시된 경험치 점수와 숙련도 막대에서 눈을 떼지 못한다. "한 턴만 더, 한 스테이지만 더!"를 외치며 컴퓨터 앞을 떠날 줄 모르게 된다.

설상가상으로 온라인 게임은 온갖 보상의 보물창고다. 플레이어는 코인을 모으고, 보물을 캐고, 마법의 유니콘을 포획해 다음 레벨로 올라간다. 플레이어의 예측이 적중하는 일은 없다. 다음 보상으로 뭐가 나올지 절대로 알 수 없기 때문이다. 모든 온라인 게임은 플레이어에 관한 정보를 쉬지 않고 수집한다. 얼마나 오래 플레이하는가? 어떤 타이밍에 게임에서 나가는가? 어떤 이벤트가 저들을 더 오래 머물게 하는가? 어떤 시련 앞에서 포기하는가? 게임이론가 톰 채트필드Tom Chatfield는 성공한 온라인 게임들이 전 세계 플레이어들로부터 모아 축적하는 데이터의 양이 어마어마하다고 말한다. 게임 개발자들은 어떤 요소가 도파민 회로를 깨우고 잠재우는지 정확히 알고 있다. 정작 그들은 그런 아이템을 도파민 스위치가 아닌 게임의 재미 요소로만 여길 뿐이지만.

그렇게 구축된 데이터베이스는 보석 궤의 적정 비율이 25%라는 계산을 내놓았다. 플레이어의 로그아웃을 최대한 미뤄주는 마법의 숫자다. 그렇다고 나머지 75%가 전부 꽝인 것은 아니다. 개발자는 보석보다는 못해도 기분을 상하게 하지는 않을 만큼의 깜짝 선물을 하나씩 넣어놓는다. 채트필드의 설명에 따르면 이런 보상이야말로 당첨 확률을 1,000분의 1 정도로 낮게 설정해야 한단다. 여담이지만 고작 보석 일곱 개를 모았다고 레벨 업을 시켜주는 게임은 없다. 데이터베이스에 근거하면 플레이어를 최대한 게임에 오래 붙잡아두기에 효과적인 레벨 업 기준 보석 수량은 열다섯 개라고 한다.

  온라인 게임만의 인기 비결은 또 있다. 특이하게도 온라인 게임이 환상 체험과 함께 현실적 즐거움을 동시에 제공한다는 점이다. 대부분의 온라인 게임은 친구들과 함께 즐길 수 있는데, 사람들을 사귀며 느끼는 즐거움은 현실의 경험이다. 한편 게임 속 동료들과 함께 공통의 목표를 완수하고자 벌이는 여러 가지 활동은 도파민의 지배를 크게 받는다. 활동 자체가 더 나은 미래를 건설하기 위한 작업이기 때문이다. 그것이 적의 진영을 점령하는 단순무식한 것일지라도 말이다.

TV를 켜는 것도, 끄는 것도 모두 도파민이다

 욕망과 애호가 헷갈리는 것은 자연스러운 현상이다. 보통은 좋아하는 것을 갖고 싶은 게 당연하다고들 생각한다. 맞는 말이다. 인간이 이성적 존재라면 말이다. 그런데 이상하다. 우리는 스스로를 이성적인 존재라고 믿어 의심치 않지만 모든 증거는 반론을 제시하고 있다. 이유는 간단하다. 우리는 이성적인 존재가 아닌 것이다. 그런 까닭에 우리는 종종 좋아하지도 않는 것을 탐한다. 인간은 술과 마약, 도박, 강박적 행동과 같은 욕망에 굴복하고 욕망이 자신의 삶을 갉아먹도록 내버려둔다.

 도파민 욕망 회로는 위력적이다. 도파민 욕망 회로가 발동하면 인간은 놀라운 집중력과 의욕을 발휘하며 스릴에 전율한다. 도파민 회로는 인간이 내리는 많은 결정에 깊이 관여한다. 다행히 전능하지는 않다. 그래서 중독자는 약을 끊고 식탐 환자는 식이요법으로 체중을 감량한다. TV를 끄고 소파에서 몸을 일으켜 조깅을 하러 나가는 것도 도파민 회로를 이겼기 때문에 가능한 일이다. 욕망의 수호자 도파민과 싸워 이길 정도로 강한 녀석이 뇌에 또 있다는 소린데, 과연 무엇일까? 바로 도파민이다. 도파민이 도파민과 맞붙는 것이다. 도파민 욕망 회로를 억누른다는 면에서 또 다른 도파민 회로는 '도파민 통제 회로'라 부르기로 하자.

앞서 우리는 미래지향적 도파민과 현재지향적 화학물질들이 서로의 효과를 상쇄하는 사례를 여럿 살펴봤다. 한 남자가 점심으로 샌드위치를 먹으면서 저녁 외식 장소를 고민한다고 해보자. 이때 그는 샌드위치가 무슨 맛이고 어떤 냄새가 나며 식감이 어떤지 하나도 느낄 수 없을 것이다. 미래지향적 도파민이 현재지향적 화학물질을 이긴 예다.

인간의 뇌는 왜 굳이 짝을 맞춰가며 화학물질과 회로 들의 역할을 잘게 나눠놨을까? 한 회로가 여러 가지 일을 다 할 줄 아는 게 더 편하지 않았을까? 아니, 그렇지 않다. 대립하는 기능이 따로 존재해야 관리가 더 수월한 까닭이다. 자동차에 액셀과 브레이크가 있는 것처럼 뇌에도 서로를 반대하는 것을 제일의 사명으로 하는 회로가 각각 존재해야 한다.

도파민 통제 회로 역시 전두엽에 위치한다. 정확히는 가장 최근에 진화했다는 의미로 신피질neocortex이라 부르는 곳이다. 인간을 다른 동물들과 다른 특별한 존재로 만들어주는 부위이기도 하다. 신피질 덕분에 인간은 욕망 회로가 보여주는 것 이상의 미래를 상상하고 백년대계를 구상한다. 인간이 도구의 발명과 추상적 사고를 통해 오늘날과 같은 물질적 풍요를 누리게 된 것 역시 신피질 덕분이다. 당장의 생리적 욕구를 해결하는 것을 넘어 언어, 수학, 과학을 창조한 것도 신피질이 없었다면 불가능한 일이었다. 모두 고도로 이성적인 활동들이다. 오직 현실에서만 느낄 수 있는 감정들이 드러나는 일은 없다. 목표를 이루기 위해 무엇이든 하려면 냉철하고 계산적인 인간이 될 수밖에 없는 것이다.

CHAPTER 3

파멸하거나 진화하거나, 중독되거나 성취하거나

도파민은 어떻게 인간이
환경을 지배할 수 있게 만들었을까?

이기는 게 좋기도 하다. 하지만 무엇보다도 지는 것이 끔찍하다.
내게 패배는 죽음과 같다.

— 랜스 암스트롱Lance Armstrong, 사이클 선수

욕망 회로의 폭주를 막는
통제 회로

    욕망이라는 감정만으로는 아무것도 쟁취할 수 없다. 무언가를 진짜 내 것으로 만들려면 그것이 그럴 만한 가치가 있는지 결정하고 구체적인 전략을 짜야 한다. 무작정 일을 벌였을 때 맞이하게 되는 결말은 단순히 실패에서 그치지 않는다. 과식으로 인한 더부룩함과 불쾌감은 애교다. 도박이나 마약에 빠지면 목숨보다 더한 것을 내놓아야 할 수도 있다.

    도파민 욕망 회로는 무언가를 한없이 원하게 만든다. 하지만 우리는 이 원시적 욕구에 속수무책으로 휘둘리지만은 않는다. 우리에게는 욕망 회로와 대립해서 더 욕심낼 만한 가치가 있는 것과 그렇지 않은 것을 걸러내는 또 다른 도파민 회로가 있기 때문이다. 이 견제 회로 덕분에 인간은 계획이라는 걸 짤 수 있다. 계획에 따라 전략적으로 원하는 것을 쟁취하고 그렇게 무언가를 지배할 수 있게 된다. 어떻게 한 화학물질이 반대되는 두 가지 작용을 모두

하는 걸까? 우주선의 로켓연료를 생각해보자. 우주선은 같은 연료를 태우면서 필요에 따라 방향 추진기 설정을 조정해 가속하기도 하고 감속하기도 한다. 관건은 점화될 때까지 연료가 그린 궤적이다. 사용하는 계산 공식에 따라 편차가 있긴 하지만 대체로 우주선은 목적지에 잘 도착한다. 도파민도 비슷하다. 뇌에서 도파민이 어느 회로를 타고 움직이느냐에 따라 다양한 결과가 나올 수 있다. 단 공통의 목표는 하나, 오늘보다 나은 내일을 만드는 것이다.

우리가 도파민 욕망 회로라는 별칭으로 계속 부르고 있는 중변연계 회로에 도파민이 몸을 실으면 욕망의 감정이 솟아난다. 그런데 우위를 점하고, 무언가를 지배하기 위해 필요한 능력은 욕망이 아니라 '계산'과 '계획'이다. 이 두 가지는 중피질mesocortical 경로의 고유 기능이다. 이해하기 쉽게 지금부터는 이 중피질 경로를 도파민 통제 회로라 부르도록 하자. 왜냐고? 중피질 경로의 진짜 목적은 도파민 욕망 회로가 폭주할 때 고삐를 당기고 진정시켜 유익한 결말로 인도하는 것이기 때문이다. 특히 중피질 경로는 추상적 사고와 진취적 전략 구상을 담당하는데, 바로 그 덕분에 인간은 주변 세상을 통제하고 환경을 지배할 수 있었다.

한편 도파민 통제 회로 역시 무한한 상상력의 원천이다. 인간이 여러 선택지를 놓고 고민할 때 이 회로는 각각이 불러올 미래를 살짝 맛보여준다. 그러면 인간은 더 나은 미래를 불러올 답안을 택할 수 있다. 마지막으로 도파민 통제 회로는 상상을 현실로 구현할 튼

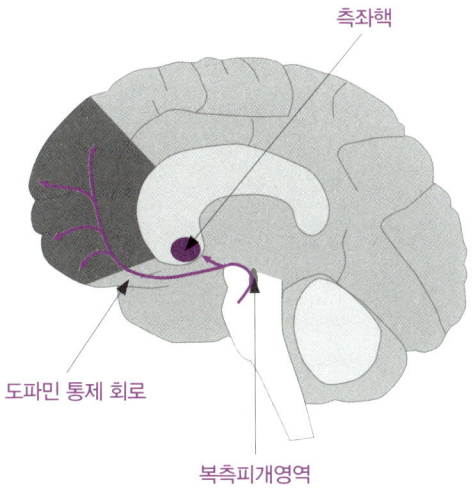

튼한 계획을 짜도록 도와준다. 회로의 시발점이 같다는 사실과 일맥상통하게, 가능성뿐인 가상의 세계를 다룬다는 점은 욕망 회로나 통제 회로나 다르지 않다. 하지만 두 회로의 종착점은 확연히 다르다. 도파민 욕망 회로는 흥분과 열정을 담당하는 뇌 영역에서 끝나는 반면 도파민 통제 회로는 논리적 사고에 특화된 영역에서 끝난다.

때문에 두 도파민 회로 모두 물리적으로 존재하지 않는 유령을 쫓는다. 욕망 회로가 쫓는 유령은 지금 수중에 없기에 앞으로 반드시 손에 넣고 싶은 무언가다. 통제 회로가 쫓는 유령은 아이디어, 계획, 이론, 수학이나 아름다움과 같은 추상적 개념, 아직 실재화되지 않은 세계다. 모두 상상력과 창의적 사고의 핵심 재료가 되는 것들이다.

도파민 통제 회로는 도파민 욕망 회로의 바람을 꺾고 인간을 원초적인 욕심쟁이보다 훨씬 성숙한 존재로 만들어준다. 통제 회로의 힘을 빌린 인간은 주변 세상을 이해하고 분석하며 모형화한다. 모형을 토대로 여러 가지 가능성의 결말을 추론하고 비교한 뒤 목적 달성에 가장 적절한 방법을 찾아낸다. 진화는 인류에게 가능한 많은 자원을 확보하라는 명령만을 내렸지만 인간은 그 이상을 해내고 있는 셈이다. 그럼에도 도파민 욕망 회로는 여전히 차 뒷좌석의 어린아이처럼 군다. 아이는 패스트푸드점, 장난감 가게, 산책하는 강아지가 보일 때마다 부모에게 "저거 봐! 저거 봐!" 하고 고함을 쳐댄다. 도파민 통제 회로는 운전석에 앉은 부모처럼 아이들의 요구를 들으며, 아이 말대로 차를 잠깐 세워도 좋을지 세운 후에는 어떻게 해야 할지 신중하게 계획한다. 도파민 통제 회로는 도파민 욕망 회로가 높여 놓은 기대감 때문에 뜨끈해져 술렁이는 공기를 감지한다. 그러고는 신속하게 주어진 선택지에 평점을 매기고 목표물 획득에 사용할 도구를 선택한 후 전략을 짠다.

생애 첫 차를 구매하려는 젊은이가 있다. 만약 젊은이의 머릿속이 욕망으로만 가득하다면 그는 첫눈에 꽂히는 차를 사버릴 것이다. 하지만 그에게는 도파민 통제 회로가 있다. 그래서 그의 뇌는 충동이 일 때마다 값어치를 저울질하고 계산기를 두드린다. 다른 모델들과 비교해서 어떤 차가 제일 나은지 그 이유를 논리 정연하게 정리해 나열한다. 가령 검소한 젊은이라면 가격 대비 사양이 좋은 차를 고르기 위해 사용 후기 글들을 죄다 뒤져 정독하고, 협상 전략을 짜느라 컴퓨터 앞에서 시간 가는 줄 모를 것이다. 거래를 내게 최대한 유리하게 끌어오기 위해서는 차에 대한 모든 정보를 알아야 한다. 차에 관한 모든 것을 숙지하고 전시장에 출정한 그는 승기를 거머쥘 것이다.

이번에는 통근 열차를 타고 출퇴근하는 한 여성의 이야기다. 기차역까지는 직접 차를 운전해서 가야 한다. 이때 그녀는 혼잡한 시간대의 교통 정체를 피해 우회로를 택한다. 기차역에 도착하면 사람들이 잘 모르는 주차 명당에 차를 댄다. 그녀는 매일 정확히 똑같은 플랫폼에서 열차를 기다린다. 빈자리가 많은 칸이 서는 곳이라 항상 편하게 앉아서 갈 수 있기 때문이다. 오늘 출근길도 짜놓은 시나리오대로 완벽했던 그녀는 기분이 좋아진다.

이처럼 새 차를 사는 일이든, 매일 하는 출퇴근이든, 어떤 활동을 분석하고 전략을 짜서 실행함으로써 게임화하면 우리는 좋은 결과를 얻을 수 있고 기분까지 좋아진다. 어째서냐고? 도파민은 진화와 생존이라는 지상 과제를 잘 수행했을 때 샘솟기 때문이다. 더 안전하고 풍요로운 미래를 건설하라는 명령이 내려졌다. 인간이 명령을 완수하기 위한 일련의 활동들을 하나씩 해나갈 때 도파민은 보상을 제공함으로써 자원 확보에 더욱 매진하도록 우리를 독려한다. 그런 식의 기분 좋은 경험은 다음 활동을 시작하기 위한 신호탄이 된다.

끈기와 의지력을
좌우하는 것

'끈기'에 대해 밝혀낸 한 실험이 있다. 연구자들은 먼저 레버가 눌릴 때마다 사료가 굴러떨어지는 경사로를 쥐 우리에 설치했다. 연구자는 쥐가 레버를 누르는 횟수를 세어 기록한다. 이때 레버를 더 많이 눌러야 음식을 얻을 수 있도록 조정하면 이 자그마한 동물의 투지가 어느 정도인지를 가늠할 수 있다.

미국 코네티컷대학교의 한 연구팀이 이 방법으로 실험을 실시했다. 연구 목적은 뇌의 도파민 활성을 변화시킴으로써 쥐의 의지력을 조작할 수 있는지 알아보는 것이었다. 실험 전 연구자들은 쥐의 체중이 15% 줄 때까지 저열량 사료만 먹여 다이어트를 시켰다. 이것은 보통 성인이 몸무게를 11kg 정도 감량한 것에 맞먹는다. 건강하지만 허기진 실험 쥐에게 연구진은 과제를 잘 수행할 때마다 보상으로 간식을 주었다.

연구팀은 쥐를 두 그룹으로 나눴다. 첫 번째 그룹은 대조군으로

정하고 체중 감량 외에는 아무것도 하지 않았다. 두 번째 그룹의 경우는 개체들의 뇌에 신경독성물질을 주입해 도파민 세포 일부를 파괴시켰다. 그런 다음에 실험이 본격적으로 시작되었다.

1단계 실험은 간단했다. 간식을 받기 위해 쥐들은 레버를 딱 한 번만 누르면 되었다. 그 정도는 수고라고 할 게 없으니 사실상 끈기는 필요하지 않다. 단지 도파민이 부족한 쥐도 정상 쥐만큼 간식을 좋아한다는 사실을 증명하기 위한 과정이다. 간식을 얻는 데 아무 노력도 필요하지 않을 때 레버를 누른 횟수는 도파민 결핍 쥐나 정상 쥐나 차이가 없었고 두 그룹 모두 원하는 만큼 배불리 먹었다. 연구팀이 예상한 그대로였다. 애호의 감정은 도파민 수치 변화의 영향을 받지 않을 테니 말이다. 그러나 노동의 강도를 높이면 얘기가 달라진다.

레버를 눌러야 하는 횟수를 한 번에서 네 번으로 늘리자 정상 대조군 쥐들은 30분 동안 1,000번 가까이 레버를 밟았다. 반면 도파민 결핍군 쥐들은 그 정도로 의욕을 내지는 못하며 600번 정도에 머물렀다. 이어서 노동강도를 열여섯 번으로 높였다. 그 결과, 레버가 눌린 횟수는 정상 대조군의 경우 2,000번에 육박한 데 비해 도파민 결핍군의 경우 바로 전 단계 실험 결과와 비슷한 수준이었다. 간식 배급량이 4분의 1로 훅 떨어졌음에도 녀석들은 더 노력할 생각이 없어 보였다. 마지막으로 예순네 번을 죽도록 밟아야 사탕 한 알이 떨어지도록 장치를 설정했다. 이때 정상 대조군의 레버 작동 횟수는 약 2,500번이었다. 30분 동안 1초에 한 번 이상 부서져라 밟아댄 셈이다. 도파민 결핍군은 역시나 이번에도 더 노력하지 않았다. 오히려 전 실험 단계보다 게을러졌다. 이들은 그냥 간식 먹기를 포기한 것이다.

이처럼 도파민이 부족하면 의지력도 따라서 약해진다. 연구팀은 여기서 그치지 않고 실험 하나를 추가하기로 했다. 도파민 결핍 때문에 변하는 것은 '애호 성향'이 아니라 '의지력'이라는 결론을 보다 확실하게 못 박기 위해서였다.

아이스크림은 언제 먹어도 달콤하지만 아무리 아이스크림에 환장한 사람이라도 방금 뷔페에서 포식을 하고 나오는 길이라면 공복일 때만큼 필사적으로 아이스크림을 먹지 않을 것이다. 아이스크림을 먹고 싶어 하는 마음은 게으르거나 부지런한 성격과는 하등 상관없다. 그저 배고프지 않을 때는 먹는 게 그리 중요한 문제가 아닐 뿐이다. 그래서 연구팀은 새로운 차원에서 실험에 다시 접근했다. 이번에는 배고픔을 조작하기로 한 것이다.

연구팀은 실험 쥐 그룹을 새로 준비하고 저번과 달리 잘 먹였다. 그런 다음에 똑같은 실험을 다시 시작했다. 그 결과 이번에는 어느 단계에서든 레버가 눌린 횟수가 지난번 굶주린 집단 실험의 절반 수준에 그쳤다. 심지어 발길질 한 번이면 사탕이 하늘에서 떨어지는 1단계에서도 그랬다. 단계가 높아질수록 그 전 단계보다는 열심히였지만 지난 실험 집단과 비교했을 때 반밖에 못 미치는 성적이었다. 쥐들이 게으름을 피운 게 아니다. 단지 그렇게 많이는 먹고 싶지 않았을 뿐이다. 배가 고프지 않았기 때문이다.

이 대목에서 놓치기 쉽지만 중요한 진실 하나를 짚고 넘어가야겠다. 허기 혹은 배부름은 쥐가 체감하는 간식의 가치를 변화시켰다. 그러나 일할 의욕은 떨어뜨리지 않았다는 점이다. 허기는 도파민이 그려낸 환영이 아니다. 지금 이 순간의 현실이다. 즉, 허기를 비롯한 현재지향의 감각 경험을 조작하면 노동을 통해 얻는 보상의 가치가 달라지는 것이다. 그런데 노동 자체를 가능케 하는 것은 도파민이다. 도파민이 꼼짝하지 않으면 노동도 시작되지 않는다.

그렇다면 또 궁금해진다. 도파민은 개미와 베짱이 중 어느 쪽을 택할까? 밥을 제대로 챙겨 먹고 싶을 때 사람들은 번거로움을 마다하고 장을 보고 요리를 한다. 하지만 평소에는 냉장고에 만들어둔 반찬을 그릇에 더는 것도 귀찮아하곤 한다. 그래서 TV 앞에 드러누워 빈 과자봉지로 탑을 쌓기 일쑤다. 이 같은 현상을 발견한 연구팀은 실험에 '선택'이라는 요소를 새롭게 도입했다.

그래서 추가된 장치가 바로 간식 자판기와 사료통이다. 각자 원하는 쪽을 선택하도록 쥐 우리에 두 가지 먹을거리 모두를 상비하되, 사료는 노동을 하지 않아도 자유롭게 갖다 먹을 수 있게 한다. 반대로 사료보다 훨씬 맛있는 간식인 바이오서브 한 알을 얻으려면 쥐는 레버를 네 번 밟아야 한다. 부담스러운 횟수는 아니지만 힘이 전혀 들지 않는 것은 아니다. 이때 도파민이 풍부한 쥐는 곧장 자판기 쪽을 공략했다. 약간의 노동 따위는 개의치 않았다. 반면 도파민이 결핍된 쥐들은 사료통 쪽으로 몰려들었다.

이처럼 인간이 무언가를 이루기 위해 노력하도록 응원하고 채찍질하는 것은 도파민의 특별한 재능이다. 물론 노력의 질은 다른 여러 가지 변수에 의해 달라질 수 있을 것이다. 하지만 도파민이 없다면 노력 자체가 불가능하다는 점이 가장 중요하다.

지배가 복종을,
복종이 지배를 불러온다

한 인간이 진짜로 성공할 수 있으려면 먼저 자신에게 그럴 능력이 있다고 믿어야 한다. 그래야만 '끈기'가 발동하기 때문이다. 끈기는 초반에 성공의 맛을 본다면 더 큰 추진력을 얻는다. 체중 감량 프로그램들을 유심히 살펴보면 대부분 약간 빠듯하게, 첫 한 달 이내에 약 3kg 감량을 목표로 잡은 것을 알 수 있다. 여기에는 다 과학적인 근거가 있다. 같은 기간에 감량 목표를 1kg 정도로 느슨하게 잡으면 중도에 포기하는 사람들이 오히려 급증하기 때문이다. 자신이 어려운 일을 해낼 수 있다는 것을 스스로 확인했을 때 인간은 더더욱 의지를 불태운다. 이러한 심리를 학계에서는 자기 효능감self efficacy이라 부른다.

도파민 활성을 높이는 코카인이나 암페타민 같은 마약을 흡입하면 나타나는 증상 중 하나가 자기효능감의 증가다. 다만 이것이 병적 수준으로 증가하기 때문에 문제가 된다. 이런 종류의 마약에 빠진 사람들은 지나치게 자신만만해 감당 못할 일을 벌이곤 한다. 심한 중독자는 과대망상 증세까지 보인다. 쥐뿔도 없으면서 세상을 들썩이게 할 논문을 써낼 거라거나 전 세계의 모든 문제를 해결하는 만능 기계를 발명할 거라며 호언장담하는 식이다.

물론 적당한 자기효능감은 귀중한 자질이다. 때때로 자아실현의 예언처럼 작용하기 때문이다. 성공을 믿어 의심치 않는 당당한 태도는 앞길을 막고 있던 장해물도 뛰어넘도록 도와준다.

봄방학 동안 고향집에 다녀오기 위해 공항에 가야 하는 대학생이 있다. 주머니가 가벼운 학생 신분인지라 15달러짜리 셔틀버스를 예매했다. 그녀는 근처 호텔 정류장에서 오후 12시 30분 차를 타겠다고 계획했다. 그러나 버스는 1시 30분이 됐는데도 나타나지 않았다. 그녀는 뭔가 잘못됐음을 직감했다. 오후 2시. 온몸에 진땀이 나기 시작했다. 버스 회사에 몇 번이나 전화를 걸었지만 매번 기사가 가고 있다는 대답뿐이었다. 아까 택시를 불러주겠다는 친절한 호텔 직원의 말을 들을 걸 그랬다. 이제 시간이 없었다. 40달러와 30분이 더 날아간 뒤에야 마침내 그녀를 태운 택시가 공항 터미널에 도착했다. 택시에서 내리자마자 그녀는 셔틀 예약 데스크로 직행해 셔틀 예약금과 택시비의 차액을 환불해달라고 요구했다. 잘못은 분명 저들에게 있었다. 12시 30분에 오기로 해놓고 약속을 어기지 않았는가. 차액까지 그녀가 부담하는 것은 불공평했다. 이건 그냥 넘길 문제가 아니었다. 데스크 직원은 그녀의 항변에 격하게 동조했다. 직원이 환불 절차 규칙을 어겨가며 25달러를 꺼내 그녀에게 건네기까지는 그리 오랜 시간이 걸리지 않았다.

몇 마디 하지 않았지만 큰 목소리로 기세등등하게 밀어붙이는 것만으로도 상대방은 꼬리를 내린다. 이런 반응은 자신도 모르는 사이 무의식에서 비롯되어 나온다. 미묘한 몸짓과 표정은 사람의 인상에 지대한 영향을 미친다. 스탠퍼드 경영대학원의 한 연구팀은 이 주제에 주목하여 연구에 착수했다. 결론부터 말하자면, 인간은 허리를 꼿꼿하게 세우고 넓은 공간을 점유할 때 타인에게 더 우월한 존재로 비춰진다고 한다. 움츠리고 위축된 사람이 늘 아랫사람 취급을 받는 것과는 정반대다.

연구팀은 지배와 복종의 비언어적 표현이 어떤 결과를 불러오는지 알아보고자 실험을 실시했다. 먼저 성별이 같은 두 사람을 한 방으로 안내한다. 진행요원은 유명한 미술 작품 사진을 보면서 자유롭게 대화를 나누면 된다고 설명하지만 그것은 실험의 의도를 숨기기 위한 거짓말이다. 게다가 진짜 피시험자는 둘 중 한 사람뿐이다. 나머지 한 명은 연구진과 짜고 피시험자인 척하는 공모자다. 그의 임무는 때로는 지배의 자세(한 팔을 등 뒤 의자에 걸치고 다리를 한껏 벌려 오른 발목을 왼다리 허벅지에 얹는 것)를, 때로는 복종의 자세(등은 구부정한 채 두 다리를 모으고 양손을 무릎에 얌전히 올리는 것)를 취하는 것이다. 과연 피시험자는 공모자의 자세를 따라 했을까 아니면 반대 자세를 취했을까?

비슷한 상황에서 사람들은 보통 자기도 모르게 상대방의 몸동작을 모방한다. 상대가 손으로 얼굴을 만지면 곧 나머지 한 사람도 똑같이 따라 하는 식이다. 그런데 이 실험에서는 달랐다. 피시험자들은 상대방이 지배의 자세를 취하면 자신은 복종의 자세를, 상대방이 복종의 자세를 취하면 자신은 지배의 자세를 취했다. 지배가 복종을, 복종이 지배를 불러온 것이다.

하지만 매번 그런 것은 아니다. 소수지만 상대방의 몸짓을 따라 한 피시험자도 있었다. 이 차이는 두 사람의 관계에 대해 무엇을 말해주는 걸까? 그 답을 구하고자 연구팀은 피시험자들에게 설문지 작성을 요청했다. 설문지의 내용은 주로 공모자와 소통하면서 무엇을 보고 느꼈는지 묻는 것이었다. 호감 가는 상대였는지, 함께 있으면서 편했는지 같은 질문들이었다. 공모자의 자세와 관련된 내용은 일절 언급되지 않았다. 그런데 설문지를 모아 분석했더니 반대 자세를 취한 다수의 피시험자들은 상대를 모방한 소수의 피시험자들에 비해 공모자를 더 마음에 들어 했을 뿐만 아니라 더 편안하게 느낀 것으로 조사됐다.

마지막으로 연구팀은 피시험자에게 몇 가지 질문을 추가로 던졌다. 각자의 자세 변화가 의식적인 행동이었는지 확인하기 위해서였다. 그들은 같은 공간 안에 있는 타인 때문에 자신의 몸가짐이 달라졌다는 사실을 인지했을까? 그들은 전혀 몰랐다. 완전히 무의식적인 반응이었다는 이야기다.

이처럼 도파민 통제 회로의 마법으로 표출되는 자기효능감은 굉장히 압도적이다. 인간의 뇌는 오래 전부터 이런 식으로 진화해 왔다. 이기지 못할 상대에게는 애초에 덤비지 않는 게 현명하다는 것을 일찌감치 깨우친 것이다. 이런 행동은 다른 영장류 동물들에게서도 흔히 목격된다. 예를 들어 침팬지는 우두머리에게 복종한다는 의미로 몸을 최대한 웅크려 작게 만든다. 반대로 면전에서 우두머리의 행동을 따라 한다면 그것은 분열의 징조로 해석할 수 있다. 그런 집단에서는 조만간 피 튀기는 서열 다툼이 일어날 공산이 크다.

능력과 외모를 목숨과 맞바꾸는 마법의 알약

1960년대 초에는 암페타민을 복용하는 사람의 수가 지금보다 훨씬 많았다. 암페타민의 도파민 활성화 작용이 긍정적 태도와 집중력을 높인다며 광고까지 할 정도였으니 말이다. 암페타민을 처방받는 환자의 수는 여성이 남성의 두 배로 현저히 많았다. 주된 용도는 정신력 관리였다. 한 의사의 말처럼 암페타민은 '해야 할 일을 해내게 하는 것에서 그치지 않고 그 일을 진심으로 즐길 수 있게' 해줬다. 요리나 청소처럼 귀찮은 집안일을 후다닥 해치우는 식으로 말이다.

그런데 이뿐만이 아니었다. 암페타민은 집안일에 재미를 더할 뿐만 아니라 몸매 관리에도 효과적이었다. 〈라이프〉에 실린 한 기사에 따르면, 1960년대에 해마다 암페타민 20억 정이 오로지 다이어트 목적으로만 처방되었다고 한다. 암페타민을 복용하면 살이 빠지긴 한다. 하지만 효과는 잠시뿐인데다가 감당할 후유증이 더 크다. 가령 약을 끊으면 어김없이 요요가 찾아온다. 반대로 약을 계속 먹으면 내성이 생겨 복용량을 점점 늘려야 했다. 고용량의 암페타민은 위험하다. 성격이 변하고 정신 질환에 걸릴 수도 있다. 간혹 심장마비나 뇌졸중이 발생하기도 하며 심하면 죽음까지 몰아가기도 했다.

한 암페타민중독자의 고백을 들어보자. "마치 내가 똑똑하고, 센스 있고, 매력적인 여자가 된 느낌이었어요. 누구와도 대화가 되는 그런 사람 있잖아요. 일터에서는 우둔한 손님들을 은근히 조롱하는 말들이 목구멍까지 올라오곤 했죠. 가족들도 내가 변했다고 말했어요. 전엔 안 그랬는데 너무 거만하고 다른 사람들을 무시한다고요. 우리 오빠는 그때 제가 잘나간다고 철썩같이 믿는 것 같았대요. 어쩌면 오빠가 절 질투했는지도 모르죠." 또 다른 비슷한 사례의 주인공은 당시의 기억을 짧은 한 문장으로 압축했다. "그때 저는 질주하는 젊은 신이나 다름없었어요." 물론 진짜 신이라면 약물 부작용으로 죽는 일은 없었겠지만 말이다.

대리자 관계인가, 친교 관계인가

졸지에 꼼짝없이 심리상담실에 불려 다니게 생겼다. 사무실에서 홧김에 문구용품을 집어 던진 사건이 있은 후 사장이 제임스에게 상담 치료를 반강제로 주선했던 것이다. 중년의 그는 승진에 승진을 거듭해 꽤 큰 회사의 부사장 자리에까지 올랐다. 밑바닥부터 시작해 혼자 힘으로 여기까지 온 그였다. 제임스는 자신이 이렇게 스스로의 가치를 높이는 데 매진하지 않았다면 오래전에 해고당했을 거라고 상담사에게 말했다. 문제는 그는 항상 화가 나 있다는 것이었다.

사실 그는 아동학대의 피해자였다. 어느 누구에게도 옛날 얘기를 하지 않았기에 본인 말고는 아무도 이 사실을 몰랐다. 스스로도 오래 전 일이니 이제는 중요하지 않다고 되뇌었다. 두 번의 이혼 경력에 새 연애를 시작하는 것도 지친 그는 오로지 일에만 매달렸다.

그러나 분노는 해가 갈수록 커져만 갔다. 한번은 슈퍼마켓에서 카트에 부딪힌 여성에게 심한 욕설을 쏟아부으며 난리를 치는 바람에 그대로 쫓겨난 적도 있다. 또 언젠가는 택시 요금을 두고 실랑이를 벌이다 운전기사를 세게 밀쳐서 체포된 일도 있었다. 다행히 무혐의로 풀려났지만 그는 끝까지 자신은 털끝만큼도 잘못한 게 없다고 고집을 부렸다. 그런 그가 지금은 걱정을 하고 있었다. 직장은 그의 전부였다. 일을 계속 할 수만 있다면 뭐든 다 할 수 있었다. 과거를 마주하는 것까지도.

제임스는 감정 관리에 있어서 융통성이 전혀 없었다. 상담사는 트라우마를 잘못 건드렸다가 감정의 벽이 무너지면 치료는 고사하고 지금의 증세가 악화되기라도 할까 봐 걱정했다. 그래서 두 사람은 과거를 되짚기 전에 현재가 덜 힘들게 느껴지도록 만들 방법부터 상의했다. 상담사는 애꿎은 사람에게 화풀이하는 일을 최대한 줄이기 위해 선의의 거짓말을 적당히 활용하라고 조언했다.

제임스가 누군가를 진심으로 신뢰할 수 있게 되기까지는 상당히 긴 시간이 필요할 터였다. 그러나 그는 상대를 노려보는 대신 미소를 지어 보이면 일이 훨씬 쉬워진다는 것을 금세 터득했다. 그는 동료들에게 아침 인사를 먼저 건네기 시작했다. 그들이 반가워서가 아니었다. 그래야 프로젝트를 더 빨리 마무리할 수 있기 때문이었다. 그는 야근하는 팀원들을 위해 피자를 쏘고 부하 직원의 외모를 칭찬했다. 그렇게 그는 능숙한 사기꾼이 되어갔다.

솔직히 그도 거짓말하는 것을 어느 정도 즐겼다. 새로운 재능을 찾은 것 같아 기분이 좋았다. 돌아오는 상대방의 미소도 나쁘지 않았다. 비서가 울음을 터뜨리며 사무실로 들어왔던 그날 전까지는 말이다.

비서는 울먹이며 누군가 자신의 이름을 도용해 신용카드를 만들어서 대출을 받았고 그 덕에 사채업자들에게 협박을 받고 있다고 말했다. 더없이 절망적인 순간에 위로와 조언을 구할 상대로 그녀가 택한 사람이 바로 제임스였던 것이다. 그리고 그다음 주, 상담사를 찾아간 제임스는 자신의 어린 시절 이야기를 털어놓기 시작했다.

어떤 목적을 달성하기 위해 사람과 사람 사이에 맺어진 관계를 '대리자 관계'라고 한다. 이 관계를 매개하는 화학물질도 물론 도파민이다. 나와 대리자 관계로 얽히는 사람은 확장된 나의 활동영역에서 대리인 역할을 하며 내가 목적을 이루는 과정을 보조한다. 현대인의 인맥은 대부분 호혜성을 전제한 대리자 관계다. 반대로 '친교 관계'는 순수하게 어울림을 즐길 목적으로 맺는 관계를 말한다. 지금 이 순간 다양한 사람들과 즐거운 시간을 보낸다는 게 과정이자 목적이다. 따라서 이때는 현재지향적 화학물질들, 즉 옥시토신과 바소프레신, 엔도르핀, 엔도카나비노이드의 작용으로 소박한 기쁨을 맛보게 된다.

사실 대부분의 인간관계는 두 가지 성격을 복합적으로 지닌다. 별일 없어도 늘 붙어 다니던 친구들(친교 관계)이 함께 여행을 가기로 약속하면 계획을 짜느라 머리를 맞대야 하는 대리자 관계로 변하는 것이다. 직장 동료 사이는 서로의 업무를 보완하는 대리자 관계가 8할이지만 그들도 마음이 맞으면 함께 보내는 휴식 시간 혹은 퇴근 후 나누는 담소를 진심으로 기꺼워하는 친교 관계가 될 수 있다. 성향에는 개인차가 있다. 어떤 사람은 경계선이 확실한 대리자 관계를 편하게 느끼는 반면 어떤 사람은 더 편안한 친교 관계를 선호한다. 또 두 관계 모두 능숙한 능력자가 있는 한편 둘 다 서툰 사람도 있다.

흥미롭게도 사람의 성격은 관계 선호도에 따라 달라진다. 대리자 관계를 선호하는 사람은 냉정하고 무뚝뚝한 경향이 있는 반면 친교 관계를 선호하는 사람은 정이 많고 따뜻하다. 그들은 사교성이 좋아서 주위 사람들을 세심하게 살핀다. 대리자 관계와 친교 관계 양쪽을 능수능란하게 넘나드는 사람들 중에는 친근해서 인기가 좋은 지도자가 많다. 미국 대통령을 지낸 빌 클린턴이나 로널드 레이건이 대표적인 인물이다. 일반적으로는 대리자 관계를 주도적으로 맺지 못하는 사람이 상냥하고 순종적인 추종자가 되기 쉽다. 반대로 친구는 잘 사귀지 못하면서 대리자 관리 기술이 뛰어난 사람은 냉정하고 무심한 사람으로 비춰지기 쉽다. 둘 다 못한다면 어떨까? 그런 사람은 어디서든 외톨이가 되기 십상이다.

대리자 관계는 주어진 환경에서 가능한 한 많은 자원을 뽑아내고자 할 때 성립된다. 이것은 도파민 통제 회로의 전문 분야다. 흔히 사람들은 지배자라고 하면 신출귀몰 바쁘게 움직이면서 가끔씩 무섭게 으름장을 놓는 인물을 상상한다. 하지만 반드시 그렇지만은 않다. 도파민은 과정에는 관심이 없다. 어떻게든 원하는 것이 수중에 들어온다면 그걸로 만족이다. 그런 까닭에 경우에 따라 대리자 관계인 갑과 을 중 갑이 완전히 수동적인 모습을 보일 수도 있다. 직원 회의에서 매니저가 침묵을 지킴으로써 자신이 원하는 결과를 얻어내는 것처럼 말이다.

잘 알려진 대리자 관계의 단점은 갑의 행위가 자칫하면 부당하게 변질되기 쉽다는 것이다. 못된 과학자가 사전 경고도 하지 않고 위험한 실험에 참가자를 모집하거나 악덕 업주가 계약을 위반해 노동력을 착취하는 것이 그런 예다. 하지만 반대로 대리자 관계가 아름다운 인도주의로 승화될 수도 있다. 미국의 시인 랠프 월도 에머슨이 남긴 명언 중에 이런 말이 있다. "모든 사람에게는 어떤 것이든 나보다 나은 면이 있다. 나는 그것을 그 스승들에게서 배운다. 이것이 진정한 학자가 되는 비결이다."

나이나 지위를 떠나 만인에게서 배울 점을 찾으며 다양한 관계를 맺는 것 역시 대리자 관계에 해당한다. 지식이라는 자원을 얻기 위해 맺는 관계이기 때문이다. 관찰하고 문답하는 시인의 행위는 함께하는 것 자체로 즐거운 현재지향적 활동과 분명 거리가 멀다. 그런데도 도파민 내음을 짙게 풍기는 이 명언이 특별한 이유가 있다. 에머슨이 자신의 대리자를 도리어 '스승(master, '주인'이라는 뜻도 있다 – 옮긴이)'이라 칭하고 있기 때문이다. 즉, 시인은 자신을 낮추고 상대를 높이면서 자발적으로 순종하는 태도를 보임으로써 복종을 통한 지배를 실행하고 있는 것이다.

일리노이 주립정신의학연구소의 한 연구팀이 짧은꼬리마카크 원숭이에게 도파민 활성도를 높이는 약물을 주사했다. 그 결과, 원숭이들은 쪽 소리 나게 입맞춤을 하고, 썩은 미소를 짓고(원숭이 입장에서는 환한 미소다), 심지어 팔을 깨물려도 가만히 있는 등의 복종 동작을 전보다 현저히 높은 빈도로 드러냈다. 연구팀은 이해할 수 없었다. 지배의 화학물질인 도파민이 왜 정반대의 복종 행동을 유도한 걸까? 앞에서도 강조했듯이 도파민은 결과물을 얻어낸 과정에 조금도 개의치 않는다. 양심적으로 노력했든 양심을 팔아 사기를 쳤든 도파민에게는 다르지 않다. 오늘보다 내일 더 풍족해질 수만 있다면 말이다.

복종 행동은 내 쪽에 불리한 메시지를 상대에게 전달하기 쉽다. 순종적인 나의 태도를 확인한 상대가 나를 함부로 대하기 시작하는 식으로 말이다. 하지만 복종 행동의 범위는 생각보다 훨씬 넓다. 현대사회에서 복종 행동은 의외로 높은 사회적 지위의 상징이기도 하다. 명문가일수록 격식과 관습에 목숨을 걸고 대화 상대가 누구든 상류층 특유의 경어를 고집하지 않는가? 같은 맥락에서 지배 행동은 반대 의미를 갖는다. 그래서 지배 행동을 보이는 사람은 종종 정신이 불안정하거나 교육 수준이 낮을 거라고 치부되곤 한다.

이렇듯 인간은 개인의 노력과 여러 사람의 협동을 통해 계획을 수립하고 끈기와 의지력을 발휘한다. 이것은 도파민 통제 회로가 환경을 지배하는 방식이다. 하지만 뇌 생리학의 정교한 견제-균형 기전이 무너진다면 어떻게 될까? 그럴 때 인간은 어떻게 행동하고 느낄까? 특히 도파민 통제가 과하거나 부족해질 경우 어떤 일이 벌어질까?

우주 영웅으로
살 수밖에 없었던 남자

〈GQ〉의 기자가 물었다. "달에 간다는 건 어떤 느낌인가요?" 버즈 올드린Buzz Aldrin이 답한다. "어떤 느낌이었는지는 우리도 모릅니다. 아무것도 느끼지 못했으니까요."

"달 표면을 걸을 때 어떤 감정이 들던가요?"

"전투기 조종사에게는 감정이 없습니다."

"하지만 선생님도 사람이시잖아요!"

"그때 우리 혈관에는 얼음이 흐르고 있었거든요."

"겁이 나진 않으셨습니까?"

"전혀요. 이미 착륙선 설계를 숙지하고 있었으니까요. 착지 장치와 탄성 있는 지지대도 있었고요. 모선과 연결된 무인탐사로봇을 파견할 수도 있었습니다. 우주공학 기술의 집약체였죠."

팬들의 열광적인 환대가 무색하게 올드린 대령은 "이제까지 이룬 성과는 잊고 다음 일을 시작해야죠"라고 말했다. 마치 방금 울타리를 손보고 왔을 뿐이라는 듯 덤덤한 말투였다. 대령이 원했던 것은 지나간 일의 영광을 누리는 게 아니었다. 그는 늘 그다음 일, 몰두할 수 있는 새로운 도전거리를 좇았다. 아마도 그가 자신의 이름을 역사의 한 페이지에 남길 수 있었던 것은 이렇듯 부지런한 성격 덕분이었을 것이다. 하지만 도파민 통제 회로의 기능이 유별나게 뛰어난 것도 정상은 아니다. 달 착륙이라는 과업을 완수한 후 대령은 후유증으로 우울증과 알코올중독에 빠졌다. 세 번의 이혼을 했고 수도 없는 자살 충동으로 정신병원에 입원까지 해야 했다. 이 안타까운 사연은 그의 자서전 《거대한 황야Magnificent Desolation》에 자세히 나와 있다.

도파민 욕망 회로가 과하면 약물중독을 일으키듯, 도파민 통제 회로가 지나치게 우세한 사람들은 성취욕에 중독된다. 그런데 성취욕 중독자는 오직 성취하고자 하는 목표에만 매달릴 뿐 절대로 현재에 만족하지 못한다. 마약의 내성 때문에 용량을 높여도 약물중독자가 체감하는 이상행복감은 점점 떨어지는 것과 비슷하다. 주위를 잘 살펴보자. 미친 듯이 일에만 매달리지만 어떤 성과에도 기뻐하지 않는 사람이 한 명쯤은 있을 것이다. 그들에게 목표 달성은 자랑거리가 아니다. 다음 과제로 넘어가기 위한 단계일 뿐이다.

문제 많은 부서의 부서장 자리를 스스로 자신의 다음 과제로 선택한 여성이 있었다. 그녀는 야근을 밥 먹듯 한 덕에 마침내 회사에서 인정을 받았지만 곧 지루해졌다. 처음 몇 달은 여유로운 근무 환경을 즐겨보려고 노력도 했다. 하지만 좀이 쑤셔서 도저히 참을 수 없었다. 결국 그녀는 일이 많은 부서로 자신을 옮겨달라며 인사 발령을 신청했다.

이는 미래지향적 도파민과 현재지향적 화학물질들이 균형을 이루지 못하고 전자 쪽으로 크게 기울었기 때문이다. 그들은 온갖 감정과 감각을 마주해야 하는 현재의 경험을 기피한다. 그들이 살아가는 이유는 오로지 미래, 발전, 혁신뿐이다. 초인적인 노력 덕에 자연스럽게 부와 명예를 얻지만 그들은 행복하지 않다. 지금까지 얼마나 이뤘는지는 중요하지 않다. 그들은 늘 목마르고 부족하다고 느낀다.

올드린 대령은 덤덤하게 이런 말을 남겼다고 한다. "나는 달 표면을 걸었다. 그보다 위대한 도전이 뭐가 있었겠는가."

충동 성향과 체중의 연관성

그렇다면 반대 경우에는 어떤 일이 벌어질까? 도파민 통제 회로가 맥을 못 추는 사이에 욕망 회로가 날뛰는 경우 말이다. 이 사람들은 이런저런 충동이 불쑥불쑥 튀어나오는 탓에 고난이도 과제에 집중하지 못한다. 이런 사례는 우리 주변에서 흔히 목격된다. 바로 주의력 결핍 과잉행동 장애ADHD, attention deficit hyperactivity disorder 환자들이다. 산만하고 매사에 충동적이면 일상생활에 지장이 많아 자립이 어려워진다. 게다가 ADHD 환자는 세세한 부분을 잘 놓치고 일을 두서없이 벌려 해결은커녕 더 힘들게 만든다. 요금 고지서들을 정리하다가 갑자기 일어나 빨래를 시작하고 또 돌연 전구를 갈겠다고 나서는 식이다. 그러고는 난장판이 된 거실 바닥에서 TV에 시선을 고정한 채 앉아 있다. 대화할 때도 다른 곳에 주의를 팔기 일쑤고 상대가 하는 얘기를 잘 듣지 않는다. 시간 개념도 없어서 걸핏하면 약속에 늦는다. 자동차 키, 휴대전화, 여권 등 온갖 물건을 흘리고 다니는 건 일상이다.

ADHD 환자의 대부분은 어린아이다. 도파민 통제 회로의 본거지인 전두엽이 뇌 전체를 통틀어 가장 마지막에 발달하는 부위이기 때문이다. 전두엽은 성인기에 접어들어야만 비로소 다른 뇌 영역들과 완전히 연결된다. 전두엽에 자리한 도파민 통제 회로의 주된 역할은 욕망 회로를 견제하는 것이다. 그러므로 ADHD 환자는 견제가 미약해 충동 조절에 어려움을 겪을 수밖에 없다. 도파민 통제 회로가 제 기능을 못할 때 사람들은 초래할 결과와 상관없이 무조건 지금 하고 싶은 대로 해야만 직성이 풀린다. ADHD를 앓는 아이들은 눈에 띄는 대로 장난감을 집어 들고 새치기를 한다. 성인 ADHD 환자들은 충동구매를 하고 사람들 얘기에 아무 때나 끼어든다.

ADHD에 가장 널리 사용되는 치료제는 리탈린과 암페타민인데, 둘 다 뇌의 도파민 활성을 높이는 각성제다. 이 치료제들을 ADHD 치료용으로 복용할 때는 내성이 쉽게 발생하지 않는다. 살을 빼기 위해 혹은 일에 집중하기 위해 남용할 때와는 다르다. 하지만 원래 모든 각성제에는 어느 정도 중독성이 있는 게 사실이다. 미국 FDA가 리탈린과 암페타민을 모르핀이나 옥시코돈과 똑같이 오피오이드류 마약으로 엄중하게 분류한 것이 그 때문이다. ADHD 환자들은 다른 이들보다 쉽게 중독에 빠진다. 특히 전두엽이 제대로 기능하지 못하는 청소년기에는 위험성이 배로 증가한다. ADHD가 요즘처럼 활발히 연구되기 전에는 의사와 부모들이 귀한 내 자녀를 리탈린이나 암페타민처럼 중독 우려가 있는 약으로 오염시킨다는 데 강한 거부감을 느꼈다. 그들의 심정은 충분히 이해한다. 안 그래도 중독에 빠지기 쉬운 아이를 굳이 위험에 노출시키지 말자는 것이니까. 하지만 믿을 만한 연구 자료들을 종합해보면, 이런 각성제로 약물 치료를 받은 청소년 ADHD 환자들이 실제로 약물중독에 빠질 확률은 낮다는 사실이 분명하게 입증된다. 오히려 약물 치료를 일찍, 그것도 높은 용량으로 시작할수록 남용 문제를 피해갈 가능성이 높아졌다. 어째서일까? 도파민 통제 회로에 힘이 생기면 현명한 결정을 내리기가 수월해지기 때문이다. 반면에 효과적인 치료를 미루면 도파민 통제 회로는 쇠약한 상태로 방치된다. 그러는 동안 대항마가 없는 욕망 회로는 활개를 펴고 어느새 나도 모르게 미래의 중독자 명단 1순위에 내 이름을 올려놓게 되는 것이다.

그런데 ADHD 환자와 가족들이 걱정해야 할 것은 약물중독만이 아니다. 집중력이 부족하거나 충동을 참지 못하는 ADHD 아동들은 환경에서 자원을 추출하는 능력도 떨어진다. 당연히 학업 성적은 바닥을 긴다. 문제는 형편없는 성적표가 예고편에 불과하다는 것이다. ADHD를 앓는 소아청소년에게 친구를 사귀는 것은 꿈에서나 가능한 일이다. 말을 싹뚝 잘라먹고 물건을 막 빼앗으면서 자기 순서를 기다리지 못하는 아이와 누가 같이 놀려고 하겠는가? ADHD 아동은 알림장을 열댓 번은 반복해서 읽어줘야만 숙제의 내용을 겨우 이해한다. 그러나 알림장을 열댓 번 읽고 있기에는 아이의 레이더에 잡히는 것들이 너무 많다. 30분이면 끝낼 숙제를 몇 시간 동안 붙들고 있으니 당연히 동아리 같은 방과 후 활동은 꿈도 못 꾼다. 그런 까닭에 어릴 때 치료하지 않고 방치된 ADHD 아동은 잘하는 것 하나 없는 외톨이가 된다. 건강한 오락활동의 기회조차 얻지 못한 이 아이들이 건강하지 않은 취미를 위안 삼으려는 건 당연하다. 마음이 아픈 아이들이 더 쉽게 약물중독에 빠지는 것은 그래서이기도 하다. 과잉성욕과 과식 역시 소아 ADHD의 중요한 부작용이다. 특히 이 아이들이 달고 사는 음식이 짜고, 달고, 기름진 것들뿐이라 걱정이 크다.

소아와 성인 70만 명을 대상으로 생활습관과 비만의 연관성을 조사한 대규모 역학 연구가 있다. 조사 대상 중 ADHD 환자는 4만 8,000명이었다. 분석 결과 ADHD를 앓는 경우, 그렇지 않은 경우에 비해 비만의 비율이 소아 집단에서는 40%, 성인 집단에서는 70% 더 높은 것으로 나타났다. 그러나 비만 경향이 더 높다고 해서 ADHD가 비만의 원인이라고 단정할 수는 없다. 과체중 상태가 뇌 생리학을 교란해 ADHD를 유발한 것일 수도 있지 않은가. 과학 연구에서 드물지 않은 이 상황을 학계에서는 '상관관계가 반드시 인과관계를 가리키는 것은 아니다'라고 표현한다. 두 가지가 동시에 목격되었다고 해서 늘 어느 하나가 다른 하나의 원인인 것은 아니라는 것이다.

그렇다면 만약 저들이 비대해지기 전에 ADHD가 먼저 발병했음을 증명해 보일 수 있다면 어떨까? 실제로 이것을 증명하기 위한 연구를 실행했던 과학자들이 있다. 시카고대학교와 피츠버그대학교는 의기투합해 여아 2,500명을 피시험자로 모집했다. 목적은 체중과 충동 성향 간의 관계를 밝히는 것이었다.

연구 결과는 예상을 적중했다. 10세 여아들을 두 그룹으로 나누어 똑같이 6년 동안 관찰했더니 처음에 충동 조절과 계획 수립 능력이 떨어지던 아이들 쪽의 체중이 확연히 큰 폭으로 늘었던 것이다. 연구진은 체중 증가의 가장 큰 요인을 폭식으로 꼽았다. 폭식은 음식을 먹는다기보다 자제하지 못해 마구 밀어 넣는 행위에 가깝다. 비슷한 이유로 과체중인 아이들은 길을 건너다 차에 치일 확률도 상대적으로 높다고 한다. 걸음이 느려서가 아니다. 충동적으로 도로에 확 뛰어드는 경우가 정상 체중인 아이들보다 빈번하기 때문이다.

그러나 타고난 생물학이 인간의 운명을 영구히 결정짓지는 못한다. 도파민 회로가 어느 한쪽으로 크게 기운 사람도 달라질 수 있다. ADHD 환자들은 대개 약물 치료와 심리요법을 통해 극적인 개선을 보인다. 때로는 그저 시간이 약이 되기도 한다. 정반대의 문제로 고통을 겪은 버즈 올드린 역시 결국은 자신의 창의력을 단련하는 쪽으로 돌파구를 찾아냈다. 달에 다녀온 뒤 그는 열두 권의 책을 집필했다. 그러는 한편 컴퓨터 전략 게임 제작에 참여하고 화성 유인탐사 계획에 자문위원으로도 활약했다. 그뿐만 아니다. 댄스 경연 프로 〈스타와 춤을 Dancing with the Stars〉, 퀴즈쇼 〈그 가격이 맞아요 The Price Is Right〉, 요리 토너먼트 프로 〈탑 셰프 Top Chef〉, 시트콤 〈빅뱅 이론 The Big Bang Theory〉에 출연하는 등 그는 방송 활동에도 열심이다.

승리에 도취된
사람들의 말로

1999년, 암을 이겨내고 복귀한 랜스 암스트롱은 생애 처음으로 '투르 드 프랑스' 대회에서 우승했다. 〈뉴욕 타임스〉는 향후 여러 해 동안 그를 '경기를 지배한 의지와 집중력의 사나이'라 일컬으며 치켜세웠다. 암스트롱은 그해를 기점으로 7년 연속 투르 드 프랑스의 왕좌를 지켰다.

그러던 2012년, 세계 챔피언은 그때까지 보유하고 있던 투르 드 프랑스 타이틀 일곱 개를 모두 박탈당한다. 기록 향상을 위해 금지 약물을 복용한 사실이 들통난 것이다. 사이클계의 전설이었던 그가 도대체 무슨 연유로 이런 반칙까지 하게 된 것일까? 포기를 모르는 강철 같은 의지의 화신이자 암까지 극복한 그가? 역설적이게도 그것은 그가 성공에 너무 취해 있었기 때문이었다.

도파민의 사전에 양심의 가책 따위는 없다. 그래서 도파민의 활동이 왕성한 시기에는 현재지향적 감정인 죄책감이 맥을 못 춘다. 도파민은 모두에게 귀감이 되는 불굴의 노력을 가능케 하지만, 탐욕에서 비롯된 기만과 폭력 역시 도파민의 작품이다.

사람들이 반칙하는 이유를 과학적으로 이해하고자 이스라엘의 한 연구팀이 실험을 실시했다. 연구팀은 두 사람이 일대일로 겨루는 게임 두 가지를 준비했다. 하나는 다음 순간 컴퓨터 화면에 어떤 사진이 뜰지 누가 더 정확하게 맞추는지를 겨루는 게임이다. 이 게임에서는 반칙을 하는 게 불가능하다. 두 번째 게임은 조금 달랐다. 먼저, 한 사람이 주사위 두 개를 굴리고 상대방에게 결과를 알려준다. 자신의 숫자가 더 크면 판돈을 자신이 갖고 반대라면 상대방에게 양보해야 한다. 이 게임은 반칙이 아주 쉽다. 공간이 가려져 있어서 주사위를 자신만 볼 수 있기 때문이다. 주사위는 맨 처음 그림 맞추기 게임의 승자와 패자가 번갈아 던진다.

통계학에 근거해서, 모든 참가자가 정직하게 플레이한다면 7에 가까운 평균 점수가 나오는 것이 맞다. 실험 결과, 첫 게임의 패자들이 다음 게임에 주사위를 굴려 나온 숫자 평균은 6을 조금 넘었다. 조작 없이 아무렇게나 던졌을 때의 결과 값과 크게 다르지 않다. 그런데 그림 맞추기 게임의 승자들이 던진 주사위 숫자의 평균은 9에 가까웠다. 통계적으로 가능성이 극히 희박한 숫자다. 다시 말해 먼저 이겨본 사람들이 다음 게임에 반칙을 했을 확률이

99% 이상이라는 얘기다.

 연구팀은 다음 단계로 넘어가 똑같은 게임의 설정에 작은 변화를 주었다. 첫 번째 게임을 일대일 경쟁이 아닌 추첨식으로 바꾼 것이다. 이번에는 완전히 다른 결과가 나왔다. 모두가 다음 게임에 정직하게 임했던 것이다. 심지어 실제로 나온 것보다 더 작은 숫자를 상대에게 말해주어 자신의 행운을 남몰래 나누기까지 했다고 한다.

 이 결과를 어떻게 해석해야 할까? 도파민의 특징을 생각해보면 명쾌한 답이 나온다. 승리욕은 식욕, 성욕과 더불어 성공적 진화를 위한 3대 요소다. 엄밀히 따져보면 더 많은 음식과 더 건강한 배우자를 차지하는 것도 애초에 승리욕이 있어야만 가능하다. 그러니 경쟁에서 이길 때 도파민이 발산되는 것은 자연스러운 생리 현상이다. 테니스공이 네트를 넘어 상대 진영에 떨어질 때, 시험에서 높은 점수를 받았을 때, 상사로부터 칭찬을 들었을 때 우리 머릿속에서는 도파민 분수가 용솟음친다. 도파민 홍수가 갑작스레 쏟아붓는 쾌감은 소소하고 은근한 현재지향적 기쁨과는 완전히 다른 성격의 것이다. 이 차이에 주목해야 한다. 바로 이 성질 때문에 누구든 승리의 순간 밀려드는 벅찬 환희를 한번 맛보면 도저히 잊을 수 없게 된다.

 대회 하나를 정복하는 것은 아무 의미 없다. 7년 연속 우승이라는 대기록도 성에 차지 않는다. 이처럼 승리는 마약만큼이나 중독성이 강하다. 그렇다면 졌을 때는 어떨까? 패한 뒤 몰려오는 도파민의 침묵은 몹시 고통스럽고 충격적이다. 만족을 모르는 승리의 쾌감 뒤에 이렇게 무시무시한 이면이 있는 것이다.

미국 워싱턴 D.C.에서는 해마다 비밀 투표를 실시해 각 전공분야 별로 올해의 의사를 뽑아 상을 주는 행사가 열린다. 투표 결과는 지역 월간지 〈워싱터니언〉의 특집호에 발표된다. 특집호가 나오는 날이면 서점은 늘 평소보다 많은 인파로 북적거린다. 올해의 의사로 뽑히는 것은 상당히 기분 좋은 일이다. 동료들의 전화가 빗발칠 것이고 친구들과 가족들은 진심으로 축하해줄 것이다. 어쩌면 낯선 사람이 내게 아는 체할지도 모른다. 그러나 초반의 열기가 식으면 전에 없던 불안감이 고개를 든다. 내년에도 뽑힐 수 있을까? 축하 인사를 건넸던 사람들이 내년 목록에서 내 이름이 빠진 걸 보면 뭐라고 생각할까?

챔피언이 반칙을 하는 이유는 중독자가 마약을 하는 이유와 크게 다르지 않다. 그들은 그만두지 않으면 언젠가 자멸할 것임을 머리로 알고 있지만 도파민 욕망 회로가 멈추는 것을 허락하지는 않는다.

차가운 폭력과
뜨거운 폭력

새벽 1시, 존스 박사는 응급실로 오라는 호출을 받고는 똥 씹은 표정으로 엘리베이터에 올랐다. 급박한 상황이었다. 추레한 차림새에 악취를 풍기는 남자는 눈 한 번 깜빡이지도 않고 존스 박사를 노려봤다. 한 번 본 적이 있는 환자였는데, 그때도 그는 난폭하고 비협조적이었다. 언젠가 병원에서 다른 치료를 받고 있던 여성 환자의 신체 부위를 만져서 체포됐던 사람이다. 알레르기 때문에 알프라졸람alprazolam이 아닌 정신신경계 약들은 먹을 수 없다고 우기던 것도 생각났다.

코카인중독만 빼면 달리 정신적으로 큰 문제는 없는 사람이다. 그런데 오늘은 무슨 일이 있어도 입원해야겠다며 이 난리를 피우고 있었다. 그는 수차례의 체포 전적과 복역 경험까지 들먹이면서 당장 방을 잡지 않으면 오늘 시내에서 송장을 치게 될 거라며 큰소리를 쳤다.

편집증은 폭력 성향을 동반한 정신 질환 중에서도 치료가 가장 잘 되는 축에 속한다. 편집증 환자는 불안감이 너무 심해 스스로를 지킬 유일한 방법이 자신을 음해하려는 자들을 먼저 죽이는 것뿐이라고 단정 짓는다. 이런 환자들은 약물 치료를 시작하면 길어도 일주일 안에 망상과 폭력 행동을 모두 멈춘다.

하지만 눈앞의 이 남자는 그런 척하고 있을 뿐 진짜 정신병자는 아니었다. 박사는 머리가 아팠다. 지금 그를 그냥 보내면 정말로 누군가 해를 입을 수도 있는 일이었다. 결국 그녀는 그를 입원시키기로 결정했다. 다른 대안이 없었다. 간혹 폭력이 신체 기능 이상이나 질병의 형태로 나타날 때가 있다. 하지만 대부분의 폭력은 당사자의 자의적인 선택이다. 원하는 것을 얻기 위한 여러 가지 방법 중 가장 고압적이고 악의적인 결단이다.

폭력으로 남용되기도 하는 힘인 완력은 지배의 핵심 도구다. 그런데 과연 모든 완력이 항상 도파민 회로를 통해서만 나오는 걸까? 폭력은 그 성질에 따라 두 가지 유형으로 나뉜다. 의도를 가지고 미리 준비한 계획에 따라 실행하는 폭력과 순간 욱해서 나오는 폭력이다. 전자의 경우는 사전에 시간 여유를 두고 목적에 맞게 설계된다. 따라서 원하는 것이 무엇이냐에 따라 뒷골목 소매치기와 같은 좀도둑질이 될 수도 있고 역사에 기록되는 세계 전쟁이 될 수도 있다. 어느 쪽이든 핵심은 효율적인 전략을 준비하는 것이다. 사안에 따라 전략의 완성도가 조금씩 달라질 수는 있다. 하지만 작전의 나침반은 늘 한 방향을 가리킨다. 자원 혹은 지배권을 쟁취하는 것이다. 이 모든 과정에 감정이 끼어들 틈은 조금도 없다. 이것이 '차가운 폭력'이다.

도파민 통제 회로의 계산된 행동과 몸이 앞선 본능적 반응은 시소의 양 끝과 같다. 그래서 한쪽이 올라가면 다른 한쪽은 내려간다. 두려움, 분노, 솟구치는 욕망과 같은 부정적인 감정을 잘 다스리는 사람은 위기를 극복하는 데 유리하다. 중요한 계획 실행을 앞둔 이에게 감정만 한 방해물은 없으니까. 실제로 적의 심사를 흩트리는 것은 다양한 대치 상황에서 승세를 잡기 위해 애용하는 전략 중 하나다. 농구 코트나 미식축구 경기장에서 양 팀 선수들 사이에 험한 고성이 아무렇지 않게 오고 가는 것도 그래서다. 폭력의 두 번째 유형인 '뜨거운 폭력'의 경우, 이런 도발이 기폭제가 된다. 이 유형의 폭력은 치밀하고 냉정한 도파민 통제 회로를 거치지 않는다. 도발에 넘어가버리면 현재지향적 회로가 힘을 얻고 도파민은 숨을 죽인다. 이렇게 열이 뻗쳐서 주먹부터 나가는 사람들은 앞날을 준비할 필요성을 못 느끼는 경우가 많다. 그 결과는 온몸이 만신창이가 되거나, 철창에 갇히거나, 뒤늦게 밀려오는 부끄러움을 온전히 감당하는 것이다. 폭력은 막강한 지배 수단이 될 수 있다. 하지만 삼일천하로 막을 내리고 싶지 않다면 주도권을 차가운 도파민 통제 회로에게 내줘야 한다.

미래를 위해 사는 도파민형 인간

도파민 회로의 활동이 유별나게 활발한 사람들이 있다. 연구에 의하면 이런 성격은 어느 정도 유전자 단계에서 이미 결정된다고 한다. 이때 기억해야 할 것은 도파민 회로에도 종류가 있다는 것이다. 먼저 도파민 욕망 회로가 있다. 이 회로의 활성이 유독 높은 누군가는 충동적 성향을 보이거나 만족을 모르고 과욕을 부린다. 이런 사람들은 시끌벅적한 클럽에 갔다 하면 필름이 끊길 때까지 마셔야 직성이 풀린다. 반대로 욕망 회로의 활성이 낮은 사람들은 클럽이 밀집한 유흥가 근처에는 얼씬도 안 한다. 대신 정원 가꾸기 같은 조용한 취미를 즐기고 밤에는 일찍 잠자리에 든다. 다음은 도파민 통제 회로다. 이 회로가 너무 우세한 사람은 냉철하고 매사에 논리를 따지므로 냉혈한으로 취급받기 쉽다. 반대로 통제 회로가 약한 유형은 정 많고 인자한 경향이 있다. 이런 사람들은 경쟁에서 이기는 것보다는 우정을 지키는 쪽을 택한다.

뇌는 다양한 고급기능을 관장하는 최고의 중추기관이다. 신호가 마지막 순간 어떤 행동으로 표출될지는 그 과정에서 다른 어떤 회로들의 어떤 도움을 얼마나 받는지에 따라 달라진다. 그런 까닭에 도파민형 성격의 유형은 방금 설명한 것 외에도 여러 가지가 더 있을 수 있다. 이 부분은 뒤에서 더 자세히 얘기하려고 한다. 어쨌든 분명한 것은 이들 모두에게 한 가지 공통점이 있다는 것이다. 이들은 미래에 더 크게 돌려받을 수만 있다면 현재의 안위 따위야 기꺼이 반납하는 특성을 지녔다.

살아야 한다,
그러자면 생각해야 한다

선원 한 명과 함께 작은 보트를 타고 망망대해로 나간 지 얼마 되지 않았을 때였다. 배를 집어삼킬 듯한 3m 높이의 파도가 시속 50km가 넘는 강풍을 타고 빠르게 접근하고 있었다. 나는 선로를 바꾸려고 타륜을 잡았다. 신중하게 조금씩 당기는데 갑자기 퍽 하는 소리가 들렸다. 그러고부터 타륜이 제멋대로 돌기 시작했다. 어떻게든 멈추려 했지만 소용이 없었다. 이런 일은 처음이었다. 우리는 공포에 사로잡혔다.

사고가 난 곳은 L자 모양의 암초 지역이었다. 수면 위에서도 산호가 또렷하게 보였다. 파도는 우리를 그쪽으로 몰아가고 있었다. 처음 든 생각은 배에서 뛰어내려야겠다는 것이었다. 하지만 곧 이 계획은 실행 불가능하다는 것을 깨달았다. 성난 파도가 내 몸뚱이를 암초에 내리꽂을 게 뻔했다. 아니면 저류가 더 먼바다로 보내버리거나. 나는 공황상태에 빠지기 직전이었다.

살아야 했다. 그러자면 생각해야 했다. 그래서 일단 구조 무선부터 치고 선원과 힘을 합해 돛에 매달려서 어떻게든 배의 방향을 반대쪽으로 바꾸려고 안간힘을 썼다. 그러던 중에 불현듯 타륜을 발로 조종하면 어떨까 하는 생각이 떠올랐다. 마침내 우리는 배를 육지 방향으로 돌릴 수 있었다. 계획을 세우고 실행함과 동시에 두려운 마음이 물러나고 다시 이성적으로 사고할 수 있게 된 것이다. 우리는 해변에 배를 정박시키고 각자 집으로 돌아갔다. 집으로 걸어 들어가면서 나는 두 눈에서 쏟아지는 눈물을 주체할 수 없었다.

이 이야기는 노르에피네프린과 도파민의 상호작용을 보여주는 훌륭한 본보기라 할 만하다. 노르에피네프린은 현재지향적 화학물질이다. 배가 고장 났을 때 뇌에서는 노르에피네프린 수치가 급상승했을 것이다. 그 결과로 공포라는 현재지향적 감정이 항해사를 집어삼킨다. 빨리 이 상황에서 벗어나고 싶을 뿐 다른 생각은 떠오르지 않는다. 그렇게 현재지향적 화학물질들의 쓰나미에 도파민 통제 회로는 일순간 침묵한다.

그러나 불과 몇 초 뒤, 그의 눈빛이 다시 반짝인다. 그는 되살아난 도파민 통제 회로의 도움으로 탈출 계획을 세우기 시작한다. 노르에피네프린은 멈추고 그와 동시에 두려움의 감정도 물러난다. 한결 차분해진 그의 머릿속은 온통 살아나갈 궁리뿐이다. 마침내 항해사는 죽을 고비를 넘기고 무사히 육지를 밟는다. 도파민은 그런 뒤에야 현재지향적 화학물질들에게 무대를 양보한다. 그렇게 항해사는 무너지며 오열하게 된 것이다. 모르는 사람들은 그를 살아 돌아오게 한 공을 아드레날린에 돌릴 것이다. 하지만 사실은 그렇지 않다. 폭풍우 속에서 그를 지탱한 것은 아드레날린이 아니라 도파민이었다.

18세기의 시인 새뮤얼 존슨Samuel Johnson은 인간 행동의 이런 특징을 간파하고 "보름 뒤 자신의 목이 교수대에 매달릴 것을 아는 사람은 남은 나날 동안 놀라운 집중력을 발휘한다"고 말했다. 더 근래에 호주 캘버리 병원의 응급의학과 의사인 데이비드 칼디콧David Caldicott 박사는 같은 말을 보다 현대적으로 표현했다.

"응급의학은 비행기를 조종하는 것과 같습니다. 평온한 시간이 흐르다가도 촌각을 다투는 사건이 예고 없이 빵빵 터지죠. 하지만 능력 있는 의사는 겁먹지 않아요. 눈앞의 환자에게 집중할 뿐입니다."

감정 조절 능력을 좌우하는
도파민 수용체

공상과학소설의 고전인 프랭크 허버트Frank Herbert의 《듄》에서 주인공 폴은 동물적 본능을 누르고 자신이 인간임을 증명하라는 시험을 받는다. 상자 안에 손을 넣은 폴은 상자가 주는 극심한 통증에 몸부림친다. 당장 손을 빼고 싶지만 그랬다간 교모가 바로 목에 독침을 찔러 넣어 폴은 그 자리에서 즉사할 것이다. 교모가 말한다. "덫에 걸린 짐승이 도망치려고 이빨로 제 다리를 끊는다는 얘기 들어봤겠지? 그게 바로 짐승다운 짓이지. 사람이라면 덫에 걸린 채로 고통을 감내하며 죽은 체하겠지. 그러다 덫을 놓은 자가 나타났을 때 반격해 처치하면 동족 전체를 구할 수 있지 않느냐."

   탁월한 감정 조절 능력을 타고나는 사람이 있다. 도파민은 자기에게 딱 맞는 수용체 분자에 결합해야만 효과를 발휘하는데, 이런 사람들은 처음부터 양적으로든 질적으로든 남다른 수용체 분자를 갖고 태어난다. 한마디로 유전자가 다른 것이다. 이를 증명하기 위해 과학자들은 다수의 피시험자를 대상으로 뇌에 존재하는 도파민 수용체의 밀도(수가 얼마나 많은가, 얼마나 오밀조밀한가)를 측정했다. 그런 다음 측정값을 각 피시험자의 감정 분리 정도와 대조했다.

이때 사용한 감정 분리 검사는 평소 사적인 얘기를 별로 하지 않는지, 사람들과 잘 어울리는 편인지와 같은 성격 특성을 묻고 점수를 매기는 검사다. 분석 결과, 연구팀은 도파민 수용체의 밀도와 사회성 간에 밀접한 상관관계가 있음을 발견했다. 수용체 분포가 조밀할수록 감정 분리도가 높았던 것이다. 유사한 연구에 의하면, 감정 분리 점수가 가장 높은 부류의 사람들은 스스로도 자신이 '냉정하고 비사교적이며 남에게 좀처럼 마음을 열지 않음'을 자각하고 있었다. 반면 감정 분리 점수 최하위권에 속하는 사람들은 스스로를 '오지랖이 넓고 이용당하기 쉬운 유형'이라 묘사했다.

그러나 실제로 이와 같은 양극단의 인간형은 찾아보기 힘들고 그 중간 어디쯤의 성격을 가진 사람이 절대다수다. 말하자면 우리들 대부분은 적당히 개인적이면서 적당히 사교적이다. 그런 까닭에 대개 인간의 반응 방식은 상황에 따라 달라진다. 현재지향적 회로가 켜져 뇌가 개인 공간으로 인식하는 사정거리 안에서, 현재 벌어지는 사건의 당사자일 때 그는 세상 따뜻한 사람이 되는 반면에 뇌가 외부 공간으로 선을 그은 곳에서 막연한 미래를 추상할 때는 감정 없는 이성적 인격이 드러난다. 두 가지 사고방식을 극명하게 대비시켜 보여주는 유명한 사고실험이 있다. 바로 '폭주하는 열차' 실험이다.

 폭주하는 열차가 철로에서 작업 중인 일꾼 다섯 명을 향해 질주한다. 가만히 두면 모두 죽을 게 뻔하다. 하지만 중간에 있는 행인 한 명을 밀어 철로로 넘어뜨리면 열차의 속도를 늦출 수 있을 것이다. 한 명의 희생이 다섯 명의 생명을 구할 시간을 벌어주는 것이다. 이때 당신이라면 무고한 행인을 철로로 밀겠는가?

 이 상황에서 대다수의 사람들은 서슴없이 행인을 밀지 못한다. 아무리 다수를 구하기 위한 일이라 해도 어떻게 내 손으로 한 사람을 사지에 밀어 넣겠는가. 이런 반응은 현재지향적 화학물질들이 뇌를 지배해 공감이라는 감정을 키우기 때문에 나타난다. 그때 논리라는 계산기를 두드리던 도파민은 몸을 낮춘다. 뇌는 윤리적 딜레마 같은 상황이 나의 개인 공간 안에서 일어나고 있다고 인식한다. 그런 까닭에 현재지향적 화학물질들의 반응이 증폭되는 것이다. 이럴 때 감정이 완전히 분리되어 행인을 선뜻 칠 수 있는 사람은 거의 없을 것이다.

 그런데 현재지향적 화학물질들의 막강한 영향력은 인간의 오감이 통수권을 쥔 개인 공간 안에서만 유효하다. 그렇다면 개인 공간을 완전히 벗어나보면 어떨까? 도파민의 영역인 외부 공간에서는 이 결정이 보다 쉬워질까?

 일단 현재지향적 촉감은 사라질 것이다. 이제는 멀찍이 떨어져

풍경 감상하듯 관망하는 입장이 된다. 당신은 레버를 당기겠는가?

여기서 조금 더 멀어져 보자. 당신은 철도역에서 한참 떨어진 어느 도시의 한 사무실에 있다. 수화기 너머에서 다급한 목소리가 상황을 설명한다. 사무실 책상에는 원격으로 철로를 조정할 수 있는 장치가 있다. 당신은 어떻게 할 것인가?

마지막 설정이다. 지금 당신은 철도 관제 시스템 기술자. 열차가 안전하게 운행되도록 하는 것이 최우선 목표다. 곳곳에 설치된 카메라는 작업자나 행인을 한 명도 놓치지 않고 포착한다. 당신은 철로 스위치를 조절하는 컴퓨터 프로그램을 짜서 실행시킬 권한을 갖고 있다. 프로그램은 카메라가 수집한 정보를 바탕으로 가장 적은 사망자를 낼 철로를 고를 것이다. 당신이라면 이런 상황에 대비한 프로그램을 만들겠는가?

무고한 행인을 직접 죽이는 쪽을 택하는 사람은 극소수일 것이다. 그러나 인명 피해를 최소화하는 소프트웨어 개발을 주저할 사람 또한 별로 없다. 마치 한 사람 안에 두 개의 인격이 존재하는 것 같다. 이성적 인격과 감정적 인격이다. 어느 쪽을 택할지는 머릿속 도파민 통제 회로의 활성이 얼마나 큰가에 따라 달라질 것이다.

이처럼 도파민 통제 회로와 현재지향적 회로는 상반된 작용을 하며 균형을 유지한다. 그런 까닭에 우리는 타자에게 관용을 베푸는 동시에 내 생존권도 지킬 수 있다. 어느 생물에게든 균형은 중요하다. 그렇기 때문에 뇌는 항상 반대 기능을 가진 회로를 마련해둔다. 이 방식은 매우 효율적이다. 그 안에서 하나의 신경화학 물질로 상반되는 효과를 내는 회로 쌍이 또 있을 정도다. 도파민이 바로 그런 경우다. 궁금하지 않은가? 도파민과 도파민이 맞붙으면 과연 어떤 일이 벌어질지 말이다.

의지력도 지갑 속의 돈처럼
쓰면 사라진다

도파민은 욕망과 끈기 모두의 원천이다. 도파민이 욕망 회로를 타고 흐를 때 우리 안에 불붙는 열정은 어느 방향으로 가야 하는지를 알려주는 이정표가 된다. 또한 도파민이 통제 회로를 타고 흐를 때 자라나는 의지력은 그 목적지로 우리를 데려다준다. 대개는 이 두 기전이 협동해 좋은 성과를 낸다. 그런데 욕망의 화살이 케이크 조각, 불륜, 헤로인 주사 한 방처럼 장기적으로는 해가 될 대상에 꽂힐 때는 얘기가 달라진다. 이때는 의지력이 열정에게서 등을 돌려버린다. 그러면 두 회로는 협력관계에서 숙적 사이로 돌변한다.

의지력이 도파민 통제 회로가 가진 유일한 무기는 아니다. 욕망에 맞서야 할 때 통제 회로는 계획을 세우고 전략을 짜고 여러 가지 대안의 장기적 결과를 예측한다. 이렇듯 논리와 추론 능력도 적절히 동원한다. 물론 분초를 다투는 충동을 다스려야 할 때 가장 먼저 깨어나는 것은 의지력이다. 그런데 길게 봤을 때 효과는 시원찮다. 알코올중독자가 술 한 잔을 거절하는 데는 의지력만이 필요하다. 하지만 수개월 혹은 수년 동안 내내 금주가 강제될 경우에는 그렇지 않다. 의지력은 근육과 같아서 쓰면 쓸수록 피로가 쌓인다. 그러다 얼마 못 가 지쳐 나가떨어진다. '채소와 쿠키' 실험은 이런 의지력의 한계를 잘 보여주는 실험이다. 이 실험의 핵심은 피시험자를 속이는 데 있다. 동의서에 서명을 받기 전 연구자들은 피시험자들에게 이것이 '시식' 실험이라고 설명한다.

연구팀은 피시험자가 실험실에 들어오기 전 실험실에 있는 미니오븐으로 미리 초콜릿 쿠키를 구워놓는다. 당연히 방 안은 달콤한 초콜릿과 과자 냄새로 가득해진다. 테이블 위에는 접시 두 개를 올린다. 하나에는 초콜릿으로 장식해보는 재미까지 더한 초콜릿 쿠키를 탑처럼 쌓고 다른 하나에는 적당한 크기로 자른 적색 무와 흰색 무를 섞어서 담는다.

피시험자들은 허기진 상태로 실험실에 도착했다. 그러니 갓 구운 쿠키의 고운 자태와 향이 그들을 사로잡을 수밖에 없다. 연구팀은 피시험자를 두 그룹으로 나누고 아직도 김이 모락모락 나는 쿠키가 기다리는 방으로 한 사람씩 입장시켰다. 그런 다음 배정된 그룹에 따라 어느 피시험자에게는 쿠키 두세 조각, 또 어느 피시험자에게는 무 두세 조각을 맛보라고 안내했다.

실험 결과, 무 그룹에서는 규칙을 어기고 쿠키를 입으로 가져간 사람이 한 명도 없었다. 분명 모두가 쿠키를 탐냈는데 말이다. 연구자들은 말했다. "그들 중 상당수가 초콜릿을 한참 쳐다봤고 몇몇은 집어 들어 냄새를 맡기까지 했습니다."

다시 실험실에 들어온 연구자들은 피시험자들에게 다음 단계의 실험이 방금 전 과제와 완전히 무관하다고 말하고, 지금부터 문제 풀이 능력을 테스트할 거라고 했다. 여기서 연구진이 피시험자에게 말해주지 않은 게 한 가지 있는데, 바로 곧 풀게 될 문제에는 답이 없다는 사실이다. 이 테스트의 진정한 목적은 피시험자가 답이 없는 과제를 얼마나 오래 붙잡고 있는가를 알아보는 것이었다.

두 번째 실험 결과, 쿠키 그룹이 문제를 포기하기까지는 19분 정도가 걸렸다. 반면 쿠키를 먹고 싶은 욕망을 참았던 무 그룹은 불과 8분 만에 포기를 선언했다. 쿠키 그룹과 비교했을 때 절반에도 못 미치는 시간이다. 연구팀은 실험 결과를 보고 이렇게 결론 내렸다. "한번 절망해본 피시험자들이 다음번 도전을 더 쉽게 포기했다는 사실을 통해 유혹을 참는 데에는 정신적 에너지 소모가 따른다는 것을 확인할 수 있다." 이처럼 인간의 의지력에는 한계가 있다.

"넌 할 수 있어!"
격려보다 용돈이 효과적이다

의지력이 근육과 같다면 훈련으로 키울 수는 없을까? 물론 가능하다. 다만 그러기 위해서는 첨단 특수기계가 필요하다. 이 기계를 활용해 듀크대학교 신경인지과학센터의 연구팀이 의지력을 담당하는 인간의 뇌 부분을 강화할 수 있는지 살펴봤다.

일단은 단순하게 실험을 시작했다. 피시험자에게 과제를 주고 성공적으로 완수하면 사례금을 지급했다. 바로바로 보상이 생길 때 피시험자들은 의욕 넘치는 모습을 보였다. 뇌 스캐너로 찍어보니 뇌의 복측피개영역이 활성화되어 있었다. 복측피개영역은 도파민 욕망 회로와 도파민 통제 회로 모두가 시작되는 곳이다. 다음 단계 실험에서는 피시험자가 스스로 동기부여 방법을 찾아야 했다. 대신 연구팀은 몇 가지 전략을 알려주었다. "넌 할 수 있어!"라고 스스로에게 외치는 식의 방법들 말이다. 연구팀은 창의력을 발휘해 힘이 날 수 있는 모든 수단을 총동원하라고 피시험자에게 주문했다. 어떤 피시험자는 훈련 코치가 옆에 붙어서 자신을 응원한다고 상상했다. 또 다른 피시험자는 이 과제를 마치면 큰 상을 받을 거라고 상상하며 스스로를 다독였다. 그러는 내내 연구팀은 스캐너 화면이 보여주는 뇌 활성화 영상에서 눈을 떼지 않았다. 연구팀은 놀라지 않을 수 없었다. 피시험자들의 뇌에서 아무 일도 일어나지 않았던 것이다. 용돈은 먹혔지만 스스로 동기를 부여하는 방법은 실패한 셈이었다.

이어지는 다음 단계에서 연구팀은 피시험자들이 생체자기제어biofeedback의 도움을 받게 했다. 쉽게 말해 그들에게 신체와 뇌가 작동하는 방식을 알려주었다. 이 정보를 알게 되면 보통은 무의식적인 반응들을 효과적으로 자제할 방법을 보다 쉽게 찾을 수 있다. 대표적인 예는 바로 휴식이다. 극미량의 땀방울도 민감하게 감지하는 장치를 사람 손가락에 끼운다. 땀의 양이 적으면 적을수록 느긋하고 편안한 상태라는 뜻이다. 측정치는 스크린에 색조로 표시된다. 실험 내내 피시험자들은 스크린의 색을 긴장 완화 쪽에 가깝게 바꾸기 위해 애썼다. 그리고 이번에는 그들의 노력이 효과를 발휘했다.

마지막으로 피시험자에게 의욕 수준을 온도계 모양으로 나타낸 그래프를 보여주었다. 온도계에는 선 두 개가 그어져 있는데, 하나는 현재의 의욕 크기를, 하나는 앞으로의 목표를 뜻한다. 온도계를 주시하면서 이런저런 전략을 시도하면 자신에게 맞는 것과 그렇지 않은 것을 바로바로 걸러낼 수 있다. 그렇게 피시험자들은 의욕 강화에 효과적인 자신만의 전략 세트를 확립했다. 그리고 나자 온도계 없이도 전략들은 계속해서 제 몫을 했다. 실험 결과, 사람들은 노력으로 의지력을 키울 수 있지만 그러기 위해서는 뇌 깊숙한 곳을 들여다볼 수 있는 최첨단 과학기술의 힘이 필요하다는 결론이 나왔다.

모성애는 어떻게
금단현상을 극복할까?

노력으로 의지력을 키울 수 있다 해도 그것만으로 장기적인 변화를 꾀하기는 어렵다. 그렇다면 어떻게 해야 할까? 이 문제는 중독 환자의 재활을 돕는 의사들에게 최대의 고민거리다. 의지만으로 약의 유혹을 이길 수는 없다. 의존성을 줄여주는 약물이 있긴 하지만 그것만으로도 별 효과는 없다. 반드시 심리 치료를 병행해야 한다.

  이 부분에 대한 연구가 활발히 진행된 덕분에 다양한 심리 치료 기술이 개발되어 있다. 가장 유명한 것 세 가지는 동기 강화 요법, 인지 행동 요법, 12단계 촉진 요법이다. 모두 인간의 뇌가 보유한 본연의 기능을 영리하게 활용해 엇나간 도파민 욕망 회로에 대항하는 기술이다.

  먼저 동기 강화 요법이다. 이 방법은 '도파민 욕망 회로 vs. 도파민 욕망 회로'라고 할 수 있다. 중독자는 늘 약에 목마르다. 인생이 망가지기 시작해도 약을 멈추지 않는다. '소망'에 대한 의지박약 역시 큰 문제다. 그런데 이 소망은 단련해 강화할 수 있다. 누구나 더 괜찮은 배우자, 더 멋진 부모, 혹은 더 나은 직장에 대한 소망이 있을 것이다. 많은 중독자가 빠르게 바닥을 드러내는 통장 잔고를 보면서 재정적 안정이 주는 마음의 평화를 소망한다. 아니면 아침마다 힘에 부쳐 겨우 눈을 뜨면서 건강하고 활기찼던 지난 날로 돌아가고 싶다고 생각한다.

이런 소망의 도파민 분비 촉진 효과가 마약 효과의 발끝에도 못 미친다는 것은 사실이다. 하지만 소망이 마약보다 나은 점이 있다. 바로 실천할 의욕뿐만 아니라 인내력까지 키워준다는 것이다. 중독 치료를 시작하면 실망한 도파민 욕망 회로는 복수하듯 분노와 박탈의 감정을 투하한다. 이것을 견디게 하는 것이 동기 강화 요법MET, motivational enhancement therapy의 핵심이다. 인고의 끝에 더 밝은 미래가 기다리고 있음을 알기 때문이다. 이 치료법은 삶다운 삶을 되찾을 희망의 불씨를 되살리는 것을 목표로 한다.

동기 강화 요법을 구사하는 상담사는 환자와 건강한 소망에 관한 대화를 나눔으로써 환자를 독려하고 동기를 부여한다. '사람은 들은 얘기가 아니라 자신이 한 말을 더 믿는다'는 오래된 격언이 있다. 예를 들어 당신이 정직의 중요성을 주제로 강연을 한다고 치자. 그런 다음 사람들에게 반칙을 해야 상품을 받을 수 있는 게임을 시킨다. 이때 당신은 강연이 아무런 효과도 없었음을 알게 될 것이다. 그렇다면 반대로 사람들이 당신에게 정직의 중요성을 훈계하게 한다면 어떨까? 신기하게도 반칙을 사용한 사람의 수가 확 줄어들 것이다.

환자가 "과음하면 다음 날 지각하기 일쑤여서 고민이에요"와 같이 스스로 개선 필요성을 느끼는 문제를 고백했다고 치자. 그러면 상담사는 정적 강화positive reinforcement, 즉 목표 행동이 나타난 후에 긍정적인 자극을 바로 제공함으로써 이 행동의 지속 시간이나 강도를 강화하는 상담 전략을 사용해 대응해야 한다. 아니면 반대로 환자가 습관 개선은 필요 없다는 속내를 내비칠 수도 있다. 이때 상담사는 절대로 환자를 나무라서는 안 된다. 그러면 논쟁이 거세지면서 환자의 반항심만 더 커지기 때문이다. 그보다는 화제를 바꾸는 게 좋다. 환자는 이 모든 게 짜여진 극본의 일부분임을 의식하지 못한다. 그런 까닭에 치료가 의식적 방어 기전을 피해 환자의 심리로 들어갈 수 있다. 그렇게 해서 환자는 저도 모르게 상담 시간 내내 개선 필요성을 인정하는 발언을 주로 하게 되는 것이다.

다음은 인지 행동 요법CBT, cognitive behavioral therapy이다. 이 방법은 '도파민 통제 회로 vs. 도파민 욕망 회로'라고 할 수 있다. 인지 행동 요법은 오직 의지력으로 정면 돌파한다는 무리수를 두지 않는다. 대신 도파민 통제 회로의 계획력을 십분 활용해 도파민 욕망 회로의 완력을 꺾는다. 재활 중인 중독자가 실패하는 가장 큰 이유는 때때로 참을 수 없이 엄청난 갈증이 솟구치기 때문이다. 인지 행동 요법을 진행하는 상담사는 환자들에게 갈증을 불러일으키는 신호가 따로 있다고 가르친다. 중독의 소재인 약물과 알코올은 당연하고 사람, 장소, 사물 등등 중독의 소재를 상기시키는 모든 것이 신호가 될 수 있다. 이런 신호들은 예상치 못한 곳에서 갑자기 튀어나와 중독의 소재를 상기시키고 보상예측오류를 일으킨다. 마트의 표백제 코너에서 온몸이 얼어붙던 헤로인중독자의 사례처럼 말이다.

인지 행동 요법의 핵심은 중독자 본인이 신호가 일으키는 갈증에 대항할 방어책을 여럿 갖추두는 것이다. 술을 마시는 모임에 술을 안 마시는 친구와 함께 가는 것이 그 예다. 주변의 신호 요인들을 최대한 제거하는 것도 효과적이다. 친구 한 명과 짝지어 일명 '소탕 작전'을 벌이는 건데, 술잔, 칵테일 제조 도구, 휴대용 술병, 올리브 등등 집 안에서 술을 연상시키는 모든 물건을 찾아내 버린다. 술과 연결시킬 수 있는 것은 무엇이든 방아쇠가 될 수 있다. 갑작스럽게 등장한 방아쇠는 지금까지의 금주 노력을 한순간에 무너뜨린다. 따라서 그 흔적은 하나도 남김없이 치워야 한다.

마지막은 12단계 촉진 요법이다. 이 방법은 '현재지향적 회로

vs. 도파민 욕망 회로'라고 할 수 있다. 알코홀릭 어나니머스AA, Alcoholics Anonymous는 자율적 집단상담 재활프로그램의 최고 성공 사례로 꼽힌다. 하지만 프로그램에 참여하기 전 몇 가지 주의사항이 있다. 우선 알코올중독자라는 꼬리표를 받아들여야 한다. 대다수는 이미 여기서 주저한다. 다음으로 이 프로그램은 기독교 신앙을 바탕으로 짜여진 프로그램이다. 혹자는 이 사실에 거부감이 들 수도 있다. 마지막으로 자신의 얘기를 여러 사람 앞에서 솔직하게 털어놓을 수 있어야 한다.

중독자의 재활 치료는 장기전이다. 때로는 평생 끝나지 않을 수도 있다. 이 사실을 고려하면 약물 치료보다 AA가 여러 가지 면에서 낫다. AA는 기간 제한이 없다. 참석하고 싶으면 언제까지고 나와도 된다. 게다가 공짜고 시간과 장소의 구애도 받지 않는다. 프로그램을 운영하지 않는 나라가 없고 특히 인구 밀집 지역에서는 주간 모임과 야간 모임이 모두 활발하다.

AA는 치료보다는 친목을 위한 단체에 더 가깝다. 환자는 다른 회원들, 그리고 절대자와의 유대감을 지속적으로 다져가면서 자연스럽게 치유된다. 뇌의 사교기능 영역이 현재지향적 화학물질들을 동원해 사람들과 우정을 쌓도록 도와준다. 이 세상에 유대감만큼 강력한 힘은 별로 없다. AA 진행요원들은 자신의 전화번호를 참가자들에게 망설임 없이 알려준다. 덕분에 많은 중독자들은 힘든 순간마다 이들과 대화를 나누며 위로와 격려를 얻는다. 참가자가 게으름을 피우거나 실수를 했다고 하여 그에게 손가락질하는 사람은 아무도 없다. 그럼에도 본인은 모두를 실망시켰다는 죄책감을 느낄 것이다. 이 현재지향적 감정은 훌륭한 동기부여가 된다. 이 같은 '정서적 지원'과 '죄책감의 감시'라는 양동작전을 통해 많은 중독자들은 금주 습관을 잘 유지해간다.

도파민 오작동에 의한 중독을 현재지향적 회로의 활동이 억제하는 또 다른 좋은 예가 있다. 흡연하는 여성이 임신 후 금연하게 되는 현상이 그것이다. 미국 노스웨스턴대학교 여성의학연구소의 수에나 마시Suena Massey 박사가 이 주제를 심층적으로 분석했는데, 보통 흡연자가 금연할 때 거치는 중간 단계들을 임신 여성은 한 번에 건너뛴다고 한다. 어떤 의식적 노력도 없이 바로 금연의 최고난도 단계로 뛰어오르게 할 정도로 아기를 걱정하는 현재지향적 감정의 영향력이 큰 것이다.

본래 도파민 시스템은 미래 자원을 최대한 확보하겠다는 사명을 띠고 진화했다. 그래서 선발 주자인 욕망과 열정은 구르기 시작한 공이 멈추지 않게 하는 데 주력한다. 한편 후발 주자의 주특기는 장기적 계획을 세우고 수학과 논리에 기반해 추상적으로 사고하는 것이다. 이런 능력은 인간으로 하여금 공을 더 잘 굴리게 해준다. 특히 먼 미래를 내다보는 능력은 끈기의 원동력이다. 학교를 졸업하거나 달에 우주선을 보내는 것처럼 장대한 계획을 완수하려면 끈기가 필수적이다. 미래 계획은 도파민 욕망 회로의 쾌락적 충동을 달래는 데도 효과적이다. 내일의 더 큰 기쁨을 위해 오늘의 작은 즐거움을 깨끗하게 포기하는 것이다. 도파민 통제 회로는 현재지향적 감정을 억제함으로써 냉철하고 이성적인 판단을 가능하게 한다. 절대다수의 행복을 위해 소수의 안위를 희생하는 것 같은 어려운 결정을 내려야 할 때 특히 이런 이성적 사고력이 절실하게 요구된다.

도파민 통제 회로는 약삭빠르다. 때로는 순식간에 치고 나가 자신감을 앞세워 상황을 지배한다. 그리고 때로는 순종을 가장하여 협동을 독려한다. 타인의 손까지 내 것처럼 부려서 목표를 이루는 것이다. 도파민은 욕망을 빚어내지만 지배의 원천이기도 하다. 덕분에 인간은 환경뿐만 아니라 주변 사람들까지 내 의지대로 주무를 수 있는 능력을 갖추게 되었다. 이 능력의 범위는 세상을 지배하는 것에서 그치지 않는다. 나아가 완전히 새로운 세상을 창조할 수도 있다. 창조자가 천재 아니면 미치광이일 수밖에 없다는 생각을 들게 하는 그런 세상 말이다.

중독은 DNA까지 변화시킨다

중독은 다른 정신 질환이 명함도 못 내밀 정도로 치료가 어렵다. 완치가 어려운 탓에 의사와 환자들은 술과 같은 중독성 물질을 종종 '적'으로 묘사하곤 한다. 중독이 이렇게까지 힘을 키운 비결은 누구도 예상 못하는 것을 기폭제로 삼았기 때문이다. 야외 파티에서 친구들과 찍은 사진, 좋아하는 맥주잔, 병따개는 기본이고 심지어 레몬을 자르는 데 쓰는 부엌칼도 기폭제가 될 수 있다. 공통점은 하나같이 매우 사소하다는 것이다. 본인조차도 인식하지 못할 정도로 말이다.

최신 연구 증거들은 자극 요인을 제거하는 것만으로 부족하다고 말한다. 여기 한 알코올중독자가 있다. 어느 날 그는 아무 이유 없이 늘 가던 길이 아닌 새로운 경로로 귀가하기로 한다. 도중에 예전에 출근하다시피 하던 바의 간판을 발견한 그는 갑자기 술이 당기기 시작한다. 다음 상담 시간에 이 얘기를 털어놓으며 그는 어떻게 된 일인지 모르겠다고 말한다. 귀가 경로를 바꾼 결정과 욕구 재발이 연결된다고는 짐작도 못한 것이다.

하지만 그것은 우연의 일치가 아니었다. 최신 연구에 따르면, 사람이 알코올에 중독되면 특정 DNA 조각의 발현 방식이 달라진다고 한다. 문제는 이것이 전두엽의 도파민 통제 회로가 정상적으로 기능하는 데 매우 중요한 유전자 조각이라는 것이다. 이 변화로 인해 핵심 효소의 양이 줄고 뉴런의 신호전달이 둔해진다. 전투가 한창 벌어지는 가운데 해커가 적군의 무선을 중간에서 훔치는 것과 다름없는 상황이다. 다시 말해 퇴근길의 느닷없는 변덕이 초래할 결과는 애초에 뻔했다. 새로운 길로 가면 옛 단골집을 지나게 될 것이고 가게를 보면 내심 그냥 지나치기 섭섭할 것이 뻔했다. 그런데 이런 당연한 결과를 예견할 머리가 해킹으로 막힌 것이다.

이런 변화는 동물에게도 마찬가지로 나타났다. 중독으로 DNA가 변한 실험 쥐는 술을 더 많이 마셨다. 심지어는 녀석들이 질색하는 퀴닌quinine이라는 물질을 술에 섞어도 술꾼들은 아랑곳없이 술에 달려들었다. DNA의 변화가 나쁜 결과를 감수하고도 계속 술을 마시게 만든 것이다.

CHAPTER 4

창조자는
천재 아니면
미치광이

도파민이 지나치면
어떤 일이 벌어질까?

나는 인류를 사랑하지만,
사람은 싫어한다.
— 에드나 세인트 빈센트 밀레이 Edna St. Vincent Millay, 시인

최악의 결과와
최선의 결과

이 세상에 창의력보다 강력한 힘은 또 없다. 해저 석유층도, 황금 광산도, 만석꾼의 땅도 창의적 아이디어의 무한한 가능성을 이기지 못한다. 창의력은 뇌가 가장 성공적으로 쓰일 때 발현된다. 그 반대는 정신 질환이다. 정신 질환은 평범하게 살아가는 데 필요한 일상적 활동도 뇌가 버거워하는 상태를 말한다. 하지만 광기와 천재성처럼 뇌가 만들어낼 수 있는 최악의 결과와 최선의 결과 모두 그 중심에는 도파민이 있다. 같은 화학물질로 연결되기 때문에 광기와 천재성은 다른 뇌 기능들보다도 서로에게 강하게 끌린다. 광기와 천재성 사이가 이렇게 가까운 이유는 뭘까? 그리고 이 사실에는 어떤 의미가 있을까? 먼저 광기부터 살펴보자.

윌리엄은 부모님의 손에 억지로 이끌려 여기까지 왔다. 자신이 정신 질환을 앓고 있다는 사실을 끝까지 인정하지 않았기 때문이다.

학창시절 매우 영특했던 그는 대학교에 진학하면서 180도 달라졌다. 이상한 생각들이 그의 머릿속을 어지럽히기 시작했다. 그는 여학생과 친해질 때마다 상대가 자신을 남자로 맘에 들어 한다고 착각했다. 여학생이 아니라고 못 박으면 그는 에이즈 환자인 그녀가 그에게 병을 옮기기 싫어서 거짓말을 하는 거라고 단정했다. 그리고 곧 학교에 여학생이 에이즈 환자라는 소문을 냈다. 그가 에이즈 환자라고 확신했던 사람만 해도 열두 명이 넘었다. 친구들이 걱정하며 병원에 가보라고 권하면 윌리엄은 부모님이 그렇게 말하라고 시킨 게 틀림없다고 생각했다. 멀쩡한 나를 환자로 매도하려는 음모라고 생각했다. 그는 부모님이 사기꾼이라고 결론 내리고 친부모를 찾으러 해외로 떠나버렸다.

짧은 여행을 마치고 귀국하자마자 그는 몰래 도청기를 설치해 자신을 감시했다며 부모를 고소했다. 그러고는 뉴욕으로 도망쳤다. 모든 것이 너무나 버거웠고 휴식이 필요했다. 아무도 자신을 찾을 수 없는 곳으로 가고 싶었다. 그리고 다시 고향으로 돌아갔을 때 부모님은 아들에게 정신과 치료를 받지 않을 거면 집에 들어오지 말라고 말했다. 노숙자가 되기는 싫었던 윌리엄은 정신과 치료를 받기 시작했다. 지속되는 약물 치료는 증상을 현저히 호전시켰다. 주사제로 바꿔 치료를 이어가면서 윌리엄은 완전히 새사람이 되었다. 이제 그는 정규직 요리사로 일하면서 따로 집을 얻어 나가 살고 있다.

조현병은 환각과 망상을 동반하는 중증 정신 질환이다. 환각은 존재하지 않는 것을 보게 하고, 심지어 촉감과 냄새까지 진짜처럼 느끼게 한다. 가장 흔한 형태는 목소리가 들리는 환청이다. 때로 목소리는 환자의 행동을 중계한다("너 점심 먹고 있구나"). 여러 목소리가 환자를 욕하기도 한다("다들 널 싫어하는 거 알지? 네가 잘 안 씻으니까 그렇지"). 어떤 목소리는 명령조인 반면("죽어버려!") 또 어떤 목소리는 다정하고 상냥하다("넌 참 멋진 사람이야. 계속 열심히 하렴"). 상냥한 목소리는 대부분 금방 사라지지만 전체적으로는 긍정적인 영향을 준다.

조현병의 또 다른 대표 증상은 망상이다. "외계인이 내 뇌에 컴퓨터 칩을 심었다"는 주장처럼 사회적 상식과 크게 어긋나는 이야기를 혼자 굳게 믿는 것이다. 망상 환자의 확신은 비정상적으로 굳건하다. 예를 들어 보통 사람들은 지금의 부모가 자신의 친부모인 것을 믿지만 100% 확신하냐고 물으면 그렇지는 않다고 답한다. 조현병 환자에게 FBI가 전자파로 네 머리에 메시지를 새겼다고 확신하냐고 물어보면 어떨까? 의심할 여지없이 확실하다는 대답이 1초도 안 되어 돌아온다. 어떤 명백한 반증도 그의 마음을 돌릴 수는 없다.

이런 생각은 어디에서 어떻게 생겨나는 걸까? 조현병 치료 방법에서 그 답의 힌트를 찾을 수 있다. 조현병 환자들에게 흔히 처방되는 치료제는 사실상 도파민 욕망 회로의 활성을 낮추는 약물이다. 좀 이상하지 않은가? 욕망 회로가 지나치게 활발할 때의 증세는 흥분, 과욕, 열정이 아닌가? 어떻게 이것이 정신 질환으로 이어진다는 것일까? 이 대목에서 '돌출salience'의 개념을 이해하면 비로소 맥락 전체를 납득할 수 있다. 돌출은 창의력의 뿌리를 이해하기 위해서도 반드시 짚고 넘어가야 할 개념이다.

돌출이란 어떤 것이 그 사람에게 도드라져 보이거나 신경 쓰이는 정도를 말한다. 돌출을 유발하는 요인 중 하나로 '비일상성'을 꼽을 수 있다. 예를 들어 양복을 입은 남자가 회사 사무실을 걷는 것은 특이할 게 없다. 하지만 어릿광대가 사무실 안을 활보한다면 모두의 주목을 받을 것이다.

돌출의 또 다른 요인은 '가치'다. 보통 사람들이 20달러가 든 지갑보다는 1만 달러가 든 가방에 신경을 쓰는 것처럼 말이다. 돌출되는 대상은 사람마다 다르다. 땅콩 알레르기가 있는 아이는 알레르기가 없는 사람보다 땅콩버터 병을 항상 더 빨리 찾아낸다. 마찬가지로 참치 샐러드를 좋아하는 사람보다는 땅콩버터 샌드위치를 좋아하는 사람이 땅콩버터 병을 더 잘 찾을 것이다.

수백 번도 더 가 본 식료품점과 어제 신장개업한 식료품점, 낯선 사람의 얼굴과 짝사랑하는 상대의 얼굴, 길에서 스친 경찰관과 불법 좌회전을 한 뒤 발견한 경찰관 중 어느 쪽이 더 돌출되어 보이는가? 좋은 쪽으로든 나쁜 쪽으로든 내 삶을 좌우할 수 있는 무언가는 언제나 두드러지고 부각된다. 다시 말해 내 미래를 바꿀

만한 잠재력이 있다면 그것은 반드시 돌출된다. 도파민 욕망 회로를 자극하는 모든 것이 돌출된다는 소리다. 돌출되어 보인 무언가는 내 안에서 긴급 안내 방송을 한다. "이봐, 정신 차리고 집중해. 출동해야 해. 중요한 일이야!"

정류장에서 버스를 기다리며 여기저기 둘러보는데 캐나다 무역협정에 관한 신문기사에 시선이 닿는다. 어떤 식으로든 나와 직접적인 관련이 있는 일이 아닌 한 지루한 기사를 읽어 내려가는 내내 도파민 욕망 회로는 잠잠하다. 그러던 어느 순간 고등학교 동창의 이름 하나가 눈에 들어온다. 협상단 일원으로 맹활약 중이란다. 세상에! 그때부터는 그 이름만 돌출되어 확대된다. 그리고 바로 이어지는 도파민의 폭발, 관심은 점점 커져 이제는 진심으로 기사에 푹 빠져든다. 그러다 만약 기사에서 내 이름까지 발견하게 된다면 어떨까? 이때 머릿속 도파민 회로가 어떤 반응을 보일지는 여러분의 상상에 맡기겠다.

그런데 만약 이 돌출 기능이 고장 난다면 어떻게 될까? 아무것도 아닌 일에 시도 때도 없이 머릿속이 번쩍번쩍한다면? 지금 당신은 TV 뉴스를 보고 있다. 앵커는 정부의 첩보 활동 보도에 한창이다. 그런데 아무 이유 없이 갑자기 머릿속 돌출 시스템이 탁 켜진다. 그 순간부터 왠지 뉴스 속 얘기가 나와 무관하지 않다는 생각이 들기 시작한다. 망상은 이처럼 돌출 정도가 지나칠 때, 혹은 엉뚱한 타이밍에 돌출될 때 흐리멍덩하던 사건이 선명해지면서 시작된다. 조현병 환자들이 흔히 겪는 망상 중 하나는 TV 속 인물이 자신에게 말을 건다고 생각하는 것이다. 또 정부 비밀 기관이 자신을 추적하고 있다는 망상도 그에 못지않게 흔하다.

사실, 특정 현상이 돌출되어 보이는 것이 비단 정신 질환 환자만의 경험은 아니다. 보통 사람들도 검은 고양이나 숫자 13처럼 중요하지 않은 것에 언젠가부터 집착하는 경우가 종종 있다. 돌출 대상과 돌출 정도는 개인차가 꽤 크다. 하지만 누구에게나 감당할 수 있는 하한선은 있는 법이다. 우리는 내게 중요하지 않은 것들을 추려 돌출성이 낮다고 분류해야 한다. 그러지 않고 온갖 사소한 부분까지 일일이 신경 써가며 살면 숨 쉬기도 힘들 것이다.

조현병 환자는 도파민 수용체를 차단하는 약으로 도파민의 활성을 막는다. 뇌세포에는 신경전달물질의 종류별로 여러 가지 수용체가 존재한다. 각 수용체는 뇌세포에 저마다의 변화를 일으킨다. 어떤 수용체는 뇌세포를 자극하는 반면 어떤 수용체는 뇌세포를 달래 진정시킨다. 뇌세포의 변화라 함은 뇌가 정보를 어떻게 처리하느냐를 말한다. 컴퓨터 칩의 트랜지스터가 켜졌다 꺼졌다 하는 것과 비슷하다.

그런데 만약 치료제 같은 무언가가 수용체를 막고 있으면 신경전달물질(이 경우는 도파민)은 수용체에 접근하지 못한다. 그러면 신경전달물질이 운반해온 신호가 뇌세포에 전달될 수 없다. 열쇠구멍이 돌돌 뭉쳐진 종잇조각으로 막혀 있어서 열쇠가 들어갈 자리

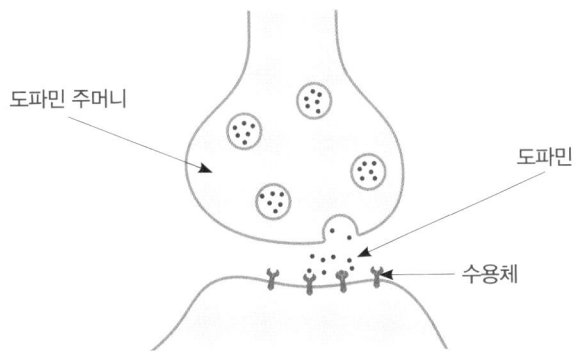

가 없는 것과 비슷하다고 생각하면 된다. 도파민 수용체를 막는다고 조현병의 모든 증상이 사라지는 것은 아니다. 하지만 환각과 망상은 확실히 없어진다. 다만 이 약이 뇌의 모든 도파민 수용체를 막으면 또 다른 문제가 생긴다. 전두엽의 도파민 통제 회로까지 막히면 집중을 전보다도 더 못하거나 추상적 사고력이 떨어지는 등 일부 증상이 오히려 악화될 수 있다.

의사들은 딱 맞는 약물 용량을 찾아 치료의 장점은 극대화하고 단점은 최소화하는 데 전력을 다한다. 욕망 회로의 과잉 활성은 억제하면서 통제 회로를 지나치게 억누르지 않는 게 중요하다. 그래서 도파민 수용체의 60~80%를 차단할 때 약의 용량이 가장 적절하다고 본다. 또한, 주변에서 중요한 정보가 포착되어 도파민 수치가 급상승할 경우 치료약 분자가 잠시 물러나줄 수도 있어야 한다. 도파민이 정보 전달 임무를 완수할 수 있도록 말이다.

안타깝게도 기존의 정신병 치료제들은 이런 치고 빠지기를 잘

못했다. 수용체에 너무 딱 달라붙어 떨어지지 않았던 탓이다. 만약 이런 상황에서 중요한 일이 일어나 도파민 수치가 치솟으면 도파민은 더 이상 전진하지 못하고, 함께 들고 온 메시지는 그대로 묻혀버린다. 인간의 본성인 도파민의 설렘을 잃은 사람에게 세상은 따분한 하루하루의 연속일 뿐이다. 그런 이유에서 수용체 결합력을 낮춘 차세대 치료제가 새로 나오게 된 것이다. 이제는 도파민 수치가 치솟는 주시 상황마다 치료약 분자가 수용체 자리를 원래 주인인 도파민에게 내준다. 덕분에 환자는 중요한 정보를 제때 파악할 수 있고, 설렘을 잃어버리지 않을 수 있다.

뇌 회로가 합선되면
나타나는 현상들

조현병 환자의 뇌 회로가 합선되면 지금까지는 익숙해서 별것 아니라고 무시해오던 일이 갑자기 몹시 신경 쓰이기 시작한다. 이 증세를 일명 '잠재화 억제 부족low latent inhibition'이라고 한다. 흔히 '잠재'라는 표현은 '잠재된 음악적 재능'이나 '하늘을 나는 자동차의 잠재적 필요성'과 같이 드러나지 않은 무언가를 설명할 때 사용된다. 그런데 '잠재화 억제'라는 진단명에서는 쓰인 의미가 조금 다르다. 여기서는 처음부터 숨겨진 상태였던 게 아니라 중요하지 않기 때문에 일부러 뒤로 제쳐놨다는 것을 의미한다.

중요하지 않은 것을 무시하고 넘어갈 줄 아는 것도 능력이다. 집중력을 낭비하지 않게 하는 장치인 셈이다. 길을 걸어가는 와중에 더러운 창문 유리에 온 신경을 빼앗긴다면 어떨까? 정작 신호등의 빨간 신호는 못 보고 차도에 진입하는 사태가 벌어질지 모른다. 만약 상대방의 넥타이 색깔과 얼굴 표정이 어떤 의미인지 포착하지 못한다면? 사이렌 소리를 듣지 못한다면? 누구나 갑자기 새로운 환경에 놓이면 마땅한 잠재화 억제 대상보다 중요한 것이 잘 구분되지 않는다. 이때 혹자는 신나서 어쩔 줄 몰라 하고 혹자는 공포감에 벌벌 떤다. 이국적 정취의 해외에 처음 가본 사람에게는 모든 것이 새롭고 신기하기만 하다. 도파민 회로가 걸러 억제할 건더기가 별로 없다. 문화 충격으로 흥분과 혼란이 계속될 뿐이다. 기자이자 저술가인 애덤 호크실드Adam Hochschild는 이 기분을 이렇게 표현했다. "분위기가 내 나라와 완전히 다른 외국에 가면 눈과 귀가 훨씬 밝아진다. 마치 각성제라도 먹어 보통은 놓치고 지나가기 일쑤인 것들이 갑자기 모두 눈에 들어오는 것 같다. 그럴 때 나는 새삼 살아 있음을 느낀다."

인간은 적응의 동물이다. 새로운 환경은 곧 익숙한 곳이 되고 마침내 내가 있는 곳에 대해 속속들이 모르는 것이 없게 된다. 그러면 내 인생에 큰 영향을 주는 것과 그렇지 않은 것을 구분할 수 있게 된다. 잠재화 억제 기능이 재가동한 덕분에 이곳에서도 편안하게 지낼 수 있다. 중요한 것과 중요하지 않은 것을 구분하는 판별력이 되살아났기 때문이다.

또한 조현병 환자들은 두서없이 튀어나오는 말을 참지 못한다. 그래서 머릿속에 떠오르는 모든 생각을 어떤 숙고의 과정도 없이 입 밖에 낸다. 보통 사람들은 무언가를 말하기 전에 속으로 내용을 추리고 단어를 고른다. 말이 도리에 어긋나거나 논리를 벗어나지 않게 하는 것이 목적이지만 다음 얘기를 시작하기 전에 앞의 이야기를 끝내기 위해서이기도 하다. 떠오르는 그대로 내뱉는 사람은 듣는 상대를 몹시 정신 사납게 만든다. 화제가 왔다 갔다 한다는 점에서 공통적인 또 다른 증상으로 '사고 이탈tangentiality'이 있다. 사고 이탈은 얘기가 오락가락하긴 하지만 어찌어찌 알아들을 수는 있다. 가령 이런 식이다. "빨리 오션시티에 가고 싶어. 거기 마르가리타 칵테일이 죽여주거든. 오늘 오후에 차를 고치러 가야 해. 너는 점심을 어디서 먹을 거니?" 사실 보통 사람도 흥분하면 종종 이런 식으로 말한다. 도파민 욕망 회로가 활발해질 때는 도파민 통제 회로가 주도하는 논리적 대화 능력이 일시적으로 떨어지기 때문이다. 비슷한 증상 중에서도 가장 심한 것은 '단어 샐러드'다. 단어 배열에 맥락이 전혀 없어서 말 그대로 말이 안 된다. "오늘 아침엔 기분이 어떠세요?"라고 물었는데 "병원 연필과 잉크 신문 집중치료실 엄마 거의 다 왔어요"라고 대답하는 식이다.

    그런데 이건 정신 질환 환자만의 일이 아니다. 화가, 시인, 과학자, 수학자처럼 창의력이 뛰어난 사람들도 그런 경험을 한다. 창의적 사고의 기본은 전통과 규범에 얽매이지 않고 세상을 완전히 새로운 시선으로 바라보는 것이기 때문이다. 다시 말해 어떤 선입견도 갖고 있어서는 안 된다는 소리다. 그렇다면 그런 선입견은 어떻게 만들어지는 걸까? 그리고 그것은 왜 필요할까?

오감이 미치지 않는
'정신의 시간 여행'

사물이 현재지향적인 개인 공간 안에 있을 때 우리는 그것을 오감으로 경험한다. 그런데 사물이 도파민이 관장하는 외부 공간을 향해 점점 멀어지면 촉수처럼 연결되어 있던 오감은 하나씩 떨어진다. 가장 먼저 잃는 감각은 미각, 그다음은 촉각이다. 사물이 뒤로 더 달아나면 후각을 잃고, 소리도 들리지 않다가 결국 보이지도 않게 된다. 이때부터 얘기가 재미있어진다. 보이지 않는 것을 인지하는 건 어떻게 가능한 걸까? 상상할 수 있기 때문이다.

인간은 세상을 더 잘 이해하기 위해 상상력을 동원해 세상의 모형을 만든다. 모형을 세우는 작업은 어떤 면에서 '잠재화 억제'와 비슷하다. 모형에는 설계자가 꼭 필요하다고 생각하는 요소만 포함된다. 디테일은 과감히 생략된다. 단순한 모형은 세상을 보다 쉽게 파악하게 해준다. 그 후 필요에 따라 응용하기도 좋다. 이 모형 구축 작업은 인간의 무의식에서 일어나는 활동이다. 우리가 생활하는 동안 뇌는 알아서 이 작업을 수행하고 새롭게 입수되는 정보를 참고해 모형을 업데이트한다.

우리는 이 모형을 통해서 경험을 추론하고 보편타당한 규칙을 만든다. 그렇게 해서 전에 겪어보지 못한 상황을 미리 예측하고 침착하게 대처할 수 있는 것이다. 이것이 페라리를 처음 봤을 때 이 금속덩어리의 용도가 사람을 태우고 이동하는 것임을 알 수 있는 이유다. 샅샅이 뜯어보거나 특별한 검사를 할 필요는 없다. 자동차가 자동차인 것을 알아보는 게 뭐 별일인가 싶은가? 모형 구축 기능은 우주적 추론을 가능하게 한다는 면에서 매우 중요하다. 뉴턴이 발견한 만유인력의 법칙은 사과가 나무에서 떨어지는 낙하 운동뿐만 아니라 행성과 별, 은하의 운동까지 설명하지 않는가.

모형은 많은 선택지 가운데 딱 하나만 선택해야 할 때 특히 유용하다. 여러 가지 시나리오를 가상으로 체험해보고 가장 나은 것을 고를 수 있기 때문이다. 예를 들어 당장 워싱턴 D.C.에서 뉴욕으로 가야 한다면 방법은 여러 가지다. 기차를 탈 수도, 버스를 탈 수도, 비행기를 탈 수도 있다. 마음을 정하기에 앞서 우리는 각 옵션을 택했을 때의 시나리오를 상상해보고 어떤 교통수단이 가장 빠르고, 가장 편하고, 가장 편리할까를 고민한다. 그런 다음 상상 속 체험을 바탕으로 현실의 결정을 내린다. 이 과정을 '정신 시간 여행mental time travel'이라고 한다. 상상력을 동원해 다양한 미래 상황에 나 자신을 투영하고 정신적으로 경험하는 것이다. 그런 다음에 이를 토대로 내게 필요한 자원, 즉 넓은 좌석, 저렴한 표, 혹은 짧은 이동 시간을 최대한 확보하기에 가장 좋은 방법이 무엇인지를 결정하면 된다.

정신 시간 여행은 도파민 시스템이 보유한 강력한 무기 중 하나다. 도파민 회로는 이 기전을 통해 마치 실제로 그곳에 가 있는 것처럼 미래를 체험하게 한다. 그런데 정신 시간 여행을 위해서는 모형이 필요하다. 정신 시간 여행은 기본적으로 아직 경험하지 못한 상황을 예측하는 작업이기 때문이다. 식기세척기를 새로 사면 내 일상이 어떻게 달라질까? 우주비행사가 달에 갈 때 직면하게 될 문제는 무엇일까? 빨간불에 길을 건너면 어떻게 될까?

뇌 입장에서는 모든 선택의 상황이 그저 모형을 활용해 처리해야 하는 도파민의 일거리일 뿐이다. 그런 면에서 햄버거 집에서 메뉴를 고르는 꼬마의 고민과 전쟁 참전 여부를 결정해야 하는 대통령의 고민은 조금도 다르지 않다. 인간 생의 모든 다음 단계가 정신 시간 여행에 달려 있는 것이다.

잘못된 가정이
정신 질환의 불씨로

갓 스무 살이 된 꽃다운 나이의 환자가 상담 치료를 시작하기 전에 환자의 아버지가 당부할 게 있다며 먼저 의사를 찾아왔다. "우리 애는 말썽을 피운 적이 한 번도 없어요. 착한 애거든요." 메이는 최고의 모범생이었다. 말썽과는 거리가 멀었다. 약이나 술은 입에도 대지 않았고 집에 늦게 들어오는 법도 없었다. 그랬던 그녀가 자살을 시도했다.

메이는 도무지 집중하거나 잠을 잘 수 없다고 했다. 눈물이 멈추지 않아 몇 시간 동안 계속 운 적도 있다고 했다. 그녀는 곧 휴학을 신청했다. 죄책감이 이루 말할 수 없었다. 지금까지 완벽한 딸이었던 자신이 부모님의 이름에 이런 먹칠을 하다니 죄스러웠다. 가족이 처음 미국에 왔을 때 메이는 어린 소녀였다. 하지만 그녀는 영어를 빨리 익혔고 가족의 대소사를 야무지게 챙겼다. 각종 고지서를 확인하고 처리하는 것은 늘 그녀의 몫이었다. 수도

가 고장 나면 그녀가 전화를 걸어 수리공을 불렀다. 메이는 가족의 행복과 성공이 자신의 어깨에 달려 있다고 믿었다. 그녀는 완벽하지 않으면 안 되었다. 모든 과목의 성적이 A여야 했고 날씬한 몸매에 옷도 잘 입어야 했다. 사건 사고에 휘말리는 것은 상상도 할 수 없는 일이었다. 그녀는 성실했고 부모님이나 선생님 말을 거역하는 법이 없었다.

처음에 의사는 치료가 쉬울 거라고 생각했다. 아이가 협조적이고 똑똑했기 때문이다. 하지만 달라지는 것은 없었다. 메이의 우울증은 사라지지 않았다. 결국 메이는 학교를 중퇴해야 했다.

그녀가 자신의 비밀을 고백한 것은 한참 뒤의 일이었다. 사실 메이는 남몰래 암페타민을 복용하고 있었다. 제정신으로는 버틸 수 없었던 것이다. 한동안은 효과가 있었다. 하지만 내성이 생기면서 문제가 시작되었다. 설상가상으로 우울증까지 겹쳤다. 반항한 번 못 해보고 그 모든 분노와 후회를 혼자 끌어안은 게 화근이었다. 이 혼란스러운 감정을 어찌해야 할지 메이는 알 수 없었다. 유일한 해결책은 혼자 사는 것이었다. 자신이 어떤 사람인지 스스로 깨달을 때까지 가족과 거리를 둘 필요가 있었다.

내가 가진 모형이 현실과 얼마나 완벽하게 일치하는지는 매우 중요하다. 현실과 완전히 딴판인 모형은 엉뚱한 미래 예측을 내놓을 것이고 이는 반드시 스스로에게 불리한 선택으로 이어질 테니까. 모형이 부실해지는 원인은 여러 가지다. 정보가 부족해서일 수도 있고 추상적 사고를 못해서일 수도 있다. 잘못된 가정을 고집하는 경우도 마찬가지다. 잘못된 가정은 자칫 불안이나 우울증 같은 정신 질환의 불씨가 된다는 점에서 해롭기까지 하다. 예를 들어 엄하기만 한 부모 밑에서 자란 아이는 어릴 때부터 자신이 무능한 사람이라고 확신하게 된다. 이렇게 가정은 아이가 의지할 세상 모형의 주춧돌이 되고 평생 아이의 인생에 영향을 미친다. 좋은 소식은 이렇듯 왜곡된 심리를 상담 치료로 어느 정도 바로잡을 수 있다는 것이다. 그런 치료 기법 중 하나인 '통찰 지향 심리요법 insight-oriented psychotherapy'은 환자와 상담사가 함께 부정적 가정에 봉인된 기억을 드러내고 해소하는 데 집중한다. 인지 행동 요법도 효과적인데, 상담사가 문제적 고정관념을 똑바로 마주하고 고쳐나갈 실용적 전략들을 환자에게 가르쳐준다. 이러한 세상 모형은 삶의 연륜이 쌓일수록 점점 더 쓸 만해진다. 그리고 어느 순간부터는 지혜의 바탕이 된다.

모형은 매우 유용한 도구지만 결정적인 단점이 있다. 모형에만 너무 의지하면 사고의 틀이 제한되어 절호의 기회를 놓칠 수도 있다는 점이다. 예를 들어 컴퓨터에게 일을 시키려면 프로토콜이 필요하다. 프로그래머는 이 프로토콜을 키보드로 쳐서 입력한다. 이것을 가장 단순한 기본 모형이라고 하자. 컴퓨터 마우스와 그래픽

기반 인터페이스가 발명되기 전, 제록스 연구소의 연구원들은 기본 모형에서 벗어나고 싶었다. 기본 모형을 세운 것과 깨부수려는 것 모두 연구원들의 도파민인 셈이다.

통찰력을 요구하는 '모형 부수기'는 수수께끼와 흡사하다. 문제를 새로운 시선으로 다시 보려면 먼저 기존의 모형을 깨부숴야만 한다. 그런 의미에서 이 수수께끼를 풀어보자.

나는 '연year'에는 있지만 '월month'에는 없어요. 나는 '주week'에는 있지만 '일day'에는 없지요. 나는 누구일까요?

어려운가? 잠재화 억제 기능이 부족한 사람에게는 그럴 것이다. 정답은 알파벳 'e'지만 바로 맞추는 사람은 거의 없다. 대부분 달력부터 떠올리기 때문이다. 비슷한 예가 또 있다.

'HIJKLMNO'가 가리키는 단어는 무엇일까?

이 문제를 가지고 끙끙 앓던 어떤 사람은 계속 물에 관한 꿈을 꿨다고 한다. 이 암호와 물 사이에 무슨 관련이 있다는 건지 그는 짐작조차 할 수 없었다. 하지만 답을 듣는 순간 그는 이마를 탁 쳤다. 놀랍게도 문제의 답은 바로 'H_2O'였다(물 분자의 화학식을 그대로 읽으면 'H to O'가 된다 - 옮긴이).

조현병 환자와
예술가의 공통점

캐나다 요크대학교의 교수 오신 바르타니안Oshin Vartanian은 사람들이 문제의 새로운 해결책을 발견했을 때 뇌의 어느 부분이 가장 활발하게 사용되는지 궁금했다. 그래서 피시험자들에게 창의력을 요하는 문제를 주고 문제를 푸는 내내 그들의 뇌를 의료용 스캐너로 촬영했다. 그 결과 해결책을 찾는 동안 뇌 오른쪽 앞부분의 활동성이 유독 높아진다는 사실을 확인할 수 있었다. 그러고 나니 새로운 궁금증이 생겼다. 뇌의 이 부분이 '모형 부수기'와도 관련이 있는 걸까?

그래서 그는 두 번째 실험에 착수했다. 이번에 피시험자들은 문제를 푸는 게 아니라 상상력을 발휘해야 했다. 일단은 장미꽃처럼 실재하는 사물을 떠올리는 것부터 시작했다. 그런 다음, 상식적인 현실 모형에 맞지 않는 것을 상상해보라고 요청했다. 가령 살아 있는 헬리콥터 같은 것 말이다. 스캐너의 화면은 앞 실험에서처럼 빛나는 피시험자들의 뇌를 보여주었다. 특이한 점은 단지 현실에 없는 것을 상상할 때만 그랬다는 것이다. 현실의 모습을 있는 그대로 떠올릴 때 전전두피질은 침묵했다.

그런데 조현병 환자의 뇌를 찍어보면 바로 이 부위, 즉 오른쪽 복외측腹外側 전전두피질의 모습이 보통 사람들과 다르다는 것을 알 수 있다. 창의적 활동을 하는 사람들이 조현병 환자와 비슷하다는 것이 괜한 착각은 아니었던 모양이다. 평소에 우리는 중요하지 않다고 생각되는 현실의 측면들을 걸러서 뒤로 치우고 눈에 띄지 않게 마음의 장막을 친다. 그런데 창의적 작업을 할 때는 이 장막이 완전히 걷힌다. 전에는 있는지도 몰랐던 것들이 다시 도드라져 가슴을 뛰게 하는 것이다.

창의력의 신경학적 근거를 찾는 연구에는 매우 큰 의미가 있다. 창의력보다 중요한 자원은 없기 때문이다. 새로운 작농법의 발견은 수백만 생명을 기아에서 벗어나게 했다. 연료를 빛으로 전환하는 기술 혁신은 무려 1,000분의 1의 비용절감 효과를 가져와 집집마다 형광등을 보급했다. 하루가 길어진 현대인은 깨어 있는 시간을 보다 여유롭게 쓸 수 있게 되었다. 모두 창의력 덕분이다. 그렇다면 이 귀중한 자원을 더 잘 사용할 방법은 없을까? 창의적 사고를 하는 동안 활성화되는 뇌 부위를 특수 장치로 더 자극하면 창의력이 배가되지 않을까?

이것을 실제로 연구한 과학자들이 있었다. 당당히 미국 국립과학재단의 재정지원을 받아서 말이다. 연구팀은 경두개 직류 자극법tDCS, transcranial direct current stimulation이라는 기술을 사용했다. 한마디로 뇌의 특정 부분을 직류 전기로 자극한다는 뜻이다. 이미 그전에도 tDCS 장비가 학습력과 집중력을 향상시키고 우울증 치료에도 도움이 된다는 연구 결과가 소소하게 보고되고는 있었다. 이 연구에서 연구팀은 눈 바로 뒤에 위치한 뇌 영역에 전기 자극이 가도록 피시험자 서른한 명의 이마에 전극을 부착했다. 이 뇌 영역을 전기로 자극함으로써 창의력을 높이겠다는 계획이었다. 그런 다음 유추력 문제를 풀게 해 피시험자의 창의력을 측정했다.

'유추'는 그야말로 도파민의, 도파민에 의한, 도파민을 위한 기능이라 할 만하다. 오감으로 느끼기에는 서로 완전히 다르지만 논리의 시선으로 보기에는 똑같은 두 가지를 짝짓는 것이기 때문이다. 전혀 상관없어 보이는 두 가지를 연결하는 유추력은 창의력의 핵심 요소 중 하나다. 결론부터 말하자면 이 유추력은 전기 자극으로 향상시킬 수 있다. 실험에서 진짜 전기 자극을 받은 피시험자들은 가짜 자극을 받은 대조군과 비교해 유추력이 훨씬 높게 측정되었다.

도파민 활성을 높이는 약물은 전기 자극과 비슷한 작용을 한다. 예전에 담당했던 한 파킨슨병 환자가 기억난다. 그는 대대로 시인이 많이 배출된 집안 출신이었지만 자신은 어떤 창작 활동도 해본

적이 없었다. 그런데 도파민 활성을 높이는 약물로 치료를 시작하면서 시를 쓰기 시작하더니 국제문학가협회가 해마다 주최하는 공모전에서 덜컥 입상까지 해버렸다. 비슷하게, 파킨슨병 치료를 받는 화가들은 종종 색각(빛의 파장을 느껴 색채를 식별하는 감각)의 향상을 경험하기도 한다.

꿈은 정신 질환과
크게 다르지 않다

우리들은 대부분 천재도 미치광이도 아니다. 하지만 광기와 창의성이 공존하는 꿈속에서 간접적인 체험을 하기도 한다. 꿈은 바깥 세상의 것들을 소품으로 활용하되 현실의 물리법칙에 구애받지 않고 자유롭게 배치한다는 점에서 추상적 사고와 비슷하다. 또한 꿈은 높은 곳, 혹은 저 위와 관련될 때가 많다. 하늘을 날거나 옥상에서 떨어지는 꿈처럼 말이다. 그에 못지않게 흔한 것은 미래에 관한 꿈이다. 젖 먹던 힘을 다해 목표를 좇지만 늘 손에 닿을 듯 닿지 않은 채 꿈에서 깨는 날이 하루 이틀이 아니다. 꿈속이 도파민 천하이기 때문이다.

꿈속에서 일어나는 일들은 앞뒤 맥락 없이 몹시도 비현실적이고 비논리적이며 대부분 원초적 욕구가 씨앗이 된다. 이처럼 꿈을 꾸는 동안 벌어지는 인간의 정신 활동을 프로이트는 '일차적 사고 과정primary process'이라고 명명했다. 그런데 이 용어는 조현병 환자의 특징적 사고방식을 설명할 때도 사용된다. 그래서 일찍이 독일의 철학자 아르투르 쇼펜하우어는 '꿈은 순간의 광기이고 광기는 긴 꿈'이라는 명언을 남겼나 보다.

꿈에서 도파민은 현재지향적 화학물질들의 간섭에서 벗어나 실로 완전한 자유를 만끽한다. 꿈을 꾸는 동안에는 현재지향적 회로가 휴면 상태에 들어가기 때문인데, 사람이 잠에 푹 들면 바깥세상에서 뇌로 들어오는 모든 감각신경 통로가 닫히니 당연한 결과다. 이때 도파민 회로는 절호의 기회를 놓칠세라 그동안 별렀던 갖가지 기행을 꿈에 죄다 풀어놓는다. 그리하여 깨어 있는 동안은 중요하지 않다거나 거슬린다는 이유로 항상 찬밥 신세였던 일들이 꿈속에서 주인공이 되는 것이다. 재미있게도 바로 그런 것들이 종종 독창적 아이디어가 화수분처럼 나오는 복주머니로 변신하곤 한다.

꿈과 정신 질환의 유사성은 예나 지금이나 학자들에게 매우 흥미로운 연구 주제다. 지금도 관련 논문이 꾸준히 발표되고 있는 것이 그 증거다. 일례로, 이탈리아 밀라노대학교의 한 연구팀은 정신적으로 건강한 사람이 얼마나 기괴한 꿈을 꾸는지 궁금했다. 그래서 꿈의 내용을 수집하고 의식적으로 갖는 판타지와 어떻게 다른지, 또 건강한 성인과 조현병 환자 사이에 차이가 있는지를 이중으로 비교 분석했다.

이때 의식적 판타지를 평가하기 위해 사용된 기법은 카드에 기반한 주제통각검사TAT, Thematic Apperception Test다. 카드에는 다양한 상황에 처한 사람들의 모습이 담겨 있다. 저마다 정확히 꼬집을 수는 없지만 어떤 '감정'을 자아내는 모습이 담겨 있었다. 주제는 성공과 실패, 경쟁, 질투, 공격성, 성 등 다양하다. 피시험자는 사진을 보고 상황을 설명하는 이야기를 지어내 들려주면 되는 것이다.

연구팀은 '기괴성 밀도 지수Bizarreness Density Index'를 기준으로 건강한 성인과 조현병 환자의 꿈과 TAT 검사 결과를 비교했다. 결론부터 말하면, 꿈은 정신 질환과 크게 다르지 않은 것으로 분석됐다. 정신 활동의 세 가지 범주에서 기괴성 밀도 지수 점수가 거의 똑같았던 것이다. 세 범주는 구체적으로 첫 번째 조현병 환자가 꾼 꿈의 내용, 두 번째 조현병 환자가 TAT 검사에서 카드를 보고 들려준 이야기, 세 번째 건강한 성인이 꾼 꿈이다. 반면에 마지막 범주인 건강한 성인의 TAT 카드 해석은 점수가 훨씬 낮았다. 조현병을 안고 살아간다는 것이 꿈속에서 사는 것과 비슷하다는 쇼펜하우어의 통찰과 맥락이 닿는 연구 결과다.

꿈을 꾸는 것이 정신 질환을 앓는 것과 비슷하다면 우리는 어떻게 아침마다 평소의 내 모습으로 돌아오는 걸까? 한순간 정신이 번쩍 드는 걸까, 아니면 논리적 사고력이 차차 살아나는 걸까? 만약 후자라면 과도기의 나는 여전히 살짝 맛이 간 상태일까? 잠깐, 중요한 변수가 하나 있다. 똑같이 잠을 자도 어떤 날은 꿈을 꾸고 어떤 날은 꾸지 않는다는 것이다. 그렇다면 잠에 취한 상태에서 완전히 깨기까지의 짧지도, 길지도 않은 그 시간 동안 나의 사고 기능은 꿈을 꾼 날과 그렇지 않은 날이 다를까?

뉴욕대학교의 한 연구팀이 진행한 실험은 잠에서 깬 피시험자에게 TAT 검사를 실시했다. 연구팀은 검사에서 피시험자들이 한 얘기를 기록하고 자는 동안 꿈을 꾼 경우와 꿈을 꾸지 않고 잠들었던 경우로 나눴다. 그 결과, 꿈에서 깬 후 지어내는 얘기의 완성도가 더 높은 것으로 분석됐다. 길이도 길고 소재도 더 많았다. 꿈을 꾼 후 만들어진 얘기는 더 생생하고 훨씬 특이했다. 꿈에서는 생각이 훨씬 자유롭게 흐른다. 그래서 논리 따위는 아랑곳 않고 주제와 주제를 마구 넘나든다. 실제로도 이 두 세계 사이의 균열 속에서 가장 창의적인 아이디어를 얻는다는 사람이 많다.

프리드리히 아우구스트 케쿨레Friedrich August Kekulé는 마침 벤젠의 상업적 가치가 치솟던 시기에 분자구조를 밝혀내어 일약 스타덤에 올랐다. 이 계열 분자들은 보통 탄소 원자보다 수소 원자의 수가 더 많았지만 벤젠은 달랑 탄소 원자 여섯 개와 수소 원자 여섯 개로만 이루어져 있다는 것이 확인되자 학계 전체가 들썩인 것이다. 벤젠 분자가 정확히 어떻게 생겨먹었든 범상치 않은 모양일 것은 틀림없었다.

사람들은 너도나도 벤젠의 구조를 찾는 데 매달렸다. 하지만 어떻게 조합해도 벤젠과 완벽하게 일치하는 분자 구조는 나오지 않았다. 그렇게 벤젠의 분자 구조는 꽤 오래 베일에 싸여 있었다. 그래서 더욱 극적으로 느껴지는 깨달음의 순간을 케쿨레는 이렇게 술회했다.

"교재 편집 작업을 계속 하려고 책상에 앉았지만 정신이 딴 데 가 있으니 영 진도가 나가지 않았다. 나는 의자를 돌려, 고쳐 앉고 벽난로를 멍하니 쳐다봤다. 그대로 선잠이 들었던 것 같다. 어느 순간부터 원자들이 내 눈앞에 퐁퐁 살아났으니 말이다. 다만 이번에는 작은 분자들이 예의를 지키려는 듯 뒤로 물러나 있었다. 이런 광경에 익숙했던 나는 금세 전체 그림을 파악했다. 원자들이 평소보다 단단하게 한 줄로 길게 엮여 있었는데, 마치 뱀처럼 곳곳에서 꺾이고 휘어져 있었다. 그런데, 어라, 요것 봐라? 뱀 한 마리가 자기 꼬리를 입에 문 채로 마치 날 비웃듯 코앞에서 둥둥 떠다니는 게 아닌가. 바로 그 순간 나는 화들짝 놀라 눈을 떴다."

벤젠 분자의 구조가 여섯 개짜리 탄소 원자의 고리 모양이라는 사실을 케쿨레에게 알려준 것은 꿈속의 환영이었다. 자신의 꼬리를 입에 물고 있는 뱀의 형상은 사실 시작도 끝도 없이 그 자체로 완전한 고리 구조를 암시했다. 이처럼 꿈이란 내면의 의식이 심상에 표출된 것이라고 정의할 수 있다. 그런 꿈에서 감각이라는 족쇄를 던져버린 도파민은 자유롭게 비상한다. 무엇도 도파민을 구속하지 못한다.

하버드 의과대학에서 꿈과 심리를 연구하는 디어드리 배럿Deirdre Barrett 박사는 꿈이 케쿨레가 가졌던 의문의 답을 시각적 이미지의 형태로 보여주었다는 점에 별로 놀라지 않았다. 우리가 잠들어 있는 동안 뇌는 깨어 있을 때 못지않게 활발히 활동한다. 다만 중요한 차이점이 있다. 자는 동안에는 사소한 정보를 걸러내는 영역, 즉 전두엽이 일을 하지 않는다. 그 대신 이차 시각 피질이라는 영역이 바빠진다. 이 영역은 시각 정보를 눈으로부터 직접 받지 않는다. 잘 때는 안구가 눈꺼풀로 덮여 있으니 당연하다. 대신에 시각적 자극을 우회적으로 처리함으로써 눈앞에 펼쳐지는 광경을 뇌가 이해하도록 돕는다.

꿈은 몹시도 시각적인 활동이다. 배럿 박사는 저서 《수면 위원회The Committee of Sleep》에서 케쿨레가 졸면서 벤젠의 분자구조를 발견했듯이 평범한 사람들도 현실 속 문제의 답을 찾는 데 꿈을 활용할 수 있다고 설명한다. 박사가 학부 제자들을 참여시켜 꿈의 문제해결 능력을 증명해 보인 실험이 있다.

박사는 일단 학생들이 각자 중요하게 여기는 문제를 선택하게 했다. 개인적인 것이든 학문적인 것이든 상관없었다. 보편적인 철학이나 도덕 논제도 괜찮았다. 해답을 제시하는 꿈을 잘 꾸게 하려면 이처럼 당사자의 최대 관심사를 공략하는 게 가장 효율적이다. 결정을 내린 학생들에게는 꿈이 답을 가르쳐주는 요령을 전수하고 숙제를 냈다. 답을 찾았다고 생각될 때까지 매일 전날 밤 꾼 꿈의 내용을 기록하는 것이다. 그런 다음 문제와 꿈을 기록한 일기를 판정단에게 제출하도록 했다. 그러면 판정단은 정말로 꿈이 문제의 해결책을 제시했는지 여부를 검토했다.

실험의 결과는 기대 이상이었다. 문제와 관련된 꿈을 꾼 학생은 절반 정도였고 그중에서 무려 70%가 꿈에서 답을 찾았다고 믿었던 것이다. 판정단이 내린 결론도 대체로 비슷했다. 판정단은 문제에 관한 꿈 중에서 그 속에 답이 있었던 비율이 절반 정도라고 파악했다.

졸업 후의 진로가 걱정이라던 한 학생의 사례가 특히 흥미로워 잠깐 소개한다. 그는 실험에 참가하기 전, 고향과 가까운 대학교 두 곳의 임상심리학 대학원에 지원서를 낸 상태였다. 조금 먼 곳에 있는 다른 대학교 두 곳의 산업심리학대학원에서도 조만간 날아올 답신이 있었다. 그러던 어느 날 그는 꿈속에서 자신을 태운 비행기가 미국 지도 위를 나는 모습을 보았다. 그런데 갑자기 비행기 엔진이 고장을 일으켰고 안전한 곳에 비상착륙을 하겠다는 조종사의 안내방송이 이어졌다. 비행기가 고향인 메사추세츠 주 상공에 떠있을 때였다. 그러나 조종사는 메사추세츠에는 비행기를 착륙하기에 안전한 땅이 없다고 말했다. 잠에서 깬 학생은 평생을 보낸 고향땅을 벗어나 나아갈 때가 되었다는 생각이 들었다고 한다. 이제 그에게는 전공보다 학교의 위치가 더 중요했다. 그의 도파민 회로가 새로운 시각을 열어준 것이다.

많은 예술가에게 꿈은 영감의 노다지다. 폴 매카트니는 〈예스터데이〉의 멜로디를 꿈에서 들었고 키스 리처즈는 꿈에서 들은 구절을 바탕으로 〈새티스팩션〉을 작사, 작곡했다. 문학계도 예외는 아니다. 로버트 스티븐슨은 《지킬 박사와 하이드》의 아이디어를 꿈에서 얻었고 영화화되기도 한 《미져리》도 스티븐 킹의 꿈에서 시작되었다고 한다.

각자 중요하다고 생각하는 문제 하나를 떠올려보자. 답을 알고 싶어 미치겠다는 마음이 드는 그런 문제여야 한다. 바람이 클수록 꿈에 나올 확률이 높아진다. 골랐으면 잠들기 전에 그 문제를 생각해보자. 가능하면 구체적인 형태를 떠올리는 게 좋다. 예를 들어 고민거리가 인간관계에 관한 것이라면 그 상대방을 생각해야 한다. 작업의 영감을 찾고 있다면 백지 한 장을 떠올린다. 프로젝트가 잘 풀리지 않아 심란하다면 그 프로젝트를 대변하는 사물의 이미지를 상상한다. 이제 잠들기 전 마지막 이미지가 될 수 있도록 마음에 새기자.

이때 필요한 준비물이 한 가지 있다. 잊지 말고 침대 머리맡에 종이와 펜을 갖다 놔야 한다. 잠에서 깨자마자 남아 있는 꿈의 잔상을 재빨리 적어두기 위해서다. 자기 전에 생각했던 고민과 관련이 있는지 없는지는 따질 필요 없다. 어차피 꿈은 정답을 배배 꼬아 알려주기 때문이다. 이때 스피드는 생명이다. 다른 생각을 시작하는 동시에 꿈의 기억은 증발해버린다.

꿈이 문제의 답을 하루 만에 내놓는 일은 드물다. 또한 꿈이 제시한 해결책이 최상의 것이 아닐 수도 있다. 다만 그것이 새로운 각도에서 문제에 접근한 참신한 전략이라는 건 확실하다.

노벨상 수상자들이
그림도 잘 그리는 이유

예술과 과학은 아무 접점도 없는 완전히 별개의 영역처럼 보인다. 그러나 그렇지 않다. 예술과 과학은 도파민이 원동력이라는 점에서 유사하다. 시를 지으려 해도, 물리 공식을 완성하려 해도 일단 현실의 겉모습 너머로 보다 심오한 추상적 세상을 내다볼 줄 알아야 한다. 그런 면에서 이뤄질 수 없는 슬픈 사랑을 노래하는 시인은 전자와 에너지의 공식을 연구하는 물리학자와 조금도 다르지 않다. 실제로 과학자 집단 안에는 예술혼이 충만한 사람이 많다. 조사에 따르면 미국 국립과학아카데미에는 예술 관련 취미를 가진 회원이 일반 대중과 비교해 1.5배 많다고 한다. 이 비율은 영국 왕립협회로 가면 거의 두 배로, 노벨상 수상자들만 따지면 무려 세 배로 껑충 뛴다. 복잡하고 추상적인 사고를 잘 할수록 예술가가 될 가능성이 높은 것이다.

바로 이 연관성 덕분에 실용과학 분야가 예술가들의 덕을 톡톡히 본 일이 있었다. 처음에 컴퓨터는 연도를 뒤의 두 자리 숫자로만 인식하도록 발명되었다. 1999년은 숫자 99만 치면 되는 식으로 말이다. 저장공간을 최소화하고 덤으로 타이핑하는 손가락의 수고를 덜려는 개발자들의 계획이었다. 하지만 그들이 미처 고려하지 못한 게 있었다. 99가 2099년을 뜻할 수도 있다는 것 말이다. 웹브라우저와 문서작성기는 물론이고 세계 평화를 유지하는 사실상 모든 프로그램이 충돌할 위기에 처했다. 비행기, 댐, 핵발전소에서 사용되는 소프트웨어에 에러가 난다면 그야말로 전 지구적 대재앙이었다. 일명 'Y2K' 문제로 유명해진 이 버그에 대비하기에 컴퓨터 전공자의 수는 턱없이 부족했다. 이때 전해지는 바로는 어떤 회사들은 생뚱맞게도 음악가를 전산관리 전문가로 고용했다고 한다. 음악 하는 사람이 프로그램을 쉽게 배운다는 이유에서였다.

음악적 재능과 수학적 재능은 한 세트인 경우가 많다. 둘 다 도파민과 쿵짝이 잘 맞기 때문이다. 때문에 둘 중 어느 한쪽으로 도파민 회로가 발달한 사람은 다른 쪽도 마찬가지일 확률이 높다. 대다수의 과학자가 동시에 예술가이듯 대부분의 음악가가 수학자이기도 한 것이다. 하지만 이 재능을 마냥 부러워할 수는 없다. 도파민이 넘쳐나도 문제가 생기기 때문이다.

도파민 수치가 높으면 공감력 같은 현재지향적 기능이 억제된다. 그런데 공감할 줄 알아야 다른 사람들이 무슨 생각을 하는지 이해할 수 있다. 즉, 공감력은 사회생활에 필수적이다. 그런 까닭에 종종 똑똑한 사람들이 사람 사귀는 데에는 서툰 것이다. 파티에서 한 과학자를 알게 되었다고 하자. 그는 자신이 진행 중인 연구 얘기만 몇 시간째 늘어놓는다. 상대가 얼마나 지루해하는지 눈치 채지 못하기 때문이다. "사회정의와 사회적 책임에 관한 일이라면 나는 심장이 뜨겁게 타오르는 것을 느끼지만 이상하게도 나 자신 외의 다른 인간과 부딪힐 일은 만들고 싶지 않다"는 알베르트 아인슈타인의 발언도 같은 맥락이다. 그는 "나는 인류는 사랑하지만 사람들은 싫다"는 명언 아닌 명언을 덧붙였다. '사회정의'와 '인류애'라는 추상적 개념은 쉽게 수용하면서도 사람 대 사람으로서의 만남은 그에게 감당 못할 정도로 어려운 일이었던 것이다.

그런 성격 탓에 아인슈타인의 사생활은 그리 평범하지 않았다. 그가 진정으로 사랑하는 것은 오직 과학뿐이었다. 아인슈타인은 본부인을 두고 바람을 피우더니 이혼 후에 그 불륜 상대와 재혼했다. 하지만 그 뒤로도 비서와 부적절한 관계를 갖는 등 여러 여성과 염문을 뿌리고 다녔다. 도파민이 우세한 아인슈타인의 정신세계는 축복이자 저주였다. 그는 도파민 덕분에 남다른 창의력을 발휘했지만 한편으로는 오래 지속되는 동반자적 사랑에 정착하지 못했다.

천재의 뇌는 도파민형 성격을 분석하기에 좋다. 도파민형 성격에는 여러 가지가 있는데, 가장 먼저 충동적 쾌락에 끌려 다니는 유형이 있다. 이런 사람은 진득한 연애를 하지 못하고 조건만남으로 연명하며 중독에도 취약하다. 다음은 정서적으로 고립된 채 오직 목표와 계획만을 바라보며 직진하는 유형이다. 이런 사람들은 퇴근 후 친구들과 어울리는 대신 야근과 주말 근무를 자청한다. 그리고 마지막 세 번째 유형을 지금부터 알아보려고 한다. 전공 분야가 예술인지 과학인지는 중요하지 않다. 이 부류에 속하는 창의적 천재들은 경미한 자폐증 환자로 오해받을 정도로 사회성이 크게 떨어진다. 도파민형 천재는 늘 자신만의 세계에 빠져 있는 탓에 항상 몰골이 말이 아니다. 양말은 짝짝이에, 머리가 산발인 것은 기본이요, 일상과 관련된 것은 죄다 관심 밖이다. 플라톤이 남긴 기록에 따르면 소크라테스는 어떤 문제를 고민하느라 해가 졌다가 다시 뜨는 줄도 모르고 하루 밤낮을 꼬박 한자리에 서 있었다고 한다.

세 가지 성격 유형은 겉으로는 모두 별개인 것 같지만 큰 공통점이 있다. 바로 현재를 즐기는 여유를 포기하고 미래의 자원을 극대화하는 데 몸과 마음을 집중한다는 것이다. 조건만남주의자는 늘 더 짜릿한 자극을 원한다. 어떤 시도도 결코 만족스러운 법이 없다. 무엇을 상상하든 결과는 늘 시시할 것이다. 그런 까닭에 오늘의 타깃이 넘어오자마자 다음 타깃으로 눈을 돌린다. 미래와 현재 사이의 저울이 크게 기울어져 있는 것은 일중독자도 마찬가지다. 그 역시 만족을 모르고 끊임없이 더 많은 성취를 원한다.

첫 번째 유형과 다른 점은 긴 안목을 가졌다는 것이다. 그래서 명예, 부, 권력과 같은 추상적 가치를 추구한다. 마지막으로 천재들이다. 그들의 정신은 보통 사람들이 짐작조차 못 하는 딴 세상에 있다. 그곳에서 그들은 더 나은 미래를 만드는 데만 집중한다. 그래서 천재들은 세상을 바꾼다. 하지만 미래에 대한 집착과 비례해 진짜 사람들에게는 무서울 정도로 무관심하다.

멈추지 않는
도파민형 인간들

아인슈타인의 성격은 유전자 탓임이 분명하다. 그의 두 아들이 증거다. 한 명은 수력공학 분야에서 국제적으로 알아주는 대가가 되었고 다른 한 명은 스무 살에 조현병 진단을 받아 정신병원에서 생을 마감했으니 말이다. 대규모 집단을 대상으로 진행된 여러 연구에서도 도파민형 성격이 유전된다는 소견이 나왔다. 가령 아이슬란드에서 실시된 한 연구에서는 8만 6,000여 명의 유전자 프로파일을 분석했다. 그 결과 조현병이나 양극성 장애의 발병 위험을 높이는 유전자를 가진 사람들 중 배우, 무용가, 음악가, 화가, 작가 등 예술 계통 종사자가 유독 많은 것으로 조사됐다.

미적분을 발명하고 만유인력의 법칙을 정립한 아이작 뉴턴도 그런 문제적 천재 중 한 사람이었다. 그는 사람들과 자연스럽게 대화하면서 호감을 얻는 데 손톱만큼도 소질이 없었다. 독일의 수학자이자 철학자 고트프리트 라이프니츠와 미적분을 주제로 벌인

논쟁은 지금까지 회자될 정도로 유명하다. 뉴턴은 비밀이 많고 집착이 심했으며 냉혈한 소리를 들을 정도로 감정을 표현하지 않았다. 조폐국 장관으로 재직하던 시절에는 동료들의 만류를 뿌리치고 위조범들을 모조리 교수형에 처했다는 일화도 있다.

언젠가부터 정신이상 증세를 보이기 시작한 뉴턴은 숨겨진 메시지를 찾는다며 성경을 몇 시간씩 뒤지는 날이 허다했고 종교와 주술에 관한 책을 쓰기도 했다. 그런 한편 중세 연금술에 푹 빠져서 인간에게 영생을 준다는 철학자의 돌을 찾는 데 집착했다. 결국 쉰 살에 완전히 미쳐버린 뉴턴은 1년 동안 정신병원에 감금되었다.

도파민은 창작의 원동력이다. 도파민은 마치 블록으로 탑을 쌓고 무너뜨리기를 반복하며 노는 아이와 같다. 항상 제자리인 것 같아도 오늘의 내가 어제의 나보다 낫고, 옛것에서 새 의미를 발견하는 일신우일신日新又日新(매일 성실하게 학문을 배우고 익히며 덕성을 함양해야 한다)의 비결이 바로 여기에 있다. 그러나 힘에는 대가가 따르는 법이다. 도파민 시스템이 지나치게 항진된 천재는 정신병자가 되기 쉽다. 비현실이 두 세계 사이의 균열을 비집고 들어와 현실을 잠식할 때 편집증, 망상, 폭주 행동을 낳는 것이다. 그뿐만 아니다. 압도적인 도파민 활성 탓에 현재지향적 회로가 힘을 못 쓰는 사람은 평범한 일상을 힘들어하면서 친구도, 가족도 나 몰라라 하는 외톨이가 된다.

그럼에도 누군가는 상관없다고 응수할 것이다. 다른 모든 것을 포기해도 좋을 만큼 창작의 기쁨이 큰 것이다. 예술가든, 과학자든, 예언가든, 아니면 크게 성공한 사업가든 그런 말을 하는 사람은 십중팔구 지독한 일벌레다. 그들은 한시도 쉬거나 멈추지 않는다. 그들에게 현재를 음미하고 즐기는 것은 시간 낭비다. 도파민형 인간은 대체로 부유하거나, 유명하거나, 사회적으로 성공한 경우가 많지만 늘 불만족스럽다는 것이 아이러니한 점이다.

CHAPTER 5

진보주의자와 보수주의자는 어떻게 만들어지는가

도파민은 어떻게
정치 이데올로기를 좌지우지할까?

보수주의자는 현존하는 폐해에 사로잡힌 정치인이고
진보주의자는 기존의 폐해를 새로운 폐해로 대체하려는 정치인이다.
—앰브로즈 비어스Ambrose Bierce, 《악마의 사전》 중에서

14년 뒤의 고백

2002년 4월, 〈미국 정치학 저널American Journal of Political Science〉에 연구 보고서 한 편이 발표된다. '인과관계는 없고 상관관계는 있다: 개개인의 성격과 정치 이데올로기 간의 관계'라는 제목의 이 보고서는 미국 버지니아커먼웰스대학교의 한 연구팀이 쓴 것이었다. 이 연구는 정치적 신념과 개인의 성격이 연결되어 있으며 그 뿌리가 유전자에 있다는 기본 전제에서 출발했다. 그런 맥락에서 연구팀은 진보주의자와 보수주의자를 또렷하게 구분 짓는 특징적인 성격 유형이 있다고 보고 자료를 분석했다.

조사 결과, 그들의 예상은 그대로 적중했다. 보수주의자는 대체로 충동적이면서 권위적인 반면 진보주의자는 사교적이고 너그러운 경향이 있었다. 보고서 저자들은 선입견이 틀리지 않았다고 말했다. 그런데 과학에서는 연구 결과가 정확히 예상 그대로인 것이 마냥 좋은 일이 아니다. 그런 연구는 오히려 한 번 더 꼼꼼하게 재

검토할 필요가 있다. 이때 그랬다면 14년 뒤 기존 연구를 철회하는 발표를 하지 않아도 되었을 것이다.

2016년 1월, 연구 결과가 완전히 뒤집혔다. 영리하고 정신력이 강하며 현실적인 성향의 사람들은 보수주의자가 아니라 진보주의자였다. 마찬가지로 이타적이고 발이 넓고 공감 능력이 뛰어나며 사회 관습을 잘 따르는 성향의 사람들은 진보주의자가 아닌 보수주의자였다. 이 소식을 들은 사람들은 놀라움을 감추지 못했다. 하지만 이 연구 결과를 도파민 시스템과 연결 지어 생각해보면, 수정된 연구 결과를 납득하는 것은 어렵지 않다. 적어도 정반대의 내용으로 발표되어 유명세를 탄 14년 전 결과보다는 확실히 더 말이 되니까.

앞의 연구에서 진보주의자를 규정하는 데 사용된 표현인 위험 감수, 감각 추구, 충동성, 권위주의는 사실 도파민 항진 상태의 특징이기도 하다. 그렇다면 도파민형 인간이 진보주의자가 되기 쉽다고 말할 수 있을까? 그렇다. 진보주의라는 말에는 '꾸준히 개선된다'는 뜻이 담겨 있다. 실제로 진보주의자는 변화에 너그럽다. 그들은 더 나은 미래를 꿈꾸면서 과학기술과 사회제도가 잘만 결합하면 빈곤, 문맹, 전쟁과 같은 시대착오적 문제들이 깔끔하게 해결될 거라고 기대한다. 도파민은 우리가 사는 오늘의 현실보다 훨씬 나은 세상을 그들의 머릿속에 그려냄으로써 그들을 이상주의자로 만든다. 진보주의는 오직 앞만 보고 날아가는 화살과 같다.

그렇다면 보수주의자들은 어떤가? 보수주의자는 변화의 조짐이 있으면 경계부터 한다. 그들은 사회 발전을 위해서라며 명령조로 말하는 사람들을 싫어한다. 설령 발전의 혜택이 내게 돌아온다고 하더라도 말이다. 오토바이를 탈 때 헬멧 착용을 의무화하는 법률이나 건강한 식습관을 독려하는 정부 캠페인이 그런 예다. 보수주의자는 진보주의자의 이상론을 불신한다. 완벽한 유토피아 실현은 현실에서 불가능한 일이니 소수의 엘리트가 민중을 지배하는 전체주의로 변질될 게 뻔하다고 주장한다. 진보주의가 화살이라면 보수주의는 완벽하게 동그란 원에 비유된다.

도파민과 진보주의의 유대관계는 실존하는 인구 집단에서도 목격된다. 바로 창의력이 뛰어난 소수의 도파민형 인간들이다. 이들은 추상적 개념을 능수능란하게 다룬다. 항상 새로운 것을 찾아다니며, 정체되는 것을 좋아하지 않는다. 실리콘밸리의 스타트업 기업들이 원하는 인재상과 정확히 일치한다. 창의적이고 이상적이며 공학, 수학, 디자인과 같은 추상적 분야에 재능이 있는 사람들 중에 진보주의자가 많을지 궁금하지 않은가? 이런 사람들은 반항아 기질이 다분하다. 그래서 파산을 두려워하지 않고 과감하게 변화를 시도한다. 실리콘밸리의 창업자들과 그들의 팀원들은 지독한 도파민형 인간일 확률이 높다. 하나같이 강심장에 위험을 기꺼이 감수하며 감각과 실용성을 추구한다. 〈미국 정치학 저널〉에 재발표된 진보주의자의 성격 특징 그대로다.

실제로 실리콘밸리의 정치 성향은 어떨까? 실리콘밸리 창업자들을 대상으로 실시된 한 설문조사에서는 사회문제 대부분을 교육으로 해결할 수 있다는 진보주의적 입장이 무려 응답자의 83%였다. 반면 일반 시민을 대상으로 같은 조사를 실시했을 때는 이 답을 선택한 응답자 비율이 44%에 그쳤다. 그뿐만 아니다. 실리콘밸리 창업자의 80%는 대부분의 변화가 장기적으로 좋은 것이라는 믿음을 갖고 있었다. 마찬가지로 2012년 미국 대선 기간에 첨단기술 기업들이 내놓은 정치후원금의 80% 이상이 오바마 캠프에 투입됐다고 한다.

도파민과 진보주의가 무관하지 않음을 실증하는 현장은 또 있다. 바로 엔터테인먼트 산업이다. 특히 할리우드는 미국식 창의력의 성지이자 도파민 범람의 표본과 같은 곳이다. 할리우드 스타들은 전 세계의 사랑을 한 몸에 받는 것만으로는 부족하다는 듯 더 많은 돈, 더 센 약, 더 자극적인 섹스, 더 앞선 패션을 끊임없이 갈구한다. 뭐든 금세 싫증이 나는 까닭이다. 영국 결혼 재단이 실시한 조사에 따르면 유명 인사들의 이혼율은 전체 인구 평균의 두 배에 육박한다고 한다. 신혼 첫 해만 따져보면 이 격차는 더 크게 벌어진다. 이 기간에 커플의 관계가 동반자적 사랑으로 변해야만 앞으로의 결혼생활도 평탄하다는 점에서 신혼은 매우 중요한 시기다. 그런데 결혼만큼이나 이혼을 초고속으로 해치우는 연예계 세기의 커플들은 평범한 신혼부부들과 비교해 여섯 배나 많다.

할리우드에서 유독 빈번한 이 생활 풍속도는 기본적으로 도파민 탓이다. 2016년에 호주에서 실시한 연구에 따르면 배우들은 개인적 성취감과 직업에 대한 사명감이 큰 한편 정신 질환에 걸리기가 매우 쉽다는 분석 결과가 나왔다. 설문에 응한 배우들은 자신의 문제점을 여럿 꼽았는데, 가장 자주 언급된 것이 자율성이 충돌할 때의 갈등, 주변 환경을 통제할 수 없을 때 느끼는 불안, 인간관계의 어려움, 혹독한 자기비판 등이었다. 이는 모두 도파민이 몹시 우세한 사람들이 겪는 난관들이다.

그렇다면 할리우드의 정치색이 궁금하다. CNN이 보도하기로, 재선 유세 기간에 버락 오바마 대통령이 연예계로부터 받은 정치 후원금은 대략 80만 달러였다. 이와 비교해 공화당 후보 미트 롬니Mitt Romney의 모금액 7만 6,000달러는 초라하기 짝이 없다. 정치 자금 감시 단체인 책임정치 센터가 이 유세 기간에 후원금을 낸 사람들의 직장별 액수와 지지 정당을 집계한 자료가 있다. 자체 웹사이트 '오픈시크릿츠Opensecrets.org'에 공개된 이 통계 자료는 상위 7대 대형 미디어 기업 직원들의 주머니에서 여섯 배나 많은 정치 기부금이 민주당으로 흘러 들어갔음을 말해준다.

이어서 반드시 살펴봐야 할 사회집단은 바로 학계다. 학계는 그 야말로 도파민형 인간 중에서도 최정예들만의 집결지다. 학자들은 평생을 추상적 사고에 바친다. 그리고 그들은 매우 진보주의적이다. 학계에 보수주의자보다 공산주의자가 더 흔한 것이 바로 그 때문이다. 〈뉴욕 타임스〉는 영문학 교수들 중 공화당 지지자가 2%에 불과한 반면 스스로를 마르크스주의자라 밝히는 사회학자는 18%나 된다고 지적했다. 마찬가지로 대학 캠퍼스도 진보주의의 돌풍이 사시사철 몰아치는 곳이다.

정치적 성향에 따른 IQ 차이

평생직장으로 상아탑에 뼈를 묻는다는 것은 흔히 우월한 지능의 증표로 인식된다. 도파민 시스템이 더 활발하다는 점에서 진보주의자 집단은 학계와 맥이 통하는데, 그렇다면 비교적 진보주의자 집단의 지능이 더 높은 것일까? 아마도 그럴 것이다. 추상적 사고 능력은 지능 검사의 핵심 항목인데, 이 능력을 도파민 통제 회로가 전담하기 때문이다.

실제로 진보주의자와 보수주의자의 상대적 지능을 가늠한 연구가 있었다. 런던 정치경제대학의 가나자와 사토시Satoshi Kanazawa 교수는 남녀 지원자를 모집하고 동의를 얻어 그들의 고등학생 시절 IQ 검사 결과를 분석했다. 그런데 IQ 측정치를 정치 성향별로 취합하자 놀라울 정도로 또렷한 경향성을 확인할 수 있었다. 스스로를 '매우 진보주의적'이라고 밝힌 그룹은 평균적으로 '진보주의적' 그룹보다 높은 IQ를 갖고 있었다. '진보주의적' 그룹의 IQ는 또 '중립적' 그룹보다 높았다. 그런 식으로 마지막 범주인 '매우 보수주의적' 그룹에 이를 때까지 그래프는 아주 깔끔한 하향곡선을 그렸다. 전체 평균을 100이라 할 때 '매우 진보주의적' 그룹의 IQ는 106이었고 '매우 보수주의적' 그룹의 IQ는 95였다. 종교 성향별로 분석했을 때도 비슷한 결과가 나왔다. '무신론자' 그룹의 IQ는 103인 반면 '매우 종교적' 그룹의 IQ는 97이었다. 물론 그룹의 규모에 따라서는 차이가 있을 수 있고, 그룹의 평균값을 분석했다는 점도 간과해서는 안 될 것이다.

인간의 지능을 가늠할 수 있는 지표로 '정신의 유연성'이라는 것도 있다. 환경 변화에 맞추어 얼마나 융통성 있게 대처하는가를 측정하는 것이다. 이 요소를 평가하기 위해 뉴욕대학교의 한 연구팀이 실험을 진행했다. 피시험자들은 스크린에 뜬 알파벳이 'W'면 버튼을 눌러야 했고, 'M'이면 누르지 말아야 했다. 피시험자에게 주어지는 시간은 0.5초에 불과했다. 연구팀은 난이도를 높이기 위해 2라운드에서는 규칙을 정반대로 뒤집었다. 'M'에서 누르고 'W'에서 누르지 않는 것이다. 보수주의자들은 진보주의자들에 비해 2라운드에 적응하는 것을 훨씬 힘들어했다. 변화에 적응하는 민첩성이 현저히 떨어지기 때문이다.

연구팀은 이런 행동 차이의 원인을 밝히기 위해 피시험자들의 머리에 전극을 부착하고 뇌의 전기적 활동성을 기록했다. 버튼을 눌러야 하는 문자가 나올 때 뇌 신호의 모양은 두 그룹이 엇비슷했다. 반면 버튼을 누르면 안 되는 문자가 나올 때는 사정이 달랐다. 이 상황에서 똑같이 주어진 0.5초의 시간 동안 진보주의자들의 뇌는 오류를 감지하는 영역을 활발히 가동했지만 보수주의자들의 뇌는 그러지 못했다. 환경이 달라질 때 진보주의자는 뇌 신경회로의 스위치를 재빨리 켠 후 보다 신속하게 적응하고 대처하는 것이다.

급작스런 환경 변화를 유독 보수주의자들만 힘겨워하는 것은 근본적으로 DNA의 차이 탓일 가능성이 높다. 도파민 수용체의 일종인 D4 유전자 변이형 중 7R이라는 것이 있다. 7R 대립유전자를 가진 사람은 새로운 것에 끌리는 경향이 유독 강하다. 그들은 평범함을 거부하고 늘 전에 없던 것이거나 특이한 것만 찾는다. 실험정신이 강한 만큼 충동적 과소비를 범하기 쉽고 변덕이 죽 끓듯 하며 흥분도 잘 하고 화도 잘 낸다. 반대인 인간형은 익숙하지 않은 것에 큰 매력을 못 느끼는 사람들인데, 이런 유형은 매사에 한결같고 감정 기복이 크지 않다. 모든 일에 성실하고 때로 지나치다 싶을 만큼 신중하며 인내심이 강하고 검소하다.

캘리포니아대학교의 연구에서 7R 대립유전자와 진보주의 이데올로기 사이에 상관관계가 있는 것으로 밝혀졌다. 단 조건이 있다. 다양한 정치적 견해를 가진 사람들이 자유롭게 자신의 의견을 개진하는 분위기에서 자랐을 때만 그렇다. 유전적 요소와 사회적 요소가 결합해야만 비로소 연결고리가 형성되는 것이다.

도파민형 인간은
기부하지 않는다?

도파민 특유의 임기응변 능력은 평균적으로 보수주의자들이 부족할지 모른다. 하지만 현재지향적 시스템의 기능이 전적으로 요구되는 상황에서는 반대로 보수주의자들이 펄펄 날아다닌다. 기부처럼 공감과 이타심을 요하는 일들도, 한 배우자와 백년해로하는 것도 그러하다.

   미국의 격주간지 〈크로니클 오브 필란트로피The Chronicle of Philanthropy〉에 발표된 한 연구 보고서가 기부 패턴에 있어 진보주의자와 보수주의자 사이에 극명하게 벌어지는 온도 차를 여실히 드러낸다. 이 연구 보고서는 소득 대비 기부금 비중이 가장 높은 범주의 사람들이 공화당의 롬니를 지지한 반면 최하위 계층은 민주당의 오바마를 위해 투표권을 행사했음을 보여준다. 특히 기부금 순위 상위 열여섯 개 주가 전부 공화당을 지지했다는 통계가 눈에 띈다. 주요 도시 별로 쪼개어 더 자세히 분석했을 때는 진보의 상징인 샌프

란시스코와 보스턴이 거의 바닥을 기었고 기부에 후한 도시는 솔트레이크시티, 버밍햄, 멤피스, 내슈빌, 애틀랜타였다. 후자 도시들 안에서 순위 차이는 소득액과 아무 상관이 없었다. 궁핍하든, 부유하든, 그럭저럭 먹고살 만하든 보수주의자는 대체로 타인을 위해 지갑을 여는 데 망설임이 없었다.

물론 이 통계만으로 보수주의자가 진보주의자보다 빈곤층에 더 마음을 쓴다고 단정 지을 수는 없다. 아인슈타인이 그랬듯 단지 진보주의자들은 개개인이 아닌 인류 전체를 위하는 일에 더 열광하는 것일 수도 있다. 진보주의자들은 취약계층에게 혜택을 더 주자는 복지법 강화를 주장한다. 기부에 비해 훨씬 간접적인 형태다. 이런 접근 방식의 차이는 근본적으로 시선이 향하는 곳이 서로 다르기 때문에 생긴다. 현재지향적 화학물질형의 인간은 당장 눈앞에 벌어진 상황에 집중하는 경향이 있는 반면 도파민형 인간은 멀리 보고 앞서 계획을 세우는 편이다.

그렇다면 정부 정책과 기부 중 어느 쪽이 더 나은 방법일까? 글쎄, 그건 생각하기 나름이다. 먼저, 도파민은 자원 확보의 고수 중에서도 고수다. 연방 정부, 주 정부, 지방 정부를 통틀어 미국의 구빈 프로그램에 쓰인 예산은 2012년에만 1조 달러에 육박한다. 수혜자 1인당 약 2만 달러의 정부지원을 받은 꼴이다. 이와 비교해 같은 해의 기부금은 3,600억 달러에 그치는 것으로 집계됐다. 도파민형 전략이 세 배 많은 자금을 모은 꼴이다.

그런데 또 한편으로는 도움의 가치를 어떻게 돈으로만 따지겠냐는 생각도 든다. 자선 활동은 법제도보다 더 유연하다. 그래서 이웃이 정말 필요로 하는 것을 발 빠르게 준비할 수 있다. 물론 목소리를 높여 정부를 움직이게 하는 게 낫다는 주장도 있지만 한쪽에서는 직접 구슬땀 흘려가며 이웃의 변화를 목격하는 사람들도 분명 있다. 이들이 봉사활동을 추천하는 또 다른 이유는 도움을 주려다 오히려 받게 되는 혜택이 있기 때문이다. '쾌락주의의 역설'이라는 말이 있다. 나만의 쾌락을 좇는 사람은 결코 행복하지 못할 것이요, 남을 돕는 사람은 행복을 찾게 된다는 뜻이다. 실제로 이타주의 성향을 가진 사람은 더 만족스러운 삶을 살며 건강하게 장수하는 경향이 있다. 심지어는 타인을 돕는 행위가 세포 노화를 지연시킨다는 생물학적 증거도 있다.

익숙함은 지루함인가, 안정감인가?

직접 얼굴을 보고 얘기하면서 친해지는 것을 선호하는 보수주의자들의 성향은 자선 활동뿐만 아니라 연애와 결혼에도 고스란히 반영된다. 〈뉴욕 타임스〉의 보도에 따르면, 민주당 우세 지역에서 어린 시절을 보낸 사람들 중 평생 한 번이라도 결혼하는 비율은 타 지역에서 성장한 사람들에 비해 10% 정도 낮다고 한다. 또 민주당 지지자들은 결혼을 하더라도 바람을 피울 확률이 더 높았다.

종합 사회조사 기관은 앞서 살펴본 기부 활동과 더불어 미국인의 성생활도 조사하고 있다. 1991년부터 설문지에 추가된 이 항목은 다음과 같이 시작한다. '남편 혹은 아내 이외의 다른 사람과 성관계를 가진 적이 있습니까?' 정치 이데올로기와 지능의 관계를 연구하는 가나자와 박사는 이 질문에 '예'로 답할 만한 사람들의 유형을 분석했다. 그랬더니 스스로를 '보수주의적'이라 말한 응답자 중 배우자를 두고 바람을 피운 사람은 14%였고 '매우 보수주의적' 그룹에서는 13%였다. 그런데 진보주의 쪽으로 가면 비율이 훅 올라간다. '진보주의적' 그룹에서 외도를 고백한 사람의 비율은 24%였고 스스로를 '매우 진보주의적'이라 밝힌 응답자 그룹에서는 무려 26%였다. 남성과 여성을 따로 분석했을 때도 결과는 같았다.

또한 보수주의자들은 진보주의자들에 비해 성관계 횟수가 적었다. 아마도 호르몬의 영향이 있었지 않을까 싶다. 보수주의자 커플은 동반자적 사랑의 경지에 오른 경우가 많았는데, 이 단계에서는 테스토스테론이 옥시토신과 바소프레신에 의해 억제되기 때문이다. 그러나 이들은 성관계 횟수가 적은 대신 당사자 모두 오르가슴을 느낄 확률은 더 높았다. 빙햄튼대학교의 진화학연구소가 5,000명이 넘는 성인을 대상으로 진행한 '미국의 독신들'이라는 연구에 따르면, 보수주의자들이 진보주의자들보다 절정에 더 잘 이른다고 한다.

이와 관련해 헬렌 피셔 박사는 보수주의자들이 통제의 끈을 더 쉽게 놓는다고 지적했다. 스스로를 풀어주는 이 행위는 오르가슴에 반드시 필요한 통과의례다. 모두가 잘 알고 있듯이 스스로를 놓아버리고 절정에 이르는 행위는 그들이 눈빛만으로도 통하는 사이일 때 훨씬 쉽다. 이런 성질의 연인 관계는 익숙한 것을 지루해하는 진보주의자보다는 안정된 현재를 중시하는 보수주의자들에게서 더 흔하게 찾아볼 수 있다. 게다가 오롯이 눈앞의 상대에게 몰입한 섹스의 감각적 자극은 도파민은 물러나고 엔도르핀이나 엔도카나비노이드 계열 물질과 같은 현재지향적 화학물질들이 살아날 때 극대화된다. 현재지향적 화학물질 시스템의 상대적 활성이 크면 클수록 섹스라는 산의 정상을 찍고 오기가 수월해지는 것이다.

비슷한 주제로 소개팅 웹사이트 '오케이큐피드OkCupid.com'가 자체 실시한 조사가 있다. 오르가슴에 큰 가치를 두는 인간 유형 역시 같은 양상으로 갈라진다는 사실을 잘 보여주는 자료다. 웹사이트는 '오르가슴이 섹스에서 가장 중요한 부분이라고 생각하십니까?'라고 묻고 데이터를 응답자의 정치 성향과 직업에 따라 분류했다. 그 결과, 진보 정당을 지지하는 작가, 예술가, 음악가 부류에서 '아니오'라는 답변이 가장 많이 나온 것으로 분석됐다. 이들에게는 오르가슴 전에 일어나는 일들이 훨씬 더 중요하다. 그들에게는 섹스도 정복 활동이기 때문이다. 오르가슴이 지나가면 짜릿했던 긴장감은 온데간데없이 사라진다. 남는 것은 허무함뿐이다.

통계적으로도 보수주의자들은 진보주의자들보다 행복하게 사는 것 같다. 2005년부터 2007년까지 '갤럽Gallup'이 집계한 여론조사 자료를 보면 현재의 삶에 매우 만족한다고 답한 미국인은 공화당원의 경우 66%였고 민주당원의 경우 53%였다. 또한 공화당원 중 61%는 스스로 매우 행복하다고 인정한 반면 민주당원 중 같은 말을 한 사람은 절반에 못 미쳤다. 이와 무관하지 않게 독신보다는 기혼자, 교회를 다니지 않는 사람보다는 기독교인의 만족도가 더 높은 것으로도 조사됐다.

그런데 앞뒤가 맞지 않는 내용도 있다. 대체로 보수주의자들이 가정을 더 잘 유지하고 배우자에게 육체적으로도, 정신적으로도 더 성실한 것은 사실이지만 통계 자료는 이혼율 역시 공화당 우세 지역에서 더 높다고 말한다. 포르노를 더 많이 보는 것 역시 공화당원들이다. 하지만 개신교가 사회윤리에까지 깊게 스며든 문화적 배경을 알면 이런 통계가 나온 이유를 짐작할 수 있다. 공화당 우세 지역들은 비교적 어릴 때 결혼하고 결혼 전 동거는 지양하면서 혼전순결을 권장하는 문화를 갖고 있다. 그런 곳에서는 젊은이들이 서로 모른 채로 결혼하는 일이 비일비재할 것이다. 이런 결합이 삐걱대지 않는 게 더 이상하지 않을까? 또한 혼전순결을 강요하는 사회에서 혈기왕성한 청년들은 성욕을 해소할 탈출구로 포르노에 기댈 수밖에 없으리라.

신경과학이 알려주는
설득의 기술

극단적 보수주의자와 극단적 진보주의자가 죽었다 깨어나도 무조건 지지 정당에게만 투표하는 것과 달리 대부분의 유권자는 유연한 모습을 보인다. 그들은 기꺼이 설득당할 준비가 된 소신 있는 유권자들이다. 그래서 선거 때마다 유동층의 표심을 누가 잡느냐에 따라 당락이 판가름 나곤 한다. 혹시 그들의 마음을 사로잡는 비결도 신경과학에서 찾을 수 있을까?

신경과학을 알면 설득의 기술이 보일 것도 같다. 특히 결정을 내린 뒤 행동으로 옮기려는 순간, 즉 도파민 욕망 회로와 도파민 통제 회로가 교차하는 지점이 중요하다. 바로 이 단계에서 우리는 다양한 선택지를 저울질하고 나에게 가장 밝은 미래를 안겨줄 최선의 방안을 고르기 때문이다. 어떤 고민이든 시작되면 도파민 통제 회로는 '무엇이 나의 장래에 최선일까?'라는 단순하지만 묵직한 질문을 툭 던진다. 일단 질문이 던져지면 모든 반론을 물리치고 도파민 통제 회로에 확신을 줘야 한다. 그런데 이게 보통 어려운 일이 아니다. 이성은 새 증거가 나오는 순간 손바닥 뒤집듯 돌아선다. 그러니 뭐 하러 매번 그들을 구슬리느라 힘을 빼겠는가. 우직한 것은 차라리 비이성적인 사람이다. 비이성적 결정을 내리도록 유도하려면 도파민 욕망 회로나 현재지향적 화학물질 경로를 부추기면 된다. 추천하는 방법은 '두려움, 욕망, 동정심'을 이용하는 것이다.

그중에서도 두려움을 공략하는 것이 가장 효과적이다. 경쟁 후보를 위험인물에 빗대어 비방하는 광고가 늘 잘 팔리는 것이 그래서다. 공포심은 인간이 가진 가장 원시적인 본능에 호소한다. 내가 내일도 살아 있을까? 아이들은 안전할까? 회사를 계속 다닐 수 있을까? 불안감을 유발해 동요를 조장하는 유세 전략은 어느 정치 캠페인에서든 빠지지 않는다. 집단 갈등을 심화시키는 부작용이 있음에도 효과가 워낙 좋기 때문이다.

본능을 건드린다는 것 외에, 두려움을 공략하는 전략이 먹히는 이유가 하나 더 있다. 바로 '손실 혐오감 loss aversion'이라는 것인데, 풀이하면 손실의 고통이 획득의 기쁨보다 더 강렬하다는 뜻이다. 승률이 반반이라도 큰돈이 걸렸을 때 사람들이 동전 던지기 내기를 거절하는 것도 같은 이유에서다. 그나마 꼬임에 넘어오기 위해서는 수익률이 두 배 정도는 되어야 한다. 의아한 점은 사람들이 20달러를 걸어 30달러를 딸 수 있는 판 앞에서도 여전히 주저한다는 것이다. 왜 그런 걸까?

비밀을 밝히고자 한 연구팀이 실험을 실시했다. 연구는 피시험자들이 내기를 하는 동안 뇌의 활동을 스캔하는 방식으로 진행됐다. 연구팀이 가장 먼저 살펴본 것은 도파민이었다. 그 결과, 도파민 욕망 회로의 활동성이 내기에서 이긴 뒤에는 증가하고 진 뒤에는 감소하는 것으로 나타났다. 예상했던 그대로였지만 증감하는 변화가 비대칭적이라는 것이 의외였다. 진 뒤의 활동성 감소폭이 이긴 뒤의 증가폭보다 컸던 것이다. 피시험자들은 승리의 기쁨보다 패배의 충격을 더 크게 느꼈던 것이다.

정확히 어떤 신경회로가 불균형을 일으킨 걸까? 연구팀은 이어서 뇌의 편도체에 주목했다. 편도체는 현재지향적 화학물질 회로가 집중적으로 분포해 있어서 두려움을 비롯한 부정적인 감정들을 관장하는 부위다. 피시험자는 게임에서 졌을 때 실망하고 속상해했다. 그리고 그때마다 뇌 스캔 영상은 편도체가 밝아지는 모습을 보여주었다. 부정적인 현재지향적 감정이 누적될 때 손실 혐오감이 발현됨을 뒷받침하는 증거였다. 현재지향적 시스템은 앞날을 조금도 개의치 않는다. 오직 지금 이 순간만이 중요하다. 때문에 당장의 안위가 위협받을 때 사람은 두려움과 근심에 휩싸인다.

편도체가 손실 혐오감의 산실이라는 판결을 받게 된 결정적 계기는 이른바 '자연의 실험 experiment of nature' 때문이었다. 자연의 실험이란 자연적으로 발생한 질병이 과학 연구를 완성할 핵심 단서를 제공하는 것을 말한다. 인간이 주도하기에 비윤리적인 주제를 다룰 때 자연의 실험은 상당히 매력적이다. 멀쩡한 사람 머리를 열어 편도체를 잘라버릴 수는 없는 일이기 때문이다. 그런데 우바흐위데 병Urbach-Wiethe disease이라는 희귀질환에 걸리면 뇌의 좌, 우반구 편도체가 모두 망가진다. 이 환자들은 내기에서 이기는 것과 지는 것에 똑같은 정도로 반응한다. 편도체가 없으면 손실 혐오감도 사라지는 것이다.

손실 혐오감은 어떤 면에서 초등학교 산수 문제와 비슷하다. 내기에서 이길 경우, 더 나은 미래로 직결되므로 이것은 도파민의 소관이다. 그래서 도파민은 이길 확률에 1점을 더한다. 이때 현재지향적 화학물질이 주는 점수는 0이다. 현재지향적 화학물질에게는 오직 현재만 중요하기 때문이다. 다음으로 내기에서 질 경우, 앞날이 좌우되는 것은 마찬가지이므로 여기에도 도파민이 관여한다. 단 도파민이 1점을 깎는다는 게 다르다. 게다가 이번에는 현재지향적 화학물질들도 들썩이며 1점을 더 깎는다. 내기에서 지면 지금 가진 것을 잃게 되니 현재 시점 기준으로도 손해인 것이다. 그래서 결론적으로는 2점이 깎이게 된다.

손실 혐오감은 누구나 겪는 심리 현상이지만, 집단마다 정도의 차이는 있다. 일반적으로 도파민형 인간이 많은 진보주의자 그룹은 더 많은 혜택과 기회를 제안하는 메시지에 더 잘 호응하는 반면, 현재를 소중히 여기는 보수주의자 그룹은 현상 유지와 안전을 보장하는 메시지를 더 반긴다. 그래서 진보주의자들은 교육 보조금 지원, 도시계획, 정부 주도 기술혁신 사업 등 앞으로 더 좋은 나라를 만들어줄 정책을 지지한다. 같은 맥락이지만 보수주의자들의 방향은 정반대다. 이들은 국방 예산 증대, 치안 강화, 이민자 제한에 찬성표를 던진다. 모두 자신의 기득권을 보호하는 데 유리한 정책들이다. 이유를 물으면 양쪽 모두 이성적으로 고민한 후 내린 결론이라고 말하지만 이 말은 진실이 아니다. 애초에 진보주의자의 뇌와 보수주의자의 뇌는 다르게 생겨먹었을 공산이 크다.

네브래스카대학교에서 피시험자에게 희망 혹은 불쾌감을 불러일으키는 사진을 보여주고 동요의 정도를 측정하는 실험을 진행했다. 특이한 것이 있다면 피시험자 선발 기준이 정치적 신념이었다는 것이다. 연구팀은 몸에 전극 패드를 붙인 피시험자들에게 기분을 나빠지게 만드는 사진 세 장(사람 얼굴에 붙은 거미, 구더기가 핀 상처, 집단폭행을 당하는 한 남자)과 기분을 좋아지게 만드는 사진 세 장(행복한 표정의 어린이, 과일 바구니, 귀여운 토끼)을 보여줬다. 그 결과, 진보주의자 그룹은 긍정적 사진에 더 크게 동요했고 보수주의자 그룹은 부정적 사진에 더 크게 동요했다. 실험은 생리적 땀 배출량을 측정하는 방식으로 진행되었다.

이어지는 실험에서는 시선 추적 장치가 등장한다. 연구팀은 긍정적 사진 한 장과 부정적 사진 한 장을 동시에 보여주고 피시험자의 시선이 사진에 머무는 시간을 시선 추적 장치로 측정했다. 그랬더니 두 그룹 모두 부정적 사진을 더 오래 본 것으로 분석됐다. 손실 혐오감이라는 인류 공통의 심리 현상과 맥락을 같이하는 결과다. 다만 보수주의자 그룹은 부정적 사진을 본 시간이 긍정적 사진을 본 시간에 비해 현저하게 긴 반면 진보주의자 그룹은 두 사진을 바라본 시간이 거의 균등하다는 차이가 있었다. 종합해보면 두 그룹 모두 손실 혐오감의 증거를 보였으나 보수주의자 쪽에서 그 정도가 확실히 우세했다는 것이 이 연구의 결론이다.

보수주의자는 위험 요소들에 대해 진보주의자보다 더 예민하게 반응한다. 그런 동시에 위협을 더 잘 감지하는 사람이 보수주의자가 되기도 쉽다. 테러 사건이 발생한 해에 보수당 지지율이 급격히 상승한다는 것은 이미 공식이 되었다.

이런 미묘한 위협과 보수주의 이데올로기의 관계를 확실히 규명하기 위해 대학생을 대상으로 정치적 신념을 묻는 대규모 설문조사가 실시됐다. 연구팀은 피시험자 중 절반은 손 세정제가 비치된 장소로 안내하고, 나머지 절반은 손 세정제가 비치되지 않은 장소로 안내해 설문지를 작성하게 했다. 손 세정제는 은연중에 감염의 위험을 상기시키기 위한 장치였다. 실험 결과, 손 세정제를 옆에 두고 앉았던 학생들은 도덕규범, 사회사상, 국가재정 측면에서 보수주의 성향이 더 강한 것으로 나타났다. 새로 모집한 학생 그룹에게 설문용 컴퓨터 앞에 앉기 전에 항균 물티슈로 손을 닦도록 요청했을 때도 결과는 같았다. 실제로 투표소 곳곳에서 손 세정제가 눈에 띄었던 일이 우연이 아닌 것이다.

불평등을 응징하는
도파민형 사고방식

똑같은 효과가 약물에도 있다. 현재지향적 화학물질의 대명사인 세로토닌의 수치를 높이는 약을 복용한 사람이 일시적으로 보수주의자처럼 생각하고 행동하게 된다는 임상 증거가 있다. 한 실험에서 연구팀은 피시험자들에게 세로토닌 촉진제인 시탈로프람citalopram을 복용하게 했다. 시탈로프람은 원래 우울증 환자들에게 자주 처방되는 약이다. 약을 복용한 피시험자들은 '정의'라는 이상을 전보다 소홀히 하고 개개인의 안위를 걱정하는 등의 태도 변화를 보였다. 연구팀은 경제학 게임 이론인 '최후통첩 게임'으로 이들의 태도 변화를 파악했다.

게임은 두 명으로 시작한다. 일단 총 예산을 정하고(가령 100달러) A에게 예산 관리 권한을 준다. 이제 A가 할 일은 나머지 B에게 금액 분배를 제안하는 것이다. 얼마를 제안할지는 순전히 A의 선택에 달렸다. 다만 B가 그 제안에 동의해야만 두 사람 모두가 돈을 받을 수 있다. B가 싫다고 하면 둘 다 빈털터리가 된다. 이 게임은 단판승부다. 재협상은 없다.

B가 철저하게 이성적인 사람이라면 어떤 제안이든 받아들여야 마땅하다. 총 예산 100달러 중 내 몫이 1달러에 불과하더라도 말이다. 액수가 크든 적든 공돈을 사양하는 것은 무조건 손해다. 그런데 현실에서는 제안 금액이 적을 경우 보통 협상이 결렬된다고 한다. 액수가 기대에 못 미칠 때 세상의 모든 B들은 A를 혼내주고 싶어 하기 때문이다. 때문에 본인의 손해를 감수하면서 A까지 돈을 받지 못하게 만드는 것이다. 분석에 따르면, 평균적으로 B는 자신에게 떨어질 배당액이 총 예산의 30%를 밑돌 경우 제안을 거절했다.

그러나 케임브리지대학교와 하버드대학교가 머리를 맞댄 공동연구에서는 시탈로프람을 복용한 피시험자 그룹이 인색한 제안을 두 배 정도 더 높은 비율로 수용했다. 이 실험 결과에 도덕적 판단과 행동 측면을 평가한 추가 실험의 자료를 더해 종합하면 시탈로프람 복용자들은 A에게 손해를 끼치는 것이 마음에 걸려서 거절하기를 주저했다고 해석할 수 있다. 반대로 세로토닌 수치를 낮추는 약을 복용한 또 다른 그룹에서는 정의 구현이라는 대의를 위해 A의 제안에 퇴짜를 놓은 B의 비율이 더 높았다.

이 실험에서 연구팀이 최종적으로 내린 결론은 세로토닌 촉진제가 소위 '가해 혐오감harm aversion'이라는 심리 현상을 부추겼다는 것이다. 세로토닌은 추상적인 이상(돈을 공평하게 나누는 것)을 추구하는 것보다 누군가에게 해를 끼치는 일(상대가 돈을 받을 기회를 일부러 빼앗는 것)을 하지 않는 게 더 중요하다고 생각하게끔 만든다. 이것은 폭주하는 열차의 딜레마와도 상당히 중복된다. 논리적 해결책은 다섯 명을 구하기 위해 한 명을 희생시키는 것이다. 하지만 가해 혐오감의 심리로 접근할 경우 다수의 이익을 위해 누군가의 목숨을 빼앗는 것은 인간의 도리가 아니다. 이렇듯 약물이 도덕적 가치 판단의 결과를 뒤집는 현상을 우리는 '도덕적 판단력의 신경화학적 조정'이라고 부른다.

작은 알약 하나가 타인의 부당한 행동을 눈감아주고 남에게 피해가 가는 행동을 하지 않게 만들었다. 모두 현재지향형 인간의 대표적인 특징이다. 이 행동 양상을 연구팀은 개인 수준의 친사회성Prosocial이라 정의했다. 여기서 친사회성이란 자발적으로 타인을 도우려는 성향을 의미한다. 이와 비교했을 때 불공평한 제안을 거절하는 것은 집단 수준의 친사회성이라 정의된다. 불평등을 유발한 사람을 응징함으로써 모두의 평등을 추구하고 혜택이 사회 전체에 고루 돌아가게 하는 것이다. 이것은 도파민형 인간의 사고방식에 훨씬 더 가깝다.

이민자 추방과
봉사활동의 아이러니

현재 이민 문제 만큼 집단의 입장과 개인의 입장이 첨예하게 대립하는 사회적 이슈는 또 없을 것이다. 보수주의자는 나, 우리 가족, 내 조국처럼 작은 집단에 집중하고 싶어 하는 반면 진보주의자는 성별, 나이, 국적을 초월한 지구촌이라는 공동체가 최우선이다. 보수주의자는 개인의 권리를 무엇보다도 중시한다. 불법 이민자가 국경을 넘어오지 못하도록 높은 장벽을 쌓자는 황당무계한 제안이 의외로 열렬한 지지를 받는 이유다.

반면 진보주의자는 모든 이들을 공동체의 일부라고 생각한다. 때문에 혈기 넘치는 혹자는 이민법의 전면 철폐까지 주장한다. 그렇다면 이민자 무리가 눈앞에 진짜로 나타났을 때 사람들의 반응은 어떨까? 이 질문의 정답을 제시하는 마땅한 연구 데이터는 아직 없다. 하지만 현재지향적 화학물질들이 총동원되는 직접 체험은 정책만을 세우는 도파민 주도 활동과는 완전히 다른 결과를 낳는다는 사실을 밝히는 좋은 실례가 있다.

2012년 7월 〈뉴욕 타임스〉에 소개된 기사인 '언오큐파이 스프링스(Unoccupy Springs, '스프링스 지역 과밀가구 퇴거 추진 위원회' – 옮긴이)'는 시민단체의 활동을 소개하는 기사였다. 이 단체가 들고 일어난 표면적 이유는 이랬다. 미국 햄프턴 동부 스프링스 지역에 정착한 이민자들이 한 가족도 아니면서 지나치게 많은 인원이 한 집에 모여 살면서 명백히 주거법을 위반했다는 것이다. 하지만 속내는 달랐다. 가난한 새 이웃이 세금 부담을 늘리고 집값을 떨어뜨린다는 불만이 진짜 이유였다. 그런 이유로 급진적 진보주의 성향으로 유명한 미국의 부촌 햄프턴 심장부에서 뜻밖에도 이런 사회단체가 조직된 것이었다. 더불어 미국 다트머스대학교가 주도한 또 다른 연구도 비슷한 해석을 내놨다. 공화당이 여당인 주들보다 민주당이 이끄는 주들의 주거법 조항이 오히려 더 까다로워 저소득 노동계층의 정착이 훨씬 어려웠던 것이다. 예를 들면 가구당 거주 인원수의 상한선을 낮게 잡거나, 거주 허용 구역을 한정해 빠듯한 예산 안에서 매물 선택의 폭을 좁히는 식이다.

국경에 벽을 쌓아 이민자들의 월북을 막자는 발상은 아인슈타인의 말을 떠올리게 한다. 그는 "사회정의를 향한 열정과 사회적 책임감은 이렇게나 강렬한데 가급적이면 사람들을 직접 만나고 싶지는 않으니 나도 내가 잘 이해되지 않는다"라고 말했다. 그런데 오늘날의 보수주의는 이 천재 과학자와는 정반대의 모순을 보여준다. 그들은 자국 문화가 뿌리째 흔들릴까 두려워 불법 이민자를 내쫓고 싶어 한다. 그러나 그들의 내면 깊숙이 자리한 가해 혐오감이 역설적으로 이민자들을 보호하고 있는 것이다.

미국 보수주의의 이런 역설은 윌리엄 설리번William Sullivan이 보수 성향의 온라인 일간지 〈아메리칸 싱커American Thinker〉에 기고한 글에서 선명하게 드러난다. 한쪽에서 이민을 둘러싼 열띤 논쟁이 벌어질 때 몇몇 보수 인사는 곰 인형과 축구공을 가득 실은 대형 트럭을 대동하고 멕시코 접경지대를 방문한다. 따뜻한 밥과 깨끗한 물을 대접하는 교회 단체의 봉사 활동에 손을 보태기 위해서다. 물론 모든 것이 정치적 '쇼'라는 냉소적 시각도 있다. 하지만 그들의 행보는 모든 보수 성향 국민들의 심리에 내재한 핵심 가치관과 찰떡같이 맞아떨어진다. 현상 유지를 지향하면서도 가해 혐오감에 이끌려 사회적 약자를 돕는 기현상이다.

간단한 실험으로
정치적 성향도 바뀐다

사회적 위기가 구성원들을 보수적으로 만든다면 아마 그 반대도 가능할 것이다. 정치와 종교의 이데올로기를 연구하는 제이미 네이피어Jaime Napier 박사는 실제로도 그렇다고 말한다. 게다가 엄청난 노력이 필요하지도 않다. 손 세정제를 옆에 갖다 놓는 것만으로 보수적 사고를 강화했던 것처럼, 상상력을 이용한 간단한 훈련으로 보수주의자들은 진보주의자처럼 생각할 수 있었다.

박사는 보수 성향의 피시험자들에게 한 가지 상상을 하도록 지시했다. 자신에게 초능력이 있어서 무슨 짓을 해도 다치지 않는다는 상상이었다. 그런 다음 피시험자의 정치 이데올로기를 조사했더니 경향이 이전에 비해 진보 쪽으로 이동한 것이 확인됐다. 상상에 불과할지언정 무슨 짓을 해도 다치지 않는 무적이 되니 두려움이라는 현재지향적 감정은 수그러들고 도파민이 활발해져 정치 이념까지 달라진 것이다. 그런데 혹시 내용과는 별개로 상상이라는 행위 자체에 효과가 있었던 건 아닐까? 상상은 오롯이 도파민이 매개하는 정신 활동이다. 실제로 몸을 쓸 일은 하나도 없기 때문이다. 도파민 회로를 깨운 상상 훈련 자체 덕분이었을까? 아마도 그런 것 같다. 같은 맥락의 연구를 하나 더 살펴보자.

추상적 사고는 도파민 회로의 대표적 기능 중 하나다. 추상적 사고 덕분에 우리는 어떤 사건을 오감으로 체험하는 것에서 그치지 않고 그 사건이 발생하게 된 큰 배경을 이해한다. 오감에 의존하는 경험은 물리적 세상에만 집중한다. 실존하는 것만 보고, 듣고, 인정한다는 말이다. 현재지향적 회로가 주관하는 정신 활동을 학계에서는 구체적 사고concrete thinking라 부르고 하급 기능으로 간주한다. 이와 비교할 때 추상적 사고는 상급 기능이다. 그렇다면 구체적 사고를 더 많이 하는 사람은 자신과 다른 집단에게 더 적대적일까? 게이, 레즈비언, 무슬림, 무신론자 등 나와 다른 사고방식을 가진 이들을 평온한 나의 일상을 무너뜨릴 위협으로 인식할까? 이 점이 궁금했던 몇몇 학자들이 뜻을 모아 연구를 시작했다.

연구팀은 그들에게 하나의 상황을 구체적으로, 혹은 추상적으로 설명한 두 가지 보기를 제시했다. 가령 '초인종을 울리는 상황'에 대해 첫 번째는 '손가락으로 버튼을 누른다', 두 번째는 '집에 사람이 있는지 확인한다'고 설명하는 식이다. 피시험자는 둘 중 더 낫다고 판단되는 설명을 고르면 되는 것이다. 그런 다음 연구팀은 평소에 게이, 레즈비언, 무슬림, 무신론자를 얼마나 우호적으로 생각하는지 표시하도록 각 피시험자에게 요청했다. 이 단계에서 연구팀은 구체적 설명을 택한 사람들이 소수집단에 대한 호감도가 낮다는 사실을 확인할 수 있었다.

이어진 다음 단계 실험의 목적은 이 감정을 추상적 사고 훈련으로 조작할 수 있는지 확인하는 것이었다. 연구팀은 운동을 주제로 골랐다. 사고 훈련의 주제는 집단 갈등과 아무 상관도 없는 것이어야 했기 때문이다. 피시험자들에게는 건강관리를 위해 운동을 꾸준히 하는 상황을 떠올리도록 요청했다. 그런 다음 피시험자 절반에게는 운동을 어떻게 할 것인지 구체적 사고를 묻고 나머지 절반에게는 운동이 왜 중요한지 추상적 사고를 물었다. 그 결과 '어떻게'라는 질문을 받은 첫 번째 그룹은 소수집단에 대한 호감도가 전혀 달라지지 않은 반면에 '왜'라는 질문을 받은 두 번째 그룹은 소수집단에 대한 호감도가 한결 높아졌다. 엄청난 태도 변화였다.

이처럼 도파민 회로를 활성화시키는 것은 보수주의자를 진보주의자처럼 생각하도록 유도하는 하나의 방법이다. 비슷한 효과를 내는 특별한 전략이 하나 더 있다. 보수주의자가 보수적으로 행동하게끔 하는 회로, 즉 현재지향적 화학물질 회로를 공략하는 것이다. 특히 공감을 부추기는 게 효과적이다. 이 전략의 핵심은 보수주의자의 특징을 역으로 이용한다는 데 있다.

집단으로서는 불법 이민자 추방을 지지하면서도 개인이 되면 빈민촌에 음식과 장난감을 퍼주는 보수주의의 양면성 얘기를 다시

해보자. 현재를 중시하는 보수주의자들은 대체로 이민자를 탐탁지 않게 여긴다. 하지만 이민자와 실제로 대면했을 때 저절로 공감 능력을 발휘하는 것도 그들이다. 본능이라고 해도 좋을 이 능력의 잠재성을 가장 먼저 알아본 것은 할리우드 방송작가들이다. 작가들은 영리하게 시청자의 공감 능력을 한껏 자극하는 스토리를 전국에 내보냄으로써 LGBTQ라 일컫는 성소수자 집단의 목소리를 높인다.

분석 보고서에 따르면 황금 시간대 TV 프로그램에 주연으로 등장하는 게이, 레즈비언, 양성애자의 비중이 꾸준히 늘고 있다고 한다. 가장 최근 자료인 2015년 여론조사에서 집계된 바로는 그 비율이 4%였다. 이 숫자는 최근 갤럽이 조사해 공개한 미국의 성소수자 비율 3.8%와 매우 비슷하다. 이들은 실제로 시청자의 가치관을 크게 변화시킨다. 〈할리우드 리포터 The Hollywood Reporter〉가 실시한 여론조사에 따르면, 응답자의 27%가 '성소수자가 나오는 TV 프로그램을 보고 나서 동성혼을 더 지지하게 되었다'고 밝혔다고 한다. 이런 여론조사 데이터를 2012년 대선 결과와 연계해 분석해보면 더 재미있는 현상을 확인할 수 있다. 공화당 후보에게 표를 던진 유권자 중 13%가 TV 시청 후 동성혼 지지 생각이 커졌다고 고백한 것이다. 구체적 사고력을 높여 공감 회로를 켜는 전략이 한 번 더 먹힌 셈이다.

힘이 아닌 아이디어로
통제하는 것이 정치다

정부 성립의 관건은 통제력에 있다. 민중이 권력에 정복당해 마지못해 머리를 조아리거나 안전을 보장받는 대가로 대부분의 자유를 스스로 포기할 때 정부는 생명력을 얻는다. 어느 쪽이든 그렇게 세워진 국가들의 공통점은 권력을 쥔 소수가 나머지 다수를 통제한다는 것이다. 국정은 도파민 주도 활동이다. 한참 먼 곳에서 추상적 개념인 법률을 통해 대중을 다스리는 것이기 때문이다. 간혹 법 집행을 위해 현재지향적 수단인 폭력이 사용되기도 했지만, 요즘 세상에 그런 일은 흔치 않다. 국민은 국가의 물리적 힘이 아닌 아이디어를 따른다.

　정부의 모든 활동이 본질적으로 도파민을 매개하는 까닭에, 현재지향적 성향이 강한 보수주의보다는 진보주의가 더 요란하고 열성적이다. 진보주의자 500명이 거리행진을 한다면 그것은 시위의 전초전일 공산이 크다. 반면 행진의 주체가 보수주의자들일 때는 십중팔구 퍼레이드 행사라고 보면 된다. 또한 진보주의자들은 공공정책으로 더 과감한 실험을 시도하길 요구하며 저널리즘처럼 국정에 간섭하기 좋은 분야에 강한 매력을 느낀다. 반면 보수주의자들은 정부를 그다지 신뢰하지 않는다. 특히 먼 거리에서 국민을 원격조종하는 정부를 더더욱 불신한다. 그런 까닭에 보수주의자들은 지방 정부의 일에 더 활발히 참여하며 연방정부보다는 주정부나 더 작은 규모의 지방정부에서 센 입김을 발휘한다.

거리는 중요하다. 폭주하는 열차의 딜레마를 다시 생각해보면, 감정을 배제할 때 자원 확보가 더 용이한 것은 분명한 사실이다. 법도 마찬가지다. 많은 법 규정이 누군가에게는 혜택을 주지만 누군가에게는 손해를 입힌다. 절대다수의 이익을 위한답시고 소수에게 해를 끼치는 법을 만들고 집행하기 위해서는 거리를 둬야 한다. 그래야 양심의 가책이 덜하다. 말하자면 '거리'는 정치인으로 하여금 그들의 결정이 초래한 직접적 결과를 체감하지 못하게 하는 완충제 역할을 해준다. 정치인은 말 한마디로 세금을 올리고, 예산을 자른다. 그러나 거리가 유지되는 한 현재지향적 회로가 정치인의 공감 능력을 선동해 나랏일에 개입할 가능성은 조금도 없다는 것이 분명해 보인다.

진보주의자의 뇌와 보수주의자의 뇌는 확연히 다르고, 둘을 서로 이해시키는 것은 거의 불가능하다. 이 사실은 평화로운 세상을 만드는 데 결정적인 장해물이 된다. 정치판은 반대와 대립이 일상인 곳이다. 그렇기 때문에 이런 다름에 대한 서로의 이해가 없으면 더욱 치열한 피투성이 난장판이 된다. 사실, 어느 정당을 지지하든 대부분의 사람들은 모든 국민에게 최선인 해결책에 표를 던진다. 물론 예외는 있지만 말이다. 정치 게임에 놀아나지 않으려면 반드시 기억해야 한다. 진보주의의 진심은 국민에게 더 나은 삶을 제공하는 것이고 보수주의의 진심은 국민을 더 행복하게 만드는 것임을 명심하자.

CHAPTER 6

무엇이 인류를
진화하고
번영하게 만들었나

도파민은 어떻게
인류의 멸종을 막았을까?

어떤 것이 시작되는 곳에서 무언가는 끝난다.
―캐서린 M. 발렌티Catherynne M. Valente, 소설가

모험가 유전자의 힘으로
더 멀리 떠나온 무리

현생인류는 약 20만 년 전에 아프리카에서 탄생한 이래 10만 년에 걸쳐 세계 각지로 퍼져나갔다. 대이동은 인류의 생존을 위해 불가피한 조치였다. 실제로 인간이 거의 멸종될 뻔한 적이 있다는 유전적 증거도 있다. 인간 게놈이 독특하게도 개인차가 크지 않다는 점이다. 이는 사람을 유인원인 침팬지나 고릴라와 구분 짓는 중요한 특징이다. 이처럼 높은 유전적 유사성은 모든 현생인류가 소수 구성원으로 이루어진 하나의 집단을 공통의 조상으로 두고 있음을 말해준다. 실제로 아주 먼 옛날, 인간종에게 치명적인 타격을 입힌 전 지구적 사건이 일어났고, 이 일을 계기로 인간종의 개체 수는 심각한 멸종 위기 수준인 2만 명 미만까지 곤두박질쳤다고 한다.

이 사건은 이주가 중요한 이유를 통감케 한다. 한곳에만 머무르는 생물은 다양한 멸종 위협에 노출되기 때문이다. 가뭄과 돌림병을 비롯해 갖가지 천재지변이 생물종을 통째로 싹쓸이하는 것은 일도 아니다. 이때 무리가 나뉘어 여러 지역에 흩어져 있으면 한두 개의 무리가 사라져도 생물종 자체는 존속할 수 있다.

학계는 현대인의 유전자에 남아 있는 표식을 단서로 원시인류가 약 7만 5,000년 전에 아시아 대륙 전체에 널리 퍼져나갔을 것으로 추정한다. 여기서 그치지 않고 4만 6,000년 전에는 호주가, 그리고 4만 3,000년 전에는 유럽이 인류의 터전이 되었다. 북미 대륙으로의 진출 시기는 훨씬 뒤인 3만년에서 1만 4,000년 전쯤일 것으로 짐작된다. 오늘날 지구에는 인간의 발길이 닿지 않은 땅덩이가 거의 없다. 하지만 현대인이 이렇듯 흩어져 사는 것은 생존의 위협 때문이 아니다. 그 옛날 우리 조상들은 그랬을지 몰라도 말이다.

도파민을 자극하면 탐험 행동이 증가한다는 동물 연구 결과가 있다. 실험용 쥐에게 도파민 항진제를 투여하면 활동량이 늘고, 낯선 환경에서도 덜 움츠러든다고 한다. 그렇다면 혹시 원시인류가 아프리카 대륙을 벗어나 전 대륙으로 흩어진 것도 도파민의 영향이 아닐까? 이 질문의 답을 찾기 위해 캘리포니아대학교의 연구팀은 선행된 연구 열두 건의 데이터를 수집했다.

연구팀은 D4 도파민 수용체의 합성을 지시하는 유전자 DRD4에 특히 주목했다. 우리는 앞서 새로운 것에 끌리는 성격과 정치 이데올로기 간의 관련성을 논하면서 이 유전자를 이미 살펴봤다. 그

때 이 유전자에 여러 가지 변이형인 대립유전자가 존재한다는 얘기도 했었다. 대립유전자는 핵심 기능에 이상이 없으면서 단백질에 관한 정보가 담긴 영역만 변형된 것이어서 사람의 성격에 개성을 입힌다. 예를 들어 7R 대립유전자처럼 긴 DRD4 유전자를 가진 사람은 도전 정신이 투철하다. 이들은 지루한 걸 못 참기 때문에 쉴 새 없이 새로운 경험을 찾아다닌다. 새로운 장소, 새로운 아이디어, 새로운 음식, 새로운 약, 새로운 잠자리 상대 등 새로운 모든 것이 이들의 표적이 된다. 한마디로 이들은 뼛속부터 모험가인 셈이다. 전 세계적으로는 평균 다섯 명 중 한 명만이 이 7R 대립유전자를 갖고 있는데, 지역마다 빈도에 차이가 있었다.

고고학이 밝혀낸 인류의 대표적 이주경로는 북미, 남미, 동아시아, 동남아시아, 아프리카, 유럽을 통과하는 길들이다. 연구팀은 이 경로를 그대로 따라가면서 유전자 데이터를 분석했다. 그 결과, 아주 흥미로운 패턴을 확인할 수 있었다. 인류의 발원지 근처에서 대대로 살아온 이들의 후손 집단에서는 긴 DRD4 대립유전자를 가진 사람의 비율이 새 정착지를 찾은 이들의 후손 집단에 비해 확연하게 낮았던 것이다.

그중에서도 아프리카에서 출발해 동아시아를 통과한 뒤 베링해협을 거쳐 북미를 찍고 최종적으로 남미로 내려가는 경로가 있다. 확인된 모든 경로를 통틀어 최장거리를 자랑하는 동선이다. 이 고난의 행군에서 끝까지 살아남은 오늘날의 남미 토착민 집단은 긴 도파민 대립유전자를 가진 사람의 비율이 69%로 다른 어떤 집단보다도 높았다. 상대적으로 일찍 이동을 멈춘 북미 집단의 경우, 해당 비율은 32%에 그친다. 둘 사이에 낀 중앙아메리카도 해당 비율이 42%였다. 평균적으로 이동거리가 1,600km 늘어날 때마다 긴 대립유전자를 가진 사람의 비율이 4.3%씩 높아지는 꼴이다.

긴 7R 대립유전자의 유무로 집단의 이동거리를 어림짐작할 수 있다는 것은 이제 알겠다. 그렇다면 더 멀리 떠나온 무리가 더 많은 7R 대립유전자를 갖게 된 계기는 뭘까? 그 답은 늘 "더, 더!"를 외치는 도파민의 성질에서 찾을 수 있다. 도파민은 불만족감과 동요를 일으키면서 사람을 한시도 가만히 못 있게끔 만든다. 도파민의 부추김을 받은 사람은 더 나은 무언가를 갈망한다. 안락한 보금자리를 제 발로 박차고 나와 미지의 세계로 떠나는 모험가의 이미지가 딱 이러하다. 하지만 이것을 조금 다른 방식으로 생각할 수도 있을 것 같다.

생존하는 적자는 무엇이 달랐나?

고향을 떠나온 모든 집단의 이주 동기가 순전히 개척 정신만은 아니었을 것이다. 몇몇은 종족 갈등 때문에 쫓겨나듯 떠났을 것이고 몇몇은 사냥감을 따라 멀리 가게 되었을 수도 있다. 이렇듯 사실상 도파민과 아무 상관없는 동기도 많을 것이다. 그렇더라도 의혹은 여전하다. 도대체 어떤 경위로 이주 집단이 더 많은 7R 대립유전자를 갖게 되었을까? 7R 대립유전자의 역할은 그들의 엉덩이를 가볍게 만드는 게 아니라 생존에 유리한 특질을 강화하는 것 아니었을까?

짐작컨대, 7R 대립유전자는 생소한 환경에서도 최대한의 자원을 확보할 수 있도록 이들의 눈과 귀를 밝혔을 것이다. 한마디로 그들을 귀신같은 '기회 포착 전문가'로 만들었을 것이다. 가령 연중 기후가 일정한 지역에서 사시사철 똑같은 음식만 먹으며 살던 종족이 있었다고 하자. 그들은 어떤 이유로 고향을 떠나게 되는데 새 터전은 우기와 건기가 오락가락하는 곳이었다. 계절에 따라 구할 수 있는 식량이 달라지는 것은 당연했다. 이처럼 새 환경에 맞춰 생활양식을 수정하는 것은 도전하는 용기와 실험 정신이 있어야만 가능한 일이다.

한편, 연구에 따르면 7R 대립유전자의 소유자는 학습 능력이 뛰어난 것으로 보인다. 특히 정답이 보상으로 이어질 때 이 능력은 배가된다. 그래서 7R 대립유전자를 가진 사람은 대체로 보상에 민감하다. 또 이들은 대체로 승패에 보다 격하게 반응한다. 이들의 뇌리에는 승리의 달콤함보다 패배의 쓴맛이 훨씬 더 깊게 각인된다. 그러니 익숙하지 않은 환경에 놓여 새로운 생존 규칙을 익혀야 할 때 누구보다도 독해질 수밖에 없는 것이다.

7R 대립유전자의 또 다른 장점은 새로운 스트레스 요인에 둔감해질 수 있다는 것이다. 환경 변화는 스트레스를 유발한다. 나쁜 변화는 물론이고 좋은 변화도 마찬가지다. 예를 들어 이혼은 큰 상처이자 스트레스지만 결혼 역시 만만치 않게 골치 아픈 일이다. 파산하는 것도 고통스러운 일이지만 복권 1등에 당첨되는 것도 마찬가지로 머리 아픈 일들의 시작일 수 있다. 흔히들 나쁜 변화가 주는 스트레스가 좋은 변화에 비해 더 클 거라고 생각하지만 가장 중요한 변수는 변화의 정도다. 좋은 변화인지 나쁜 변화인지는 크게 상관없다. 단지 큰 변화가 더 많은 스트레스를 일으킬 뿐이다.

스트레스는 심장질환과 불면증, 소화불량을 유발하고 면역력을 떨어뜨린다. 때로는 우울증의 원인이 되기도 한다. 스트레스로 우울한 사람은 늘 무력하게 축 처져서 죽음을 생각하고 뭐든 쉽게 포기한다. 모두 생존에는 하등 도움이 되지 않는 자세다. 먼 옛날 스트레스에 예민했던 일부 원시인은 급변한 환경에서 의식주에 필요한 자원을 구하는 일을 유독 힘겨워했다. 그들은 사냥꾼으로서도, 채집가로서도 남들보다 뒤처졌다. 그런 그들이 짝짓기 상대로 인기 있을 리는 만무했다. 아예 자식을 낳을 틈도 없이 요절해버려 유전자를 후손에 남길 기회조차 없던 경우도 흔했다. 그러나 변화가 모두에게 재앙인 것은 아니다. 새 직장, 새 집, 새 직업 소식에 들뜨고 설레는 사람들이 있다. 바로 도파민형 인간이다. 그들은 신선한 자극이 넘쳐나는 곳에서 오히려 기를 편다. 과거에도 매력적인 배우자였던 이들은 도파민이 우세한 유전자를 후손에게 물려주었을 것이기 때문에 빠른 적응을 돕는 대립유전자는 점점 더 흔해졌다.

물론 7R 대립유전자가 만능은 아니다. 도파민이 우세한 사람은 새로운 환경에는 잘 적응하지만 대인관계에 서툴다는 약점이 있다. 대인관계 능력은 이웃과 두루두루 친해야 진화적 우위를 선점하기에 유리하다는 점에서 중요한 생존 기술이다. 때문에 최우선 순위가 협동에 있는 사회에서는 도파민형 성격이 불리하게 작용한다. 결국 모든 것은 환경에 달려 있다. 협력이 최우선 과제인 안정적 사회에서는 도파민형 유전자가 적어진다. 생존과 번식은 당장 급한 문제가 아니기 때문에 적당한 양의 도파민만이 필요하기 때문이다. 반면 집단이 낯선 상황에 빠졌을 때는 도파민 시스템을 강화하는 유전자가 부족의 생존 확률을 높일 것이다.

다음 두 가설을 보자. 둘 중 어떤 가설이 옳은 것일까? 무엇이 원인이고 무엇이 결과일까?

1. 도파민형 성향을 강화하는 유전자가 인류의 모험가 기질을 키웠다. 그 결과로 고향을 떠나온 집단에서 이 유전자가 더 흔해졌다.
2. 한 집단이 어떤 동기로 인해 터전을 옮기게 되었고, 그 무리 중 도파민형 유전자를 가진 사람들이 남들보다 더 잘 살아남아 더 많은 후손을 남겼다.

만약 도파민형 유전자가 인류를 유목민으로 만들었다면, 즉 1번 가설이 옳다면 아프리카를 떠나온 모든 집단에서 7R 대립유전자가 흔해야 한다. 다시 말해 바로 옆 동네에 자리 잡은 이들과 바다 건너 대륙에 자리 잡은 이들의 대립유전자 비율이 비슷해야 한다는 것이다. 다량의 도파민이 집단을 움직이게 하는 데 필요한 전부였다면 종착지가 어딘지는 중요하지 않을 테니 말이다. 도파민이 많은 사람은 떠나고 도파민이 적은 사람은 남는 것이다.

그런데 만약 대이동이 7R 대립유전자 때문에 벌어진 일이 아니라면 이 유전자를 가진 사람들의 비율은 더 먼 곳에 정착할수록 높아져야 한다. 이동거리가 짧을 경우 환경 변화를 경험하는 세대는 얼마 되지 않는다. 집단이 이동을 멈추면 그전까지 모르는 곳이었던 장소가 익숙한 내 집이 되고 7R 대립유전자의 이용가치는 사라진다. 따라서 다양한 대립유전자가 보다 골고루 전해지게 되는 것이다.

하지만 집단이 멈추지 않고 계속 나아간다면 얘기는 달라진다. 그런 집단은 세대에 세대를 거듭하며 오랜 세월 동안 환경 변화를 겪는다. 그러는 내내 7R 대립유전자의 이용가치는 지속되므로 당연히 이 대립유전자를 가진 개체가 더 오래 살아 더 많은 자손을 남길 것이다. 때문에 이 장거리 여행자 집단에서 7R 대립유전자를 가진 사람의 비율은 점점 높아진다. 결정적으로 캘리포니아대학교의 연구팀이 내놓은 분석 결과가 이것과 정확히 일치했다. 먼 곳에 자리 잡은 집단일수록 7R 대립유전자를 가진 사람의 비율이 높았던 것이다. 유전자가 이주를 지시한 게 아니었다. 무리가 이동하는 과정에서 개체가 더 잘 살아남을 수 있도록 하는 유전자가 많아졌다고 설명하는 편이 타당하다.

똘똘한 사람일수록 도파민이 일으키는 정신 질환에 취약하다

양극성 장애란 극과 극의 두 기분 사이를 왔다 갔다 하는 것을 말한다. 양극성 장애를 앓는 환자는 기분이 심하게 가라앉는 우울증기와 심하게 흥분하는 조증기를 반복하는 모습을 보인다. 그중에서 조증기는 도파민 수치가 높을 때 찾아온다. 힘이 넘치고, 이유 없이 기분이 좋아지고, 두뇌 회전이 빨라져 머릿속에서 온갖 생각이 폭포수처럼 쏟아진다. 의욕과 집중력이 순간적으로 올라가 동시에 여러 가지 일을 처리하려 드는 한편 오직 감각적 쾌락만을 위해 충동적 과소비와 음란행위에 몰입하기도 한다. 양극성 장애 환자 중 다수는 병 때문에 정상적인 생활을 포기한다. 번듯한 직장을 다니거나 남들처럼 연애를 하는 것은 언감생심이다. 하지만 성실하게 약물 치료를 해나가는 환자는 대부분 다시 평범한 일상으로 복귀한다. 그 가운데에는 언뜻 축복처럼 보이기도 하는 특별한 삶을 사는 일부 극소수의 사람들도 있다.

평균적으로 양극성 장애 환자의 비율은 전 세계 인구의 2.4% 정도다. 하지만 발병률이 높은 집단은 따로 있다. 아이슬란드에서 자국민을 대상으로 실시한 분석이 그 증거다. 직업과 양극성 장애의 관련성을 조사했더니 무용가, 배우, 음악가, 작가 등 창의력을 요하는 예술 계통 종사자 집단에서 양극성 장애 환자의 비율이 일반적인 직업들과 비교해 25% 정도 높게 나타난 것이다. 또 영국 글래스고대학교는 여덟 살 때 IQ가 높았던 사람일수록 스물세 살 전에 양극성 장애가 발병할 위험이 더 크다는 연구 결과를 발표했다. 이는 영국 국민 1,800명을 여덟 살 때부터 20대 초반까지 끈질기게 추적 관찰해 얻은 성과다. 한마디로 똘똘한 사람일수록 도파민 과잉이 문제를 일으키는 정신 질환에 더 취약한 셈이었다. 실제로 많은 문화예술계 거장들이 양극성 장애 때문에 평범하지 않은 삶을 살았거나 살고 있다.

비상한 뇌는 고성능 스포츠카와 비슷하다. 비상한 뇌의 소유자는 무너지는 것 역시 어이없을 정도로 극적이다. 물론 도파민의 활성이 지나치게 높은 것이 양극성 조증 상태의 유일한 원인은 아니다. 하지만 중요한 문제임은 틀림없다. 앞선 내용에서 유추할 수 있듯이 DRD4 수용체 대립유전자가 많은 것은 양극성 장애 발병과 상관이 없다. 그보다는 고장 난 도파민 운반체 때문에 조증 상태가 생긴다는 게 학계의 지배적인 의견이다.

도파민 운반체는 뇌 속의 진공청소기다. 오랫동안 밖에 나가 있

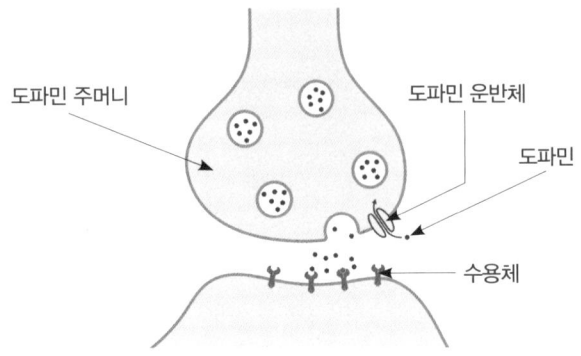

던 도파민 분자들을 적당히 걷어내는 일을 한다는 점에서 그렇다. 도파민 합성 기능이 있는 뇌세포는 스위치가 켜지면 주머니에 보관하고 있던 도파민을 밖으로 내보낸다. 바깥으로 분비된 도파민은 근처 다른 뇌세포 쪽으로 흘러가 표면에 달린 도파민 수용체에 결합한다. 그러면 새롭게 스위치가 켜진 뇌세포가 또 분주해진다. 열기를 식힐 시점이라고 판단되면 앞쪽 세포의 도파민 운반체는 강력한 흡입력으로 도파민 분자들을 다시 빨아들인다. 수용체에서 도파민이 떨어져나간 뒤쪽 세포는 다시 잠잠해진다. 이렇게 건강한 뇌세포들은 결코 도를 넘어 흥분하는 법이 없다.

그런데 바로 이 운반체가 고장 난다면 어떻게 될까? 이 질문의 답을 한 번에 보여주는 가장 좋은 실례는 아마도 코카인중독자일 것이다. 코카인은 도파민 운반체를 차단한다. 진공청소기 노즐을 양말로 틀어막는다고 생각하면 된다. 이런 상황에서 세포 밖에 나와 있는 도파민 분자들은 수용체에 붙었다 떨어졌다를 반복하며 사실상 무제한적으로 뒤쪽 세포를 도발한다. 이때 나타나는 증상은 힘과 실천력이 넘치고 성욕이 폭발하는 것이다. 그뿐만 아니다. 취기가 한창 오른 코카인중독자는 자존감이 하늘을 찌르고, 이유 없이 몹시 행복해하고, 이런저런 생각에 횡설수설하며 잠을 이루지 못한다. 때문에 의사들조차 코카인중독과 조증을 구별하는 데 종종 어려움을 겪는다.

양극성 장애는 있거나, 없거나 둘 중 하나라는 식의 이분법으로 판단할 수 없다. 누군가는 병증이 더 심하고 또 누군가는 좀 덜하다. 결국 정도의 차이라는 말이다. 모든 것은 부모로부터 위험 유전자를 얼마나 많이 물려받았는지, 이 유전자들이 그 사람의 심신을 얼마나 미약하게 하는지에 달려 있다. 더불어 그 사람이 살아온 환경 또한 중요한 변수다. 가령 선천적 위험성은 비슷하더라도 불행한 어린 시절을 보낸 사람이 훗날 신경정신과 치료를 받으러 다닐 확률이 더 높다. 대개는 양극성 장애의 다양한 증상 중 일부만 나타내거나 공식 진단을 내릴 만큼 심하지는 않은 수준에서 그친다.

그런데 이런 생각이 든다. 사람이 양극성 장애의 분위기만 띠게 되는 것이 도파민 운반체의 소소한 고장 탓일 수도 있을까? 도파민 운반체 유전자 한두 개만 아주 살짝 이상해지는 것이다. 정신이 나갈 정도로 입김이 세지는 않지만 외국에서 꿈을 실현하고자 고국을 떠나겠다는 결심을 하게 만들 정도는 되는 식으로 말이다.

자신의 뿌리를 포기하고 사랑하는 가족과 친구들에게 영원한 안녕을 고하면서까지 이방인이 되기를 자처하는 것은 보통 강심장이 아니고서는 실행할 수 없는 일이다. 19세기 미국의 기업가 앤드류 카네기는 공장에서 일당으로 고작 동전 몇 푼을 받는 밑바닥부터 시작해 세계 최고의 거부가 되었다. 그런데 실은 그도 스코틀랜드 출신의 이민자였다. 그런 그가 남긴 말이 있다. "자족하는 자는 용기 내 폭풍우가 몰아치는 대서양을 건너지 못한다. 그저 무력하게 방구석에 틀어박혀 있을 뿐이다."

만약 양극성 장애를 일으키는 유전자가 이민도 부추기는 것이라면, 카네기와 같은 야심가들도 그 유전자를 가지고 있었다고 짐작할 수 있다. 이 가정은 이민자가 많은 나라에 양극성 장애 유전자를 가진 사람도 많을 거라는 추측으로 자연스럽게 연결된다. 미국은 거의 전 국민이 이민 1세대와 그 후손으로 구성된 나라다. 그리고 양극성 장애 환자의 비율이 세계에서 가장 높은 나라 역시 미국이다. 정확히는 4.4%로 다른 나라들의 두 배다. 이 두 가지 사실은 그저 기가 막힌 우연일까 아니면 정말 어떤 식으로든 연관되어 있는 걸까?

이민자 비율이 제로에 가까운 일본은 양극성 장애 환자의 비율 역시 0.7%로 최하위였다. 반면에 이민자의 나라 미국에서는 양극성 장애 환자가 많기도 하지만 양극성 장애 증상이 표면으로 드러나는 시기 역시 더 빠른 것으로 조사된다. 증상이 처음 발현되는 시기는 질병 중증도의 지표이기 때문에 중요하다. 미국은 이 연령이 스무 살 이전인 환자가 무려 3분의 2로, 기껏해야 4분의 1 정도인 유럽과 확실히 비교된다. 이 통계는 전반적으로 미국 사람들에게 고위험 유전자가 더 많다는 가설에 힘을 싣는다.

도파민 운반체 합성을 지시하는 유전자 말고도 고위험 유전자는 더 있다. 정확히 몇 가지나 되는지는 아무도 모르지만 분명한 사실은 몇몇 위험 유전자가 대물림된다는 것이다. 전체 인구 집단과 비교할 때 양극성 장애 환자를 부모로 둔 아이는 언젠가 양극성 장애를 앓게 될 확률이 두 배 이상이라고 한다. 심지어는 이 격차를 열 배까지 보는 연구도 있다. 그런 가운데 간혹 천운을 타고나는 아이도 있다. 요령 좋게 병증은 피하고 양극성 장애의 장점만 골라 재능으로 타고나는 경우다.

도파민이 폭발하는
이민자들의 나라

이민자의 나라 미국은 도파민의 격려와 응원에 힘입어 다양한 분야에서 초강대국이 되었다. 조지메이슨대학교의 이민연구소가 공개한 보고서에 따르면, 1901년부터 2013년까지 전체 노벨상 수상자의 42%가 미국에서 배출되었다. 세계 어느 나라도 따라잡을 수 없는 경이로운 숫자다. 그런데 노벨상을 받은 미국인 중 압도적 다수가 이민자라고 한다. 출신 국가 순위를 보면 캐나다(13%), 독일(11%), 영국(11%)이 차례로 1~3위를 기록했다.

  기회의 땅으로서 미국의 매력은 아직 건재하다. 금속이 자석에 달라붙듯 여전히 세계 곳곳의 수많은 인재들이 스스로 미국인이 되어 국위선양에 앞장서는 걸 보면 말이다. 구글, 인텔, 페이팔, 이베이, 스냅챗 등 미국 신흥경제를 선도하는 대표 기업 다수가 이민자의 아이디어로 탄생한 회사라는 점이 그 증거다. 그뿐만 아니다. 2005년 기준으로 실리콘밸리에서 이민자가 창업한 스타트업은 전체 입주 기업 중 무려 52%를 차지했다. 전체 미국 국민 중 이민자의 비중이 13%임을 감안하면 주목할 만한 수치다.

발명 분야에서도 이민자들의 활약상은 눈부시다. 인문서《비범한 사람들: 이민은 세상을 어떻게 바꿔왔으며 어떤 미래를 열 것인가Exceptional People: How Migration Shaped Our World and Will Define Our Future》를 보면 2006년에 미국 특허청에 등록된 국제특허의 40%가 미국에 거주하는 외국 국적의 사람이 단독으로, 혹은 공동연구자와 함께 신청한 건이었다고 한다. 회사 명의로 출원된 기술 특허 역시 발명자 란에 이민자인 연구원의 이름이 적혀 있는 경우가 절반 이상이었다. 유명 기업 몇 곳만 살펴보면 시스코가 보유한 전체 특허 중 60%, 제너럴일렉트릭이 64%, 머크가 65%, 퀄컴이 72% 등이었다. 사실, 이민자의 활동 무대는 IT에 한정되지 않는다. 네일숍, 레스토랑, 세탁소 같은 일반 서비스업부터 트렌드에 민감한 최신유망업종까지 망라해 해마다 미국에서 추진되는 전체 신규 사업 중 4분의 1이 이민자의 손으로 일궈진다.

영국 워릭대학교 경영대학원에는 '기업가정신&혁신기업연구소'라는 산하조직이 있다. 이곳에서 니코스 니콜로우Nicos Nicolaou는 영국인 1,335명을 모집해 설문조사를 실시했다. 설문의 주제는 기업가정신이었다. 설문 응답자에게서는 추가로 혈액을 채취해 DNA를 추출했다. 연구 참가자들의 평균 연령은 55세였고 83%가 여성이었다. DNA 데이터를 분석한 결과, 연구팀은 도파민 유전자를 크게 두 분류로 나눌 수 있었다. 두 가지 도파민 대립유전자가 존재했는데, DNA의 기본 구성단위인 핵산 하나만을 제외한 나머지 부분은 복사해 붙인 듯 완전히 똑같았다. 그런데 바로 이 핵산 하나의 차이가 피시험자 집단을 도파민 활성이 더 높은 그룹과 덜 높은 그룹으로 가르고 있었다. 연구팀은 이것을 설문지 데이터와 연계해 분석했다. 그 결과, 도파민 활성이 낮은 그룹과 비교하여 도파민 활성이 높은 그룹에 창업자가 두 배 많은 것으로 확인됐다.

이 대목에서 도파민 부자 이민자들에 대한 의존도가 높은 나라가 미국만은 아니라는 사실을 짚고 넘어가면 좋겠다. 미국의 뱁슨대학교와 영국의 런던 정치경제대학이 손잡고 진행한 프로젝트 '세계 기업가정신 모니터링 연구Global Entrepreneurship Monitor'의 중간조사 결과에 따르면 1인당 창업 건수가 가장 많은 나라가 미국, 캐나다, 이스라엘, 호주라고 한다. 이 중 세 나라는 전체 국민 중 이민자 비율이 10위권 안에 드는 나라들이고, 이스라엘은 현대국가로서의 역사가 3세대가 채 되지 않을 정도로 짧다는 특징이 있다.

도파민이 현저하게 우세한 인간형은 흔하지 않다. 그러니 이런 사람들이 몇몇 국가에 몰린다는 것은 다른 한쪽에서는 도파민형 인재의 이탈 현상이 벌어지고 있음을 뜻한다. 그런 맥락에서 유럽 출신 이민자들이 미국인의 유전자 지도를 도파민으로 물들일 때

유럽에 남은 동포들의 삶의 방식이 점점 더 현재지향적으로 변해 가는 것은 자연스러운 결과다.

이런 미국인과 유럽인의 차이를 미국의 여론조사기관 퓨 리서치센터가 심층적으로 조사했다. 그 성과가 바로 '미국인과 서유럽인의 가치관 차이 The American: Western European Values Gap'라는 제목으로 공개된 결과 보고서다. 설문 중에는 '인생의 성공이 개인의 노력을 초월하는 외부 환경에 의해 결정된다고 생각하십니까?'라는 항목이 있었다. 이 질문에 '그렇다'고 답한 응답자의 비율은 독일이 72%, 프랑스가 57%, 영국이 41%였다. 반면 미국의 경우는 같은 답을 한 사람이 3분의 1정도에 그쳤고 대다수인 나머지 미국 응답자들은 확실히 도파민의 칭찬을 받을 만한 인생관을 내비쳤다.

도파민형 성격 여부에 따른 인생관 차이를 보여주는 문항은 이 예시 말고도 여럿 더 있다. 미국인은 국가목표를 위해 군사력을 동원하는 것, 즉 변화를 실행하는 가장 직설적인 방식에 거부감이 덜한 것으로 분석됐다. 그들 다수가 군사행동을 하기 전에 유엔의 승인을 받을 필요는 없다고 답했기 때문이다. 또한 50%의 미국인이 신앙에 대해 '매우 중요하다'고 답한 반면 유럽은 '매우 중요하다'의 응답 비율이 절반에도 못 미쳤다. 스페인은 22%, 독일은 21%, 영국은 17%, 그리고 프랑스는 고작 13%였다.

도파민을 강화하는 유전자가 미국을 비롯한 몇몇 이민자 사회에 편중된 것은 사실일지 모른다. 하지만 도파민형 생활태도는 경쟁적 기술사회를 살아가는 모든 현대인에게 필수적인 생존 전략이 되었다. 온갖 정보와 광고가 범람하는 21세기는 더 많이 갖고, 더 빨리 하고, 더 높이 오르지 않으면 안 될 것 같은 조바심을 만들어 낸다. 도파민이 영혼을 장악하고 있는 것이다.

뇌에서 도파민을 만드는 세포는 전체 뇌세포의 0.0005%밖에 안 된다. 고작 그것뿐이냐고? 양이 전부는 아니다. 인간이 '나는 본질적으로 어떤 사람인가'를 자문할 때 사실 그것은 이 소수정예 특공대를 생각하는 것이나 마찬가지다. 인간은 각자가 가진 도파민의 집합을 바탕으로 자아를 규정한다. 즉, 인간의 의식 속에서는 도파민이 곧 나 자신이다. 어째서일까?

철학자에게 '인간성의 정수'가 무엇이냐는 질문을 던져보자. 그러면 그는 '자유의지'라고 답할 것이다. 인간은 여러 가지 선택지의 장단점을 저울질하고 가치나 원칙과 같은 추상적 개념을 이해할 줄 안다. 그리고 마침내 우리가 옳다고 믿는 것을 극대화할 최선의 방도를 스스로 판단하고 결정한다. 그런데 이 일을 수행하는 진짜 주인공은 바로 도파민이다.

이번에는 연구자에게 똑같은 질문을 해보자. 연구자에게 인간성의 정수는 '세상을 이해하는 능력'이다. 연구자는 분석하고, 판단하고, 예측한다. 한마디로 그는 '이해'했을 때 비로소 연구자다

워진다. 그런데 이것 또한 도파민의 일이다.

다음은 쾌락주의자다. 이들은 유흥에 심취했을 때 스스로를 진정한 자아라고 생각한다. 탐닉하는 대상이 술이든, 여자든, 가무든 쾌락주의자에게 삶의 목적은 단 하나, 악착같이 달려온 만큼 더 많은 보상을 돌려받는 것이다. 이것 역시 도파민의 일이다.

예술가는 어떤가. 그는 '창작 능력'을 인간성의 정수로 꼽는다. 창작이란 그전에 없었던 진실과 아름다움을 실재하게 하는 것이고, 이것은 천지창조에 버금가는 어마어마한 일이다. 마찬가지로 도파민의 일이다.

마지막으로 도인은 해탈 상태에서 진정한 인간성이 싹튼다고 말한다. 그가 믿는 인간성의 정수는 물리적 현실 너머에 존재한다. 나는 누구인가를 규정하는 가장 중요한 요소는 시공간을 초월해 존재하는 불멸의 영혼이기 때문이다. 영혼은 보이지도, 들리지도, 냄새나 맛이 나지도, 만져지지도 않는다. 인간이 자신의 영혼과 조우할 방법은 오직 명상뿐이다. 아니나 다를까, 또 도파민이다.

도파민 부자들,
도파민으로 멸망할까?

궁핍하고 매일이 위태롭던 원시시대에 인류는 쉬지 않고 "더, 더!"를 외쳐대는 도파민 덕분에 살아남을 수 있었다. 이 시기에 도파민은 인류 발전을 견인한 일등공신이었다. 인간은 도구를 만들어 이용하면서 최저 생활수준에서 벗어났고 학문과 미래라는 추상적 영역을 투시하게 되었다. 그러나 물질과 첨단기술이 풍족하다 못해 범람하는 오늘날에 생존은 더 이상 인류의 관심사가 아니다. 그럼에도 도파민의 욕심은 여전히 끝이 없다. 때로는 인간 내면을 좀먹는 느낌이 들 정도다.

지금만큼 인류가 막강한 힘을 가졌던 시대는 또 없었다. 문제는 기술 발전의 속도를 진화가 따라잡지 못하고 있다는 것이다. 인간의 뇌는 인류라는 종의 생존이 풍전등화 같던 상황에서 걸음마를 뗐다. 하지만 현대사회에서 생존은 대부분의 인간에게 전혀 고민거리가 아니다. 그럼에도 현대인의 뇌는 여전히 원시시대에 머물러 있다. 그런 이유로 어디선가 앞으로 여섯 세대 안에 인류가 멸망할 거라는 예측까지 나온다. 우리는 도파민형 본능에 지나치게 충실해 왔다. 더 많은 것, 더 새로운 것이 무조건 다 좋은 건 아닌데 말이다. 도파민은 멈출 기세가 안 보인다. 지금부터는 도파민이 이대로 멈추지 않았을 때 벌어질 수 있는 최악의 시나리오를 하나씩 살펴보려고 한다.

1. 도파민 성향이 우세한 과학자들이 개발한 핵무기를 모든 나라가 보유하게 된다면? 독재자의 도파민 회로가 쓸데없는 결단력을 발휘한다면?
2. 지구가 거덜 날 때까지 소비를 멈추지 않는 사람들과 가속화되는 기후변화. 이런 상황에서도 모두가 "더 많이! 더 빨리! 더 저렴하게! 더, 더!"만 외친다면?
3. 끝을 모르고 진화하는 인공지능, 어느 순간 인간 머리의 꼭대기에 자리 잡은 인공지능이 윤리적 판단을 할 수 없다면? 이들의 목표가 인류를 제거하는 거라면?

이외에도 문제는 많다. 도파민의 부추김이 이룬 기술 발전 덕에 오늘날 우리는 그 어느 때보다도 풍족한 시대를 살고 있다. 상점 진열대의 물건은 늘 더 새롭고 더 좋아졌다는 신상품으로 하루가 멀다 하고 교체된다. 가고 싶은 곳이 있을 땐 비행기, 기차, 자동

차를 타고 그냥 훌쩍 떠나면 그만이다. 비용도 싸고 시간도 넉넉하다. 그러나 기술 발전의 최전선에 있는 건 아마도 인터넷일 것이다. 인터넷은 각종 볼거리와 놀거리를 사실상 무제한으로 제공하는 기특한 녀석이다. 그러니 해마다 경쟁적으로 출시되는 신박한 아이템들 중 무엇에 돈을 탕진할까 결정하기 위해서는 관련 뉴스 검색에 소홀할 수가 없다.

도파민은 세상의 시계를 점점 더 빨리 돌리고 있다. 남들에게 뒤처지지 않으려면 더 많이 배워야 한다. 이제는 대학원도 필수적인 것으로 인식되고 있다. 현대인은 그 어느 시대보다도 오랜 시간을 일한다. 확인해야 할 메모와 읽어야 할 보고서, 답해야 할 이메일은 갈수록 늘어난다. 매일 지쳐 쓰러지기 직전까지 달리지만 끝은 보이지 않는다. 현대사회는 모두에게 24시간 대기조가 될 것을 요구한다.

많은 오락거리, 긴 가방끈과 근무시간을 모두 챙긴다는 것은 한편으로 다른 무언가를 포기한다는 것을 의미한다. 그리고 그 무언가는 대개 '가족'이다. 미국 인구조사국이 집계한 바로, 1976년과 비교했을 때 2012년에 아이를 낳지 않는 미국 여성의 수가 대략 2배나 많아졌다고 한다. '낫맘 서밋NotMom Summit'을 다룬 〈뉴욕 타임스〉의 2015년 기사 역시 같은 맥락의 사회변화를 꼬집고 있다. 낫맘 서밋은 자의든, 타의든 자녀를 갖지 않은 여성들의 국제모임이다. 이처럼 전 세계적으로 아이를 낳지 않으려는 사람들은 꾸준히 늘고 있다. 앞날을 내다보는 도파민은 우리 조상들에게 그랬던 것과는 달리 21세기의 커플들에게 자식을 만들라고 재촉하지 않는다. 자식 없이도 노후를 잘 보낼 수 있기 때문이다. 정부의 복지 제도가 있으니 말이다. 때문에 젊은이들은 출산과 육아에 소비할 에너지를 TV, 스포츠카, 실내 인테리어와 같은 다양한 취미에 분배한다.

이런 풍조가 국가 전체에 불러올 결과는 바로 인구 절벽 현상이다. 현 시점, 세계 인구의 절반은 출산율이 인구대체수준을 밑도는 나라에 살고 있다. 여기서 인구대체출산율replacement fertility이란 총 인구 감소를 막기 위해 부부 한 쌍당 가져야 하는 평균 자녀의 수를 말한다. 선진국들만 따져봤을 때 이 숫자는 2.1명으로 추산되며, 영아 사망률을 고려하면 이보다 약간 더 높게 잡아야 한다. 몇몇 개발도상국은 높은 영아 사망률 탓에 인구대체출산율이 3.4명까지도 올라간다. 전 세계 평균은 2.3명이다.

이처럼 대다수 유럽 국가들과 더불어 호주, 캐나다, 일본, 한국, 뉴질랜드 등 많은 나라가 심각한 저출산 시대에 본격적으로 진입했다. 미국은 그나마 형편이 좀 나은데, 종족보존에 유리한 습성이 비교적 많이 남아 있는 개발도상국들에서 이민자가 꾸준히 넘어오는 덕분이다. 그러나 그런 개발도상국조차도 출산율이 내려가고 있다. 가령 브라질, 중국, 코스타리카, 이란, 레바논, 싱가포르, 태국, 튀니지, 베트남은 출산율이 인구대체수준을 밑도는 나라들의 대열에 일찍이 합류했다.

현재 많은 나라가 유령도시로 전락하지 않도록 발버둥을 치고 있다. 시리아 난민 사태 때 독일이 국경을 활짝 연 것이 순수하게 인도적인 조치만은 아니었던 것이다. 덴마크는 저출산 위기를 극복하고자 야한 속옷을 입은 관능적인 모델을 등장시켜 잠자리를 권장하는 공익광고까지 만들 지경에 이르렀다. 출산율이 0.78명에 불과한 싱가포르는 멘토스 사와 제휴해 독립기념일에 맞춰 커플들을 독려하는 특별 캠페인을 벌였다. 이름하여 '독립기념의 밤'이다. 한편, 한국에는 다자녀 가정에게 지원금과 다양한 혜택을 주는 제도가 있고 러시아에서는 아이를 낳으면 냉장고를 경품으로 받는다.

마지막으로 우리가 걱정해야 할 것은 바로 가상현실이다. 가상현실은 이미 젊은이들을 매혹하고 있다. 가상현실의 영상과 음향은 꽤 그럴싸하다. 다른 감각 효과도 머지않아 추가될 것이라는 전망이다. 일례로 싱가포르의 한 연구팀이 개발한 '디지털 미각자극기'라는 것이 있다. 한마디로 전류와 열이 나오는 전극이 달린 장치다. 원리는 전류와 열의 세기를 달리해 전극으로 혀를 자극함으로써 짠맛, 신맛, 쓴맛을 진짜처럼 느끼게 하는 것이다. 이런 식으로 과학자들이 모든 종류의 기본 미각을 정복하면 언젠가는 어떤 음식이든 먹지 않아도 먹은 것처럼 모든 맛을 재현해낼 수 있을 것이다. 그런데 우리가 맛이라고 생각하는 감각의 반 이상은 사실 냄새다. 그런 까닭에 미각자극장치가 발달하면 후각을 자극하는 디퓨저도 발맞춰 진보하게 된다. 후각자극장치의 핵심은 골전도 변환 기술이다. 개발자들은 구강에서 시작된 소리를 귀의 연조직과 뼈를 통해 고막까지 전달함으로써 입안에서 음식을 씹는 것과 같은 느낌을 만들어낸다고 설명한다.

이제 남은 것은 촉감이다. 만약 촉감효과가 더해져 가상현실의 화룡점정이 이뤄진다면 포르노는 제2의 전성기를 맞게 될 것이다. 촉감까지 진짜 같은 가상현실 포르노가 얼마나 중독적일지 상상만 해도 소름이 돋는다. 마치 그런 미래를 예고하는 것처럼, 가상현실 포르노와 연동해 생식기를 자극하는 자위 도구가 얼마 전 출시되었다. 말하자면 컴퓨터로 제어되는 섹스토이인 셈이다. 이 시장은 강력한 흡입력으로 뭉칫돈을 끌어 모으고 있다.

우리는 곧 음악과 책에 감상평을 남기듯 가상현실에 평점을 매김으로써 컴퓨터를 교육할 수 있을 것이다. 그렇게 인간의 취향을 완벽하게 파악한 컴퓨터는 어떤 인간도 범접할 수 없는 최고의 욕구 해결사가 될 것이다. 여기서 한 단계 더 업그레이드된 버전은 바디수트일 텐데, 이 입는 컴퓨터는 피임이라는 번거로운 절차 없이 진짜처럼 생생한 감각을 온몸의 세포로 느끼게 해줄 것이다. 아이를 적게 낳는 것은 이미 전 세계적인 추세다. 이런 사회 분위기와 매력으로 중무장한 가상현실이 만날 때, 인류의 미래가 어디로 흘러갈지는 미지수다.

어쩌면 인류는 가상현실을 포기할 수 없어서 멸망으로 가는 길을 자발적으로 선택할 수도 있다. 도파민 회로가 그렇게 하라고 속삭이기 때문이다. 우리가 살아남을 방법은 딱 하나다. 더 많은 것, 더 새로운 것만을 고집하는 집착을 버리고 균형감각을 되찾는 것이다. 헤아릴 수 없이 복잡다단한 현실을 있는 그대로 받아들이고 지금 내가 가진 것들을 즐기는 요령을 익혀야 한다.

CHAPTER 7

미래지향과 현재지향을 조화시키다

도파민과 현재지향적 화학물질들 사이의
균형은 어떻게 맞출까?

더 나은 세상을 만들겠다는 포부와
현재를 즐기고 싶은 마음 사이의 괴리에 몸부림치며
눈을 뜨는 아침에는 하루 일과를 계획하는 일이 더더욱 어렵다.
― E. B. 화이트 E. B. White, 작가

통달의 경지에서
오는 즐거움

한 중년 남성이 의사를 찾아갔다. 우울증 때문이었다. 남자는 늘 부정적이고 무력했으며 앞날에 지나치게 집착했다. 아직 벌어지지도 않은 일을 두고 최악의 상황을 걱정하며 전전긍긍하는 게 그의 하루 일과였다. 모든 에너지를 근심걱정에 쏟았기 때문에 그의 감정 상태는 언제 터질지 모르는 시한폭탄과 같았다. 그는 모르는 사람들과 부대끼는 걸 견딜 수 없어서 통근열차를 타지 못했다. 새벽 3시에 인기척에 잠을 깬 아내가 흐느끼며 울고 있는 남편을 발견한 것도 한두 번이 아니었다. 이유를 물어보면 그는 이렇게 말했다. "차 타이어가 펑크 나면 보통 사람들은 보험회사에 전화를 하잖아. 그런데 나는 자살상담실 번호를 누를 것 같아." 그는 우울증 치료를 시작했다. 뇌가 현재지향적 화학물질인 세로토닌을 더 잘 사용할 수 있도록 돕는 약물을 복용했다. 치료 효과는 좋았다. 한 달 정도 지났을 때 그는 밝고 명랑해졌다는 소리까지 들었다. 점차 활력을 되찾았고 하루하루를 더 즐겁게 보낼 줄 알게 되었다. 자기 자신뿐만 아니라 아내에게도 잘된 일이었다. 그런 생각을 하다 불현듯 작은 호기심이 생겼다. 약물 치료 강도를 지금보다 올리면 어떨까? 그는 의사의 허락을 받아 약 용량을 높여 복용하기 시작했다. 그리고 다음 검진 때 그는 의사에게 이렇게 고백했다. "엄청나던데요. 마냥 행복했어요. 뭘 해야 한다는 생각이 전혀 들지 않을 정도로요. 아침에 눈을 떠도 침대 밖으로 나올 일이 없었죠." 이 흥미로운 실험 후 의사와 상의해 용량을 예전 수준으로 다시 낮추고 나서야 그는 감정적 균형을 되찾을 수 있었다.

이 남성의 사례만큼 극적인 변화가 우울증 치료제를 복용하는 모든 환자에게 나타나는 것은 아니다. 선천적 조건과 환경적 조건이 맞아떨어져야만 하는데 그런 경우는 흔치 않다. 다만 이 사례는 사람의 관심이 미래로든 현재로든 어느 한쪽으로 지나치게 쏠릴 때 정상적인 생활이 불가능함을 잘 보여준다.

도파민과 현재지향적 화학물질들은 상부상조하도록 진화했다. 언뜻 보면 두 신경전달물질 부류가 서로 반대작용을 하며 경쟁만 하는 것 같지만 이것은 궁극적으로 뇌의 안정을 불러온다. 그 덕분에 뇌세포들은 쉬지 않고 활발히 활동하게 된다. 그런데 이 균형이 무너지는 상황이 여럿 있다. 대개는 도파민 쪽이 폭주하는 경우다. 특히 현대사회가 이상하리만치 '우리 모두 도파민을 길들여야 한다!'고 몰아가는 것도 한몫 거든다. 도파민 과잉 상태는 불행한 능력자를 만드는 반면 현재지향적 화학물질 과잉 상태는 행복한 게으름뱅이를 낳는다. 일중독자 간부와 대마초 피는 노숙자를 나란히 놓고 생각해보자. 진정으로 행복한 삶을 살고 있거나 한 인간으로서 성장하고 있는 사람은 누구일까? 누구도 아니다. 두 신경전달물질 부류 사이의 균형을 유지하는 것이 무엇보다도 중요하다. 어느 쪽으로든 지나치게 기운 상태는 건강하지 못하다. 그렇다면 평범한 사람들은 어떻게 균형을 잡아야 할까?

무언가에 통달한다는 것은 주어진 환경에서 누구보다도 많은 보상을 얻어내는 것이라 정의할 수 있다. 누군가는 스쿼시에, 누군가는 프랑스 요리에, 또 누군가는 컴퓨터 버그 해결에 통달해 전문가로 거듭난다. 무언가의 전문가가 되는 것은 도파민이 보기에도 마땅히 응원하고 칭찬할 만한 바람직한 일이다. 그런데 그 바람직함이란 것의 질이 조금 다르다. 통달한다는 것은 식량을 구하고, 새로운 섹스 파트너를 찾고, 경쟁상대를 물리치는 것 같은 일상의 과제들처럼 단순하지 않다. 그보다 훨씬 광범위하고 고차원적인 일이다. 도파민의 최종 목적을 마침내 이뤄 실제로 보상을 거머쥐는 일이기 때문이다. 전문가의 경지에 오르면 도파민의 열망은 정점을 찍는다. 그래서 주어진 환경에서 뽑아낼 수 있는 자원을 마지막 한 방울까지 있는 힘껏 짜낸다. 그 지난한 세월을 오로지 이 순간만 바라보고 달려온 것이다. 이 순간만큼은 도파민도 감격에 겨워 어쩔 줄을 모른다. 오직 앞날만이 중요하다며 고자세로 버티던 도파민이 현재의 감정에 고개를 조아리는 것이다. 도파민은 모든 게 끝까지 마무리되는 것을 확인하고 나서야 비로소 멈춰 서서 현재지향적 화학물질들에게 길을 터준다. 만족하고 함께 즐긴다. 숙제를 완벽하게 끝내고 갖는 여유는 무엇과도 비교할 수 없다.

통달의 경지는 심리학에서 '내적 통제소재internal locus of control'라 부르는 감정을 불러일으킨다. 내적 통제소재란 사람의 선택과 경험이 운명이나 타인에 의해 좌지우지되는 게 아니라 온전히 본인의 주체적 통제 안에서만 이루어지는 것을 말한다. 사람은 누구나 내적 통제소재감을 반긴다. 웬만하면 내가 통제하는 게 좋지, 통제받는 쪽이 되고 싶지는 않은 것이다. 파일럿들은 악천후에 비행할 경우 뒷자리에서 쉬기보다 차라리 조종대를 잡는 것이 스트레스를 덜 받는 방법이라고 말한다. 눈보라가 몰아치는 곳을 차로 이동해야 하는 상황에서도 그렇다. 사람들은 이때 대부분 조수석보다 운전자석에 앉는 게 좋다고 답한다. 내적 통제소재감은 사람의 기분만 좋게 하는 것이 아니라 그 사람이 하는 일의 능률까지 높인다. 내적 통제소재감이 강한 사람은 대체로 학업성취도가 좋고 더 높은 임금을 받는다.

반면에 외적 통제소재external locus of control가 큰 사람은 정반대로 매사에 수동적이다. 이런 유형은 형편이 좋을 땐 무던하고 편안하지만 끈기가 부족해 최선을 다하는 경우가 흔치 않고 일이 잘 안 풀리면 늘 남 탓을 한다. 특히 의사들이 이런 성격의 환자에게 치를 떤다. 의사 말을 귓등으로 듣는 둥 마는 둥 하는 탓에 당부한 대로 약을 잘 챙겨먹지도, 운동을 규칙적으로 하지도 않기 때문이다.

자기 분야의 1인자가 되면 내적 통제소재감과 만족감을 비롯해 많은 혜택을 누릴 수 있다. 하지만 그렇게 되기까지는 강인한 정신력과 엄청난 양의 시간과 노력이 필요하다. 어떤 기술을 배워 완전히 내 것으로 만든다는 것은 사람이 편안함을 느끼는 안전구역을 일부러 자꾸 벗어나는 것을 의미한다. 인내의 값어치를 아는 사람은 어지간하면 포기하지 않는다. 이런 끈기는 열정에 기름을 부어 더욱 활활 타오르게 한다.

예측하지 못한 발견에
흥분하는 강력한 자극제

사람들은 아침마다 무슨 생각을 하면서 양치질을 할까? 다른 건 몰라도 이를 구석구석 잘 닦아야겠다는 생각은 아닐 것이다. 그보다는 오늘 일과, 이번 주 안에 해결해야 할 과제, 아니면 훨씬 더 나중의 일들로 머릿속이 소란할 공산이 크다. 습관적으로 그러는 사람도 있고 정말 걱정이 돼서 그러는 사람도 있다. 하지만 다 괜한 걱정이다. 오히려 양치하면서 칫솔질에 집중하지 않을 때 뭔가를 놓치기가 훨씬 더 쉽다. 주의 깊게 보지 않으면 눈치 채기 어려운 무언가를 말이다.

도파민은 보상예측오류라면 죽고 못 산다. 그런 까닭에 기대했던 것보다 나은 무언가를 우연히 발견하면 뛸 듯이 기뻐한다. 그런데 모순적이지만 예보가 엇나가는 사태를 막기 위해 분골쇄신하는 것 또한 도파민이다. 보상예측오류가 일어나면 예상치 못한 사건이 내 삶의 질을 더 높여줬다는 사실에 도파민 회로가 흥분하기 때문에 기분이 엄청나게 좋아진다. 하지만 예기치 않게 발견되는 자원이 있다는 것은 발굴해야 할 자원이 아직 더 남았다는 뜻도 된다. 그런 이유로 도파민은 이 쇼에 두 번은 넘어가지 않는다. 도파민은 반짝 살아났던 행복감의 불씨를 스스로 밟아 꺼뜨린다. 잔인하지만 멀리 봤을 때 그게 최선이라고 판단하는 것이다. 그런데 정말 그게 최선일까? 도파민의 엄중한 감시를 뚫고 행운이 우리의 삶에 거듭 찾아오게 할 수는 없을까?

현실은 보물찾기 쪽지가 잔뜩 숨겨진 공원과 같다. 반면에 사람들이 저마다 마음에 품은 판타지는 예측이 가능하다. 대개는 비슷비슷한 시나리오의 재탕에 머문다. 어쩌다 한 번씩 기발한 새 아이디어가 떠오르기도 하지만 그런 일은 드물다. 작정하고 창의적인 생각을 하려고 하면 묵묵부답이고 오히려 다른 일에 몰두할 때 이런 생각이 툭 튀어나오기 일쑤다.

뇌의 정보처리 효율은 바로 지금 하고 있는 일, 즉 현재에 의식을 집중할 때 극대화된다. 그러면 도파민은 새로운 계획을 그 어느 때보다도 빠르게, 높은 완성도로 만들어낼 수 있다. 미래 예측의 뼈대를 빚으려면 데이터가 필요하고 데이터는 오감을 통해 현실에서 수집되는데, 이 데이터베이스 자체가 훨씬 탄탄하기 때문이다. 실로 오랜만에 도파민 회로와 현재지향적 회로가 의기투합하는 것이다.

도파민 회로가 자극을 받아 깨어나면 집중력이 덩달아 높아진다. 이때 집중의 초점을 바깥세상으로 돌림으로써 현재지향적 회로까지 깨우면 보다 강렬한 감각으로 현실을 체험하게 된다. 외국의 어느 낯선 거리를 걷고 있다고 상상해보자. 건물, 나무, 심지어 가로등까지 모든 것이 신기한 구경거리다. 이처럼 낯선 환경의 한복판에 설 때 온몸의 신경세포로 포착되는 감각 자극은 더없이 선연하다. 이 맛에 여행을 끊을 수가 없다. 그런데 반대 순서로도 똑같은 현상이 일어날 수 있다. 현실세계에서 들어온 감각 자극이 인지 기능을 수행하는 뇌 도파민 회로에 터보 엔진을 달아주는 것이다. 특히 복잡한 상황(일명 풍요로운 환경)일수록 무서운 가속도가 붙는다. 그리고 가장 복잡한 환경, 즉 가장 풍요로운 환경은 다름 아닌 자연계다.

    자연은 몹시도 복잡하다. 수많은 요소들은 얽히고설켜 예측 불가능한 결과를 만들어낸다. 일일이 열거하자면 한도 끝도 없다. 하나의 거대한 세계로서의 자연은 또 다른 매력을 가지고 있다. 때로는 고요하고 때로는 생동하는 변화무쌍한 모습을 보여주며 많은 이에게 감동과 영감을 선사한다. 자연에 노출되기 전과 후, 인간의 인지기능에 어떤 변화가 있는지 알아보기 위해 호주 멜버른 대학교의 연구팀이 학생들을 대상으로 실험을 진행했다. 케이트 리Kate Lee 박사가 이끄는 연구팀은 먼저 학생들을 두 그룹으로 나눴다. 그리고 한 그룹에게는 옥상정원이 있는 도심 건물의 사진을 보여주고 다른 한 그룹에게는 평범한 콘크리트 건물 사진을 보여줬다. 피시험자에게 주어진 시간은 딱 40초였다.

두 사진이 인지기능에 미치는 영향을 수치화하기 위해 연구팀은 학생들에게 집중력을 요하는 과제를 냈다. 화면에 무작위로 뜨는 숫자를 보고 재빨리 해당 숫자 버튼을 누르는 것이다. 단 예외로 숫자 3이 뜨면 버튼을 누르지 말아야 했다. 한 테스트당 피시험자가 확인해야 하는 숫자는 총 225개였다. 이 테스트는 고도의 집중력과 더불어 정답을 맞추겠다는 강한 의지도 있어야 했기 때문에 말처럼 쉽지 않았다. 연구팀은 각 피시험자마다 이 테스트를 두 차례 반복하되 1차 시기와 2차 시기 사이에 40초라는 아주 짧은 휴식 시간을 갖게 했다. 사진을 보여준 타이밍이 바로 이때다.

실험 결과, 알록달록한 꽃과 초록 잔디 사진을 스치듯 보고 온 학생들은 회색 빌딩숲 사진을 본 그룹에 비해 실수를 적게 했다. 연구팀은 이런 차이가 생긴 이유를 다각도로 분석했다. 그런 뒤, 자연풍경이 대뇌피질 아래의 각성 부위(도파민 욕망 회로)와 대뇌피질의 집중력 제어 부위(도파민 통제 회로) 모두를 깨웠을 거라고 잠정적으로 결론지었다.

행복한 미래를
상상하는 것의 대가

 가능성만 가득한 비현실적이고 추상적인 도파민의 미래 세상에 머물며 살아가기 위해 사람들은 종종 행복을 스스로 포기한다. 이것은 하버드대학교의 한 연구팀이 과학적으로 확인한 사실이다. 그 과정에서 연구팀이 자체 개발한 스마트폰 앱이 맹활약했는데, 앱에 등록된 회원에게 불시에 질문을 던져 매일의 일상과 순간적으로 들었던 생각, 혹은 느낌을 실시간으로 조사하는 방식이었다. 연구팀의 궁극적 목적은 순간의 감정과 일상적 감상들이 행복과 어떤 관련이 있는지 분석하는 것이었다. 자원자는 83개 국가를 합해 5,000명이 넘었다.

 앱은 '지금 기분이 어때요?', '지금 뭐 하고 있어요?' 하는 식으로 회원들에게 수시로 안부를 물으며 데이터를 요청했다. 특히 '지금 하는 일에 관한 것 말고 다른 생각을 하고 있나요?'라는 질문이 중요했는데, 응답자들은 두 번 중 한 번꼴로 '예'라고 답했다. 산만하기가 힘든 섹스 시를 제외하고, 어떤 일상 활동이든 이런저런 잡생각이 드는 정도는 모두 엇비슷했다. 이렇듯 사람들이 너무나 자주 어떤 일을 하면서 다른 일을 생각하는 것을 보고 연구팀은 결론을 내렸다. '자극 비의존적 사고 stimulus-independent thought'라고 불리는 이 잡념이 바로 뇌의 기본설정 상태라고.

연구팀은 행복을 주제로 한 분석도 진행했는데, 사람들이 잡념에 빠져 있을 때 덜 행복해하는 경향이 있었다고 한다. 딴생각 중에 뭘 하고 있었는지는 이번에도 별로 중요하지 않았다. 식사 중이었든, 근무 중이었든, TV를 보고 있었든, 친구와 함께 있었든 사람들은 지금 하는 일에 오롯이 집중할 때 더 만족하고 즐거워했다. 앱 데이터를 바탕으로 한 연구팀의 종합적 해석은 이랬다. '인간 정신의 본성은 떠도는 것이지만 정신이 떠돌 때 인간은 행복하지 않다.'

그런데 만약 행복 따위 필요 없다는 사람이라면 어떨까? 도파민 초우세형 인간에게는 오직 성공만이 인생의 유일한 목표일 테니 차라리 잘된 것 아닐까? 그런데 그렇지가 않다. 아무리 영특하고 창의적인 사람이라도 현재지향적 감각 경험 없이 도파민 회로만 가지고서는 그 무엇도 이뤄낼 수 없기 때문이다.

숨이 멎은 아들을 안고 있는 성모의 모습을 묘사한 미켈란젤로의 '피에타'를 보고 있노라면 한마디 해설 없이도 비탄과 순응이라는 추상적 감정이 절절하게 와 닿는다. 영혼이 살아 숨 쉬는 듯한

이 명작이 실은 대리석 덩어리일 뿐이라는 사실을 까맣게 잊을 정도다. 슬픔에 잠긴 성모의 자태가 아름다운 것도 큰 몫을 한다. 하지만 만약 미켈란젤로가 현실의 여인들을 눈여겨보지 않았다면, 그가 실제 인생에서 참된 비애를 겪어보지 않았다면 조각상 하나로 전 세계에 이렇게 큰 울림을 주지는 못했을 것이다.

우리는 현재에 우리의 시간을 허락함으로써 실제로 우리가 살고 있는 현실에 관한 감각 정보를 취한다. 그래야만 이 정보를 기틀 삼아 도파민 시스템이 최상의 미래 계획을 짤 수 있다. 온몸으로 흡수되는 감각 정보는 참신한 아이디어를 돌풍처럼 불러온다. 그때의 기분은 이루 형용할 수 없을 정도로 근사하다. 완전히 새로운 것, 방금 전만 해도 세상에 존재하지 않았던 무언가를 창조한다는 것은 설레는 일이다.

에필로그

인간이 다른 동물과 다른 점

창의력은 도파민 회로와 현재지향적 회로를 조화시킬 최고의 수단이다. 앞서 우리는 상식적인 현실 모형을 해체할 때 창의력이 솟구치는 실례를 살펴봤었다. 이런 창의력은 아무나 얻을 수 있는 게 아니다. 좋은 작품을 위해 가족과 친구를 비롯해 버릴 수 있는 모든 현실적 요소들을 버려야만 하기 때문이다. 그렇게 강박관념에 시달리는 고독한 천재들은 매사가 불만스럽고 늘 베일 듯 날카롭다. 그들의 머릿속은 도파민 천하다. 하지만 안심해라. 보통 사람들도 도전할 수 있는 훨씬 평범한 창의력도 있으니까. 도파민 독재 체제를 부추기기보다 두 회로의 균형을 도모하는 쪽으로 작용한다는 점에서는 이런 창의력이 훨씬 낫다.

현대사회에서는 목공, 뜨개질, 그림, 실내장식, 바느질 등 사람 손을 거쳐야만 가능했던 전통적 소일거리들이 빠르게 잊혀가고 있다. 아이러니한 것은 오늘날 이런 활동들이 그 어느 때보다도 더 요구된다는 사실이다. 수작업을 하는 데는 스마트폰 앱도, 초고속 인터넷도 필요하지 않다. 오로지 머리와 손재주만 있으면 된다. 온전히 나의 상상력만으로 프로젝트를 구상하고 그것을 실행할 계획을 세운다. 그런 다음 직접 그것을 실현시키는 것이다.

한 전직 금융기업 임원은 현역 시절에 스톡옵션, 자산 파생상품, 외환환율 등 온갖 실체 없는 숫자 괴물들과 씨름하느라 밤낮을 뜬눈으로 지새운 것이 하루이틀이 아니었다고 한다. 그는 부유했지만 불행했다. 결국 상담 치료를 시작했고 몇 달 뒤 젊은 시절 포기한 그림에 대한 열정을 재발견하면서 차차 안정을 찾았다. 마침내는 의사에게 이런 말을 할 정도까지 회복되었다고 한다. "요새는 퇴근 시간이 그렇게 기다려질 수가 없어요. 어젯밤에는 시간 가는 줄도 모르고 네 시간 동안 꼬박 그림만 그렸다니까요."

창의력 요정은 멀리 있지 않다. 혜성같이 등장해 스테디셀러가 된 '어른을 위한 컬러링북'이 대표적이다. 처음의 어리둥절한 반응은 점점 열광적으로 변했고, 결국 열풍을 불러왔다. 손을 자꾸 움직여야 하는 것은 아이들도 마찬가지다. 2015년, 〈타임〉에 '기술 과목을 다시 개설해야 하는 이유'라는 제목의 기사가 실렸다. 양손에 드릴과 톱을 쥐고 씨름하면서 머리끝부터 발끝까지 톱밥 투성이가 되는 시간은 전쟁터 같은 입시지옥에서 고마운 숨구멍이 되어준다. '이걸 내가 만들었어!'라고 속삭이는 순간, 아이들 영혼의 사막에는 오아시스가 피어난다.

이처럼 머리와 몸을 모두 쓰면서 심신을 동시에 만족시키는 여가 활동은 한두 가지가 아니다. 평생 취미로 삼아도 좋을 만큼 응용범위가 무궁무진한 것들이다. 명품 시계가 주는 자부심은 기껏해야 한 달이나 갈까 말까다. 승진도 마찬가지다. 그러나 몸을 사용하는 창의적 활동은 다르다. 현재지향적 경험과 도파민의 추진력이 절묘하게 결합된 이런 활동은 쇳물에 탄소가루를 섞어 강철로 재탄생시키는 것과 같다. 그렇게 만들어진 강철은 훨씬 튼튼하고 견고하다.

안타까운 사실은 많은 현대인이 무언가를 창조하는 어떤 취미도 갖지 않으려 한다는 점이다. 그림을 그리거나, 작곡을 하거나, 모형 비행기를 만드는 일 따위 다 귀찮다는 것이다. 그런 걸 만들어서 어디다 쓰냐고 물으면 물론 할 말은 없다. 이런 사람들을 설득하는 것은 소 귀에 경 읽기일 수도 있다. 취미 생활에서 돈이나 명예가 나오는 것도, 더 나은 미래가 보장되는 것도 아니기 때문이다. 하지만 취미는 우리를 행복하게 만들 수 있다. 이것만은 확실하다.

중간관리자 역량강화 프로그램을 운영하는 컨설팅 회사 타이니펄스TINYpulse는 2015년에 대규모 설문조사를 실시했다. 대상은 500여 개 기업체의 3만 여 명의 직원들이었고 설문지는 상사, 동료, 직업적 성취도에 관해 묻는 질문들로 채워졌다. 하지만 설문의 진짜 목적은 그들이 얼마나 행복한가를 알아보는 것이었다. 조사 대상에는 첨단기술, 금융, 생명공학 등 고소득 인기직종도 포함되었지만 어느 하나 행복 순위 상위권에는 오르지 못했다. 가장 행복한 사람은 다름 아닌 건설업 종사자들이었다.

건설업은 추상적인 계획을 현실세계에 실현시키는 일이다. 그래서 이 분야 종사자들은 머리와 몸을 모두 사용한다. 이들은 동료애가 두텁기로도 유명하다. 행복하다고 느낄 때 그 이유가 무엇이냐는 질문에 건설업 종사자들이 가장 많이 한 대답은 '좋은 사람들과 함께 일하기 때문'이었다. 한 현장 관리자는 "하루 일과를 마치고 종종 다 함께 맥주 몇 잔을 마시며 그날 있었던 좋은 일과 나쁜 일을 허심탄회하게 주고받는데 그런 시간들이 팀을 단합시킨다"고 말했다. 일터에서도 적절한 친교활동은 필요하다. 일과 우정의 조화, 즉 도파민과 현재지향적 화학물질들의 어울림을 위해서다. 건설업 종사자들이 다음으로 자주 이야기한 행복의 이유는 '내가 지금 하고 있는 일이 즐겁고 기대돼서'였다. 앞선 이유와는 달리 지극히 도파민스러운 답변이다. 이처럼 행복에 도달하기 위해서는 도파민 회로와 현재지향적 회로 모두 필요하다.

인간이 다른 동물들과 구분되는 것은 도파민 회로 때문이다. 도파민 회로는 우리를 특별한 존재로 만들어준다. 우리는 늘 앞날을 계획하고 실현되지 않은 일들을 상상한다. 인간 사유의 범위는 진실, 정의, 아름다움과 같은 추상적 개념까지 폭넓게 펼쳐진다. 시

공간의 경계도 도파민 회로만 있으면 장애가 되지 않는다. 어떤 상황에서도 살아남아 번성하라는 뇌 회로의 명령하에 타의 추종을 불허하는 환경지배력을 거머쥐게 된 인간은 이제 우주 정복까지 넘본다. 다만 결과가 언제나 장밋빛인 것은 아니다. 도파민이 가리키는 방향에는 중독, 배신, 좌절 등 깊이를 헤아릴 수 없는 함정들도 곳곳에 도사리고 있다. 큰일을 이루려면 이런 시련도 과정의 일부분임을 인정하는 게 당연할지 모른다. 남들이 가족 혹은 친구들과 어울릴 때 적막한 사무실에 홀로 남아 묵묵히 초과근무를 해내는 것처럼 말이다.

그러나 목표 달성의 쾌감에 빠져 폭주하기 일보 직전인 우리 현대인이 정작 완수해야 할 진짜 임무는 따로 있다. 바로 '조화'를 이루는 것이다. 우리는 지칠 줄 모르는 도파민의 도발을 극복하고 적정선에서 외면할 줄 알아야 한다. 나아가 도파민 회로의 작용과 현재지향적 회로의 작용을 아름답게 어우를 수 있어야 한다. 그래야만 둘을 조화시킬 수 있다. 도파민만 의기충천한 상태는 밝은 미래를 앞당기는 데 크게 도움이 되지 않는다. 풍부한 감각 경험에 깊은 통찰력이 더해질 때 비로소 우리는 균형 잡힌 인간으로서 진정으로 성숙할 수 있다.

감사의 글

누구보다도 먼저 《도파민적 사고가 이룬 인류의 진화와 역사Dopaminergic Mind in Human Evolution and History》를 쓰신 프레드 H. 프레빅 박사님께 감사드립니다. 박사님의 책 덕분에 도파민은 '미래지향적'인데 반해 다른 신경전달물질들은 '현재지향적'이라는 근본적 차이점을 확실히 알 수 있었습니다. 우리 책의 밑거름이 된 신경생리학을 더 깊이 알고 싶은 독자들에게 이 책을 적극 추천합니다(딱딱한 전문서이긴 하지만 말입니다).

하비클링거 에이전시Harvey Klinger Agency의 안드레아 솜버그와 웬디 레빈슨은 작업에 대해 완벽히 이해하고 우리 두 사람의 역량으로는 부족한 2%를 매번 정확히 채워주었습니다. 고맙습니다. 우리가 온전히 집필에 집중할 수 있었던 것은 열정과 실력을 겸비한 벤벨라BenBella 출판사의 글렌 예페스 덕분이기도 합니다. 그뿐만 아니라 벤벨라 식구들, 특히 레아 윌슨, 에이드리엔 랭, 제니퍼 칸조네리,

알렉사 스티븐슨, 새러 에이빈저, 헤더 버터필드, 그리고 직접 얼굴을 뵙지는 못했지만 우리 책을 위해 애써주신 모든 분들에게 지면으로나마 고개를 숙입니다. 공로로 치자면 제임스 M. 프렐라이를 빼놓을 수 없습니다. 꿈속에서 교정을 봐도 우리가 쓴 초고보다 나은 문장이 나올 정도로 탁월한 편집자가 바로 이 사람입니다.

이어서 우리 두 사람이 각자 감사한 분들에게 짧게나마 인사를 드리려 합니다.

안녕하세요, 댄입니다. 수년째 저에게 귀한 말씀을 아낌없이 퍼주시는 프레더릭 굿윈 박사님께 제일 먼저 감사를 전하고 싶습니다. 굿윈 박사님은 세계 최고의 조울증 전문가 중 한 분이십니다.

제가 최고의 환경에서 정신의학을 공부할 수 있도록 기회를 주고, 제게 정신 질환 환자들을 치료할 수 있는 특권을 허락한 조지워싱턴대학교 의과대학에도 깊이 감사드립니다. 환자들 곁에서 희로애락을 함께하면서 매 순간 내가 얼마나 축복받은 사람인지 깨달았습니다. 의과대학 학생들과 수련의들에게도 감사드립니다. 그들이 짜증나게 어려운 질문을 끊임없이 던지는 덕분에 뇌의 신비에 관한 제 이해가 얼마나 짧은지 알게 되었고, 절로 겸손해질 수 있었습니다.

아내 마사미에게는 긍정적인 마인드로 늘 나를 믿고 응원해주어 고맙다고 말하고 싶습니다. 그리고 마지막으로 샘과 잭, 사랑하는 아들들아. 내 삶에 기쁨을 주고 날 사람으로 만들어주어 고맙다.

안녕하세요, 마이크입니다. 초고를 꼼꼼하게 검토해 이 책이 과학적 설득력을 갖추도록 도와준 그레그 노스컷과 허버드 부부에게 감사 인사를 전합니다. 존 J. 밀러는 저의 프로정신을 일깨워주었고 피터 내시는 많은 영감을 주었습니다. 고맙습니다. 조지타운대학교의 제자들에게도 감사 인사를 전하고 싶습니다. 그들이 아니었다면 '글쓰기의 8할은 구상'이라는 불변의 진리를 깜빡 잊었을 것입니다. 작고하신 블레이크 스나이더는 제게 글 쓰는 방법을 가르쳐주셨고 빈스 길리건은 글에 날개를 달아주셨습니다. 두 분께 경의를 표합니다. 매일 한 번씩 나를 빵 터지게 해주는 남동생 토드, 너도 고맙다. 앞으로도 부탁한다. 아, 맞다. 엄마도요.

지난 몇 년 동안 한층 까칠해진 나를 참아주느라 아내 줄리아가 고생이 많았습니다. 고마워. 우리 아이들 샘, 매들린, 브린에게도 한없이 고마운 마음입니다. 늘 아빠 일에 관심 있는 '척'해준 아이들이죠. 아빠가 많이 사랑한다.

마지막으로 백악관 근처의 레스토랑 'TGI 프라이데이'를 언급하지 않을 수 없겠네요. 머리로, 입으로 도파민과 씨름하느라 우리가 얼마나 많은 시간을 여기서 죽치고 있었는지 모릅니다. 이곳에서 말로만 떠들던 우리 둘의 원대한 계획과 꿈이 마침내 여러분의 손에 들린 묵직한 종이뭉치로 실현되었군요.

이 책은 낚시나 야구 같은 평범한 취미에는 도통 관심이 없는 두

괴짜 아저씨의 기이한 의기투합으로 탄생했습니다. 우리 둘이 함께 즐길 거리라고는 서로의 점심 짝꿍이 되거나 책을 쓰는 일 밖에 없었죠. 지금도 우리는 사이좋은 친구로 잘 지내고 있습니다. 물론, 탈고하기 전에 아슬아슬한 순간이 몇 번 있었지만 말이에요. 마지막으로 지금 이 순간 책을 손에 쥔 여러분께도 감사드립니다. 좋은 선물이 되었길 바랍니다.

대니얼 Z. 리버먼, 마이클 E. 롱

참고문헌

Chapter 1. 우리는 왜 자꾸 사랑하고 중독될까

Fowler, J. S., Volkow, N. D., Wolf, A. P., Dewey, S. L., Schlyer, D. J., MacGregor, R. R., . . . Christman, D. (1989). Mapping cocaine binding sites in human and baboon brain in vivo. *Synapse, 4*(4), 371–377.

Colombo, M. (2014). Deep and beautiful. The reward prediction error hypothesis of dopamine. *Studies in History and Philosophy of Science Part C: Studies in History and Philosophy of Biological and Biomedical Sciences, 45*, 57–67.

Previc, F. H. (1998). The neuropsychology of 3-D space. *Psychological Bulletin, 124*(2), 123.

Skinner, B. F. (1990). *The behavior of organisms: An experimental analysis.* Cambridge, MA: B. F. Skinner Foundation.

Fisher, H. E., Aron, A., & Brown, L. L. (2006). Romantic love: A mammalian brain system for mate choice. *Philosophical Transactions of the Royal Society of London B: Biological Sciences, 361*(1476), 2173–2186.

Marazziti, D., Akiskal, H. S., Rossi, A., & Cassano, G. B. (1999). Alteration of the platelet serotonin transporter in romantic love. *Psychological Medicine, 29*(3), 741–745.

Spark, R. F. (2005). Intrinsa fails to impress FDA advisory panel. *International Journal of Impotence Research, 17*(3), 283–284.

Fisher, H. (2004). *Why we love: The nature and chemistry of romantic love.* New York: Macmillan.

Stoléru, S., Fonteille, V., Cornélis, C., Joyal, C., & Moulier, V. (2012). Functional neuroimaging studies of sexual arousal and orgasm in healthy men and women: A review and meta-analysis. *Neuroscience & Biobehavioral Reviews, 36*(6), 1481–1509.

Georgiadis, J. R., Kringelbach, M. L., & Pfaus, J. G. (2012). Sex for fun: A synthesis of human and animal neurobiology. *Nature Reviews Urology, 9*(9), 486–498.

Garcia, J. R., MacKillop, J., Aller, E. L., Merriwether, A. M., Wilson, D. S., & Lum, J. K. (2010). Associations between dopamine D4 receptor gene variation with both infidelity and sexual promiscuity. *PLoS One, 5*(11), e14162.

Komisaruk, B. R., Whipple, B., Crawford, A., Grimes, S., Liu, W. C., Kalnin, A., & Mosier, K. (2004). Brain activation during vaginocervical self-stimulation and orgasm in women with complete spinal cord injury: fMRI evidence of mediation by the vagus nerves. *Brain Research, 1024*(1), 77–88.

Chapter 2. 인간은 어떻게 스스로를 파괴하는가

Pfaus, J. G., Kippin, T. E., & Coria-Avila, G. (2003). What can animal models tell us about human sexual response? *Annual Review of Sex Research, 14*(1), 1–63.

Fleming, A. (2015, May–June). The science of craving. *The Economist 1843*. Retrieved from https://www.1843magazine.com/content/features/wanting-versus-liking

Study with "never-smokers" sheds light on the earliest stages of nicotine dependence. (2015, September 9). *Johns Hopkins Medicine*. Retrieved from https://www.hopkinsmedicine.org/news/media/releases/study_with_never_smokers_sheds_light_on_the_earliest_stages_of_nicotine_dependence

Rutledge, R. B., Skandali, N., Dayan, P., & Dolan, R. J. (2015). Dopaminergic modulation of decision making and subjective well-being. *Journal of Neuroscience, 35*(27), 9811–9822.

Weintraub, D., Siderowf, A. D., Potenza, M. N., Goveas, J., Morales, K. H., Duda, J. E., . . . Stern, M. B. (2006). Association of dopamine agonist use with impulse control disorders in Parkinson disease. *Archives of Neurology, 63*(7), 969–973.

Moore, T. J., Glenmullen, J., & Mattison, D. R. (2014). Reports of pathological gambling, hypersexuality, and compulsive shopping associated with dopamine receptor agonist drugs. *JAMA Internal Medicine, 174*(12), 1930–1933.

Ian W. v. Pfizer Australia Pty Ltd. Victoria Registry, Federal Court of Australia, March 10, 2012.

Klos, K. J., Bower, J. H., Josephs, K. A., Matsumoto, J. Y., & Ahlskog, J. E. (2005). Pathological hypersexuality predominantly linked to adjuvant dopamine agonist therapy in Parkinson's disease and multiple system atrophy. *Parkinsonism and Related Disorders*, 11(6), 381–386.

Pickles, K. (2015, November 23). How online porn is fueling sex addiction: Easy access to sexual images blamed for the rise of people with compulsive sexual behaviour, study claims. *Daily Mail*. Retrieved from http://www.dailymail. co.uk/health/article-3330171/How-online-porn-fuelling-sex-addiction-Easy-access-sexual-images-blamed-rise-people-compulsive-sexual-behaviour-study-claims.html

Voon, V., Mole, T. B., Banca, P., Porter, L., Morris, L., Mitchell, S., . . . Irvine, M. (2014). Neural correlates of sexual cue reactivity in individuals with and without compulsive sexual behaviors. *PloS One*, 9(7), e102419.

Dixon, M., Ghezzi, P., Lyons, C., & Wilson, G. (Eds.). (2006). *Gambling: Behavior theory, research, and application*. Reno, NV: Context Press.

National Research Council. (1999). *Pathological gambling: A critical review*. Chicago: Author.

Gentile, D. (2009). Pathological video-game use among youth ages 8 to 18: A national study. *Psychological Science*, 20(5), 594–602.

Przybylski, A. K., Weinstein, N., & Murayama, K. (2016). Internet gaming disorder: Investigating the clinical relevance of a new phenomenon. *American Journal of Psychiatry*, 174(3), 230–236.

Chatfield, T. (2010, November). Transcript of "7 ways games reward the brain." Retrieved from https://www.ted.com/talks/tom_chatfield_7_ways_games_reward_the_brain/transcript?language=en

Fritz, B., & Pham, A. (2012, January 20). Star Wars: The Old Republic—the story behind a galactic gamble. Retrieved from http://herocomplex.latimes.com/games/star-wars-the-old-republic-the-story-behind-a-galactic-gamble/

Nayak, M. (2013, September 20). Grand Theft Auto V sales zoom past $1 billion mark in 3 days. Reuters. Retrieved from http://www.reuters.com/article/entertainment-us-taketwo-gta-idUSBRE98J0O820130920

Ewalt, David M. (2013, December 19). Americans will spend $20.5 billion on video games in 2013. *Forbes*. Retrieved from https://www.forbes.com/sites/davidewalt/2013/12/19/americans-will-spend-20-5-billion-on-video-games-in-2013/#2b5fa4522c1e

Chapter 3. 파멸하거나 진화하거나, 중독되거나 성취하거나

MacDonald, G. (1993). *The light princess: And other fairy tales*. Whitethorn, CA: Johannesen.

Previc, F. H. (1999). Dopamine and the origins of human intelligence. *Brain and Cognition, 41*(3), 299–350.

Salamone, J. D., Correa, M., Farrar, A., & Mingote, S. M. (2007). Effort-related functions of nucleus accumbens dopamine and associated forebrain circuits. *Psychopharmacology, 191*(3), 461–482.

Rasmussen, N. (2008). *On speed: The many lives of amphetamine*. New York: NYU Press.

McBee, S. (1968, January 26). The end of the rainbow may be tragic: Scandal of the diet pills. *Life Magazine, 22*–29.

PsychonautRyan. (2013, March 9). Amphetamine-induced narcissism [Forum thread]. Bluelight.org. Retrieved from http://www.bluelight.org/vb/threads/689506-Amphetamine-Induced-Narcissism?s=e81c6e06edabbcf704296e266b7245e4

Tiedens, L. Z., & Fragale, A. R. (2003). Power moves: Complementarity in dominant and submissive nonverbal behavior. *Journal of Personality and Social Psychology, 84*(3), 558–568.

Schlemmer, R. F., & Davis, J. M. (1981). Evidence for dopamine mediation of submissive gestures in the stumptail macaque monkey. *Pharmacology, Biochemistry, and Behavior, 14,* 95–102.

Laskas, J. M. (2014, December 21). Buzz Aldrin: The dark side of the moon. *GQ.* Retrieved from http://www.gq.com/story/buzz-aldrin

Cortese, S., Moreira-Maia, C. R., St. Fleur, D., Morcillo-Peñalver, C., Rohde, L. A., & Faraone, S. V. (2015). Association between ADHD and obesity: A systematic review and meta-analysis. *American Journal of Psychiatry, 173*(1), 34–43.

Goldschmidt, A. B., Hipwell, A. E., Stepp, S. D., McTigue, K. M., & Keenan, K. (2015). Weight gain, executive functioning, and eating behaviors among girls. *Pediatrics, 136*(4), e856–e863.

O'Neal, E. E., Plumert, J. M., McClure, L. A., & Schwebel, D. C. (2016). The role of body mass index in child pedestrian injury risk. *Accident Analysis & Prevention, 90,* 29–35.

Macur, J. (2014, March 1). End of the ride for Lance Armstrong. *The New York Times.* Retrieved from https://www.nytimes.com/2014/03/02/sports/cycling/end-of-the-ride-for-lance-armstrong.html

Schurr, A., & Ritov, I. (2016). Winning a competition predicts dishonest behavior. *Proceedings of the National Academy of Sciences, 113*(7), 1754–1759.

Trollope, A. (1874). *Phineas redux*. London: Chapman and Hall.

Power, M. (2014, January 29). The drug revolution that no one can stop. *Matter*. Retrieved from https://medium.com/matter/the-drug-revolution-that-noone-can-stop-19f753fb15e0#.sr85czt5n

Baumeister, R. F., Bratslavsky, E., Muraven, M., & Tice, D. M. (1998). Ego depletion: Is the active self a limited resource? *Journal of Personality and Social Psychology, 74*(5), 1252–1265.

MacInnes, J. J., Dickerson, K. C., Chen, N. K., & Adcock, R. A. (2016). Cognitive neurostimulation: Learning to volitionally sustain ventral tegmental area activation. *Neuron, 89*(6), 1331–1342.

Miller, W. R. (1995). *Motivational enhancement therapy manual: A clinical research guide for therapists treating individuals with alcohol abuse and dependence*. Darby, PA: DIANE Publishing.

Kadden, R. (1995). *Cognitive-behavioral coping skills therapy manual: A clinical research guide for therapists treating individuals with alcohol abuse and dependence* (No. 94). Darby, PA: DIANE Publishing.

Nowinski, J., Baker, S., & Carroll, K. M. (1992). *Twelve step facilitation therapy manual: A clinical research guide for therapists treating individuals with alcohol abuse and dependence* (Project MATCH Monograph Series, Vol. 1). Rockville, MD: U.S. Dept. of Health and Human Services, Public Health Service, Alcohol, Drug Abuse, and Mental Health Administration, National Institute on Alcohol Abuse and Alcoholism.

Barbier, E., Tapocik, J. D., Juergens, N., Pitcairn, C., Borich, A., Schank, J. R., . . . Vendruscolo, L. F. (2015). DNA methylation in the medial prefrontal cortex regulates alcohol-induced behavior and plasticity. *The Journal of Neuroscience, 35*(15), 6153–6164.

Massey, S. (2016, July 22). An affective neuroscience model of prenatal health behavior change [Video]. Retrieved from https://youtu.be/tkng4mPh3PA

Chapter 4. 창조자는 천재 아니면 미치광이

Orendain, S. (2011, December 28). In Philippine slums, capturing light in a bottle. *NPR All Things Considered*. Retrieved from https://www.npr.org/2011/12/28/144385288/in-philippine-slums-capturing-light-in-a-bottle

Nasar, S. (1998). *A beautiful mind*. New York, NY: Simon & Schuster.

Dement, W. C. (1972). *Some must watch while some just sleep*. New York: Freeman.

Winerman, L. (2005). Researchers are searching for the seat of creativity and problem-solving ability in the brain. *Monitor on Psychology, 36*(10), 34.

Green, A. E., Spiegel, K. A., Giangrande, E. J., Weinberger, A. B., Gallagher, N. M., & Turkeltaub, P. E. (2016). Thinking cap plus thinking zap: tDCS of frontopolar cortex improves creative analogical reasoning and facilitates conscious augmentation of state creativity in verb generation. *Cerebral Cortex, 27*(4), 2628–2639.

Schrag, A., & Trimble, M. (2001). Poetic talent unmasked by treatment of Parkinson's disease. *Movement Disorders, 16*(6), 1175–1176.

Pinker, S. (2002). Art movements. *Canadian Medical Association Journal, 166*(2), 224.

Gottesmann, C. (2002). The neurochemistry of waking and sleeping mental activity: The disinhibition-dopamine hypothesis. *Psychiatry and Clinical Neurosciences, 56*(4), 345–354.

Scarone, S., Manzone, M. L., Gambini, O., Kantzas, I., Limosani, I., D'Agostino, A., & Hobson, J. A. (2008). The dream as a model for psychosis: An experimental approach using bizarreness as a cognitive marker. *Schizophrenia Bulletin, 34*(3), 515–522.

Fiss, H., Klein, G. S., & Bokert, E. (1966). Waking fantasies following interruption of two types of sleep. *Archives of General Psychiatry, 14*(5), 543–551.

Rothenberg, A. (1995). Creative cognitive processes in Kekulé's discovery of the structure of the benzene molecule. *American Journal of Psychology, 108*(3), 419–438.

Barrett, D. (1993). The "committee of sleep": A study of dream incubation for problem solving. *Dreaming, 3*(2), 115–122.

Root-Bernstein, R., Allen, L., Beach, L., Bhadula, R., Fast, J., Hosey, C., & Podufaly, A. (2008). Arts foster scientific success: Avocations of Nobel, National Academy, Royal Society, and Sigma Xi members. *Journal of Psychology of Science and Technology, 1*(2), 51–63.

Friedman, T. (Producer), & Jones, P. (Director). (1996). *NOVA: Einstein Revealed*. Boston, MA: WGBH.

Kuepper, H. (2017). Short life history: Hans Albert Einstein. Retrieved from http://www.einstein-website.de/biographies/einsteinhansalbert_content.html

James, I. (2003). Singular scientists. *Journal of the Royal Society of Medicine, 96*(1), 36–39.

Chapter 5. 진보주의자와 보수주의자는 어떻게 만들어지는가

Verhulst, B., Eaves, L. J., & Hatemi, P. K. (2012). Correlation not causation: The relationship between personality traits and political ideologies. *American Journal of Political Science, 56*(1), 34–51.

Bai, M. (2017, June 29). Why Pelosi should go—and take the '60s generation with her. *Matt Bai's Political World*. Retrieved from www.yahoo.com/news/pelosi-go-take-60s-generation-090032524.html

Gray, N. S., Pickering, A. D., & Gray, J. A. (1994). Psychoticism and dopamine D2 binding in the basal ganglia using single photon emission tomography. *Personality and Individual Differences, 17*(3), 431–434.

Eysenck, H. J. (1993). Creativity and personality: Suggestions for a theory. *Psychological Inquiry, 4*(3), 147–178.

Ferenstein, G. (2015, November 8). Silicon Valley represents an entirely new political category. TechCrunch. Retrieved from https://techcrunch.com/2015/11/08/silicon-valley-represents-an-entirely-new-political-category/

Moody, C. (2017, February 20). Political views behind the 2015 Oscar nominees. CNN. Retrieved from http://www.cnn.com/2015/02/20/politics/oscars-political-donations-crowdpac/

Robb, A. E., Due, C., & Venning, A. (2016, June 16). Exploring psychological wellbeing in a sample of Australian actors. *Australian Psychologist*.

Wilson, M. R. (2010, August 23). Not just News Corp.: Media companies have long made political donations. *OpenSecrets Blog*. Retrieved from https://www.opensecrets.org/news/2010/08/news-corps-million-dollar-donation/

Kristof, N. (2016, May 7). A confession of liberal intolerance. *The New York Times*. Retrieved from http://www.nytimes.com/2016/05/08/opinion/sunday/a-confession-of-liberal-intolerance.html

Flanagan, C. (2015, September). That's not funny! Today's college students can't seem to take a joke. *The Atlantic*.

Kanazawa, S. (2010). Why liberals and atheists are more intelligent. *Social Psychology Quarterly, 73*(1), 33–57.

Amodio, D. M., Jost, J. T., Master, S. L., & Yee, C. M. (2007). Neurocognitive correlates of liberalism and conservatism. *Nature Neuroscience, 10*(10), 1246–1247.

Settle, J. E., Dawes, C. T., Christakis, N. A., & Fowler, J. H. (2010). Friendships moderate an association between a dopamine gene variant and political ideology. *The Journal of Politics, 72*(4), 1189–1198.

Ebstein, R. P., Monakhov, M. V., Lu, Y., Jiang, Y., San Lai, P., & Chew, S. H. (2015, August). Association between the dopamine D4 receptor gene exon III variable number of tandem repeats and political attitudes in female Han Chinese. *Proceedings of the Royal Society B, 282*(1813), 20151360.

How states compare and how they voted in the 2012 election. (2014, October 5). *The Chronicle of Philanthropy*. Retrieved from https://www.philanthropy.com/article/How-States-CompareHow/152501

Giving USA. (2012). *The annual report on philanthropy for the year 2011*. Chicago: Author.

Kertscher, T. (2017, December 30). Anti-poverty spending could give poor $22,000 checks, Rep. Paul Ryan says. Politifact. Retrieved from http://www.politifact.com/wisconsin/statements/2012/dec/30/paul-ryan/anti-poverty-spending-could-give-poor-22000-checks/

Giving USA. (2017, June 29). Giving USA: Americans donated an estimated $358.38 billion to charity in 2014; highest total in report's 60-year history [Press release]. Retrieved from https://givingusa.org/giving-usa-2015-press-release-giving-usa-americans-donated-an-estimated-358-38-billion-to-charity-in-2014-highest-total-in-reports-60-year-history/

Konow, J., & Earley, J. (2008). The hedonistic paradox: Is homo economicus happier? *Journal of Public Economics, 92*(1), 1–33.

Post, S. G. (2005). Altruism, happiness, and health: It's good to be good. *International Journal of Behavioral Medicine, 12*(2), 66–77.

Brooks, A. (2006). *Who really cares?: The surprising truth about compassionate conservatism*. Basic Books.

Leonhardt, D., & Quealy, K. (2015, May 15). How your hometown affects your chances of marriage. The Upshot [Blog post]. Retrieved from https://www.nytimes.com/interactive/2015/05/15/upshot/the-places-that-discouragemarriage-most.html

Kanazawa, S. (2017). Why are liberals twice as likely to cheat as conservatives? *Big Think*. Retrieved from http://hardwick.fi/E%20pur%20si%20muove/whyare-liberals-twice-as-likely-to-cheat-as-conservatives.html

Match.com. (2012). Match.com presents Singles in America 2012. *Up to Date* [blog]. Retrieved from http://blog.match.com/sia/

Dunne, C. (2016, July 14). Liberal artists don't need orgasms, and other findings from OkCupid. Hyperallergic. Retrieved from http://hyperallergic.com/311029/liberal-artists-dont-need-orgasms-and-other-findings-from-okcupid/

Carroll, J. (2007, December 31). Most Americans "very satisfied" with their personal lives. Gallup.com. Retrieved from http://www.gallup.com/poll/103483/most-americans-very-satisfied-their-personal-lives.aspx

Cahn, N., & Carbone, J. (2010). *Red families v. blue families: Legal polarization and the creation of culture.* Oxford: Oxford University Press.

Edelman, B. (2009). Red light states: Who buys online adult entertainment? *Journal of Economic Perspectives, 23*(1), 209-220.

Schittenhelm, C. (2016). What is loss aversion? *Scientific American Mind, 27*(4), 72-73.

Kahneman, D., Knetsch, J. L., & Thaler, R. H. (1991). Anomalies: The endowment effect, loss aversion, and status quo bias. *Journal of Economic Perspectives, 5*(1), 193-206.

De Martino, B., Camerer, C. F., & Adolphs, R. (2010). Amygdala damage eliminates monetary loss aversion. *Proceedings of the National Academy of Sciences, 107*(8), 3788-3792.

Dodd, M. D., Balzer, A., Jacobs, C. M., Gruszczynski, M. W., Smith, K. B., & Hibbing, J. R. (2012). The political left rolls with the good and the political right confronts the bad: Connecting physiology and cognition to preferences. *Philosophical Transactions of the Royal Society B: Biological Sciences, 367*(1589), 640-649.

Helzer, E. G., & Pizarro, D. A. (2011). Dirty liberals! Reminders of physical cleanliness influence moral and political attitudes. *Psychological Science, 22*(4), 517-522.

Crockett, M. J., Clark, L., Hauser, M. D., & Robbins, T. W. (2010). Serotonin selectively influences moral judgment and behavior through effects on harm aversion. *Proceedings of the National Academy of Sciences, 107*(40), 17433-17438.

Harris, E. (2012, July 2). Tension for East Hampton as immigrants stream in. *The New York Times.* Retrieved from http://www.nytimes.com/2012/07/03/nyregion/east-hampton-chafes-under-influx-of-immigrants.html

Glaeser, E. L., & Gyourko, J. (2002). *The impact of zoning on housing affordability* (Working Paper No. 8835). Cambridge, MA: National Bureau of Economic Research.

Real Clear Politics. (2014, July 9). Glenn Beck: I'm bringing soccer balls, teddy bears to illegals at the border. Retrieved from http://www.realclearpolitics.com/video/2014/07/09/glenn_beck_im_bringing_soccer_balls_teddy_bears_to_illegals_at_the_border.html

Laber-Warren, E. (2012, August 2). Unconscious reactions separate liberals and conservatives. *Scientific American.* Retrieved from http://www.scientificamerican.com/article/calling-truce-political-wars/

Luguri, J. B., Napier, J. L., & Dovidio, J. F. (2012). Reconstruing intolerance: Abstract thinking reduces conservatives' prejudice against nonnormative groups. *Psychological Science, 23*(7), 756-763.

GLAAD. (2013). *2013 Network Responsibility Index*. Retrieved from http://glaad.org/nri2013

GovTrack. (n.d.). Statistics and historical comparison. Retrieved from https://www.govtrack.us/congress/bills/statistics

Chapter 6. 무엇이 인류를 진화하고 번영하게 만들었나

Huff, C. D., Xing, J., Rogers, A. R., Witherspoon, D., & Jorde, L. B. (2010). Mobile elements reveal small population size in the ancient ancestors of *Homo sapiens*. *Proceedings of the National Academy of Sciences, 107*(5), 2147–2152.

Chen, C., Burton, M., Greenberger, E., & Dmitrieva, J. (1999). Population migration and the variation of dopamine D4 receptor (DRD4) allele frequencies around the globe. *Evolution and Human Behavior, 20*(5), 309–324.

Merikangas, K. R., Jin, R., He, J. P., Kessler, R. C., Lee, S., Sampson, N. A., . . . Ladea, M. (2011). Prevalence and correlates of bipolar spectrum disorder in the World Mental Health Survey Initiative. *Archives of General Psychiatry, 68*(3), 241–251.

Keller, M. C., & Visscher, P. M. (2015). Genetic variation links creativity to psychiatric disorders. *Nature Neuroscience, 18*(7), 928.

Smith, D. J., Anderson, J., Zammit, S., Meyer, T. D., Pell, J. P., & Mackay, D. (2015). Childhood IQ and risk of bipolar disorder in adulthood: Prospective birth cohort study. *British Journal of Psychiatry Open, 1*(1), 74–80.

Bellivier, F., Etain, B., Malafosse, A., Henry, C., Kahn, J. P., Elgrabli-Wajsbrot, O., . . . Grochocinski, V. (2014). Age at onset in bipolar I affective disorder in the USA and Europe. *World Journal of Biological Psychiatry, 15*(5), 369–376.

Birmaher, B., Axelson, D., Monk, K., Kalas, C., Goldstein, B., Hickey, M. B., . . . Kupfer, D. (2009). Lifetime psychiatric disorders in school-aged offspring of parents with bipolar disorder: The Pittsburgh Bipolar Offspring study. *Archives of General Psychiatry, 66*(3), 287–296.

Angst, J. (2007). The bipolar spectrum. *The British Journal of Psychiatry, 190*(3), 189–191.

Akiskal, H. S., Khani, M. K., & Scott-Strauss, A. (1979). Cyclothymic temperamental disorders. *Psychiatric Clinics of North America, 2*(3), 527–554.

Boucher, J. (2013). *The Nobel Prize: Excellence among immigrants*. George Mason University Institute for Immigration Research.

Wadhwa, V., Saxenian, A., & Siciliano, F. D. (2012, October). *Then and now: America's new immigrant entrepreneurs, part VII*. Kansas City, MO: Ewing Marion Kauffman Foundation.

Bluestein, A. (2015, February). The most entrepreneurial group in America wasn't born in America. Retrieved from http://www.inc.com/magazine/201502/adam-bluestein/the-most-entrepreneurial-group-in-america-wasnt-born-inamerica.html

Nicolaou, N., Shane, S., Adi, G., Mangino, M., & Harris, J. (2011). A polymorphism associated with entrepreneurship: Evidence from dopamine receptor candidate genes. *Small Business Economics, 36*(2), 151–155.

Kohut, A., Wike, R., Horowitz, J. M., Poushter, J., Barker, C., Bell, J., & Gross, E. M. (2011). *The American-Western European values gap*. Washington, DC: Pew Research Center.

Intergovernmental Panel on Climate Change. (2014). IPCC, 2014: Summary for policymakers. In *Climate change 2014: Mitigation of climate change* (Contribution of Working Group III to the Fifth Assessment Report of the Intergovernmental Panel on Climate Change). New York, NY: Cambridge University Press.

Kurzweil, R. (2005). *The singularity is near: When humans transcend biology*. New York: Penguin.

Eiben, A. E., & Smith, J. E. (2003). *Introduction to evolutionary computing* (Vol. 53). Heidelberg: Springer.

Lino, M. (2014). *Expenditures on children by families, 2013*. Washington, DC: U.S. Department of Agriculture.

Roser, M. (2017, December 2). Fertility rate. *Our World In Data*. Retrieved from https://ourworldindata.org/fertility/

McRobbie, L. R. (2016, May 11). 6 Creative ways countries have tried to up their birth rates. Retrieved from http://mentalfloss.com/article/33485/6-creative-ways-countries-have-tried-their-birth-rates

Ranasinghe, N., Nakatsu, R., Nii, H., & Gopalakrishnakone, P. (2012, June). Tongue mounted interface for digitally actuating the sense of taste. In *2012 16th International Symposium on Wearable Computers* (pp. 80–87). Piscataway, NJ: IEEE.

Project Nourished—A gastronomical virtual reality experience. (2017). Retrieved from http://www.projectnourished.com

Burns, J. (2016, July 15). How the "niche" sex toy market grew into an unstoppable $15B industry. Retrieved from http://www.forbes.com/sites/janetwburns/2016/07/15/adult-expo-founders-talk-15b-sex-toy-industryafter-20-years-in-the-fray/#58ce740538a1

Chapter 7. 미래지향과 현재지향을 조화시키다

Lee, K. E., Williams, K. J., Sargent, L. D., Williams, N. S., & Johnson, K. A. (2015). 40-second green roof views sustain attention: The role of microbreaks in attention restoration. *Journal of Environmental Psychology, 42,* 182–189.

Mooney, C. (2015, May 26). Just looking at nature can help your brain work better, study finds. *Washington Post.* Retrieved from https://www.washingtonpost.com/news/energy-environment/wp/2015/05/26/viewing-nature-can-help-your-brain-work-better-study-finds/

Raskin, A. (2011, January 4). Think you're good at multitasking? Take these tests. *Fast Company.* Retrieved from https://www.fastcodesign.com/1662976/think-youre-good-at-multitasking-take-these-tests

Gloria, M., Iqbal, S. T., Czerwinski, M., Johns, P., & Sano, A. (2016). Neurotics can't focus: An in situ study of online multitasking in the workplace. In *Proceedings of the 2016 CHI Conference on Human Factors in Computing Systems.* New York, NY: ACM.

Killingsworth, M. A., & Gilbert, D. T. (2010). A wandering mind is an unhappy mind. *Science, 330*(6006), 932–932.

Robinson, K. (2015, May 8). Why schools need to bring back shop class. *Time.* Retrieved from http://time.com/3849501/why-schools-need-to-bring-back-shop-class/

TINYpulse. (2015). *2015 Best Industry Ranking. Employee Engagement & Satisfaction Across Industries.*

그림 출처

86쪽 Sasangi Umesha

187쪽, 272쪽 Thomas Splettstoesser

도파민형 인간

2019년 10월 10일 초판 1쇄 | 2025년 10월 8일 2판 1쇄 발행

지은이 대니얼 Z. 리버먼, 마이클 E. 롱 **옮긴이** 최가영
펴낸이 이원주

책임편집 류지혜 **디자인** 진미나
기획개발실 강소라, 김유경, 강동욱, 박인애, 고정용, 이채은, 최연서
마케팅실 양근모, 권금숙, 양봉호 **온라인홍보팀** 신하은, 현나래, 최혜빈
디자인실 윤민지, 정은예 **디지털콘텐츠팀** 최은정 **해외기획팀** 우정민, 배혜림, 정혜인
경영지원실 강신우, 김현우, 이윤재 **제작실** 이진영
펴낸곳 (주)쌤앤파커스 **출판신고** 2006년 9월 25일 제406-2006-000210호
주소 서울시 마포구 월드컵북로 396 누리꿈스퀘어 비즈니스타워 18층
전화 02-6712-9800 **팩스** 02-6712-9810 **이메일** info@smpk.kr

ⓒ 대니얼 Z. 리버먼, 마이클 E. 롱 (저작권자와 맺은 특약에 따라 검인을 생략합니다)
ISBN 979-11-94755-79-1(03320)

- 이 책은 저작권법에 따라 보호받는 저작물이므로 무단전재와 무단복제를 금지하며, 이 책 내용의 전부 또는 일부를 이용하려면 반드시 저작권자와 (주)쌤앤파커스의 서면동의를 받아야 합니다.
- 잘못된 책은 구입하신 서점에서 바꿔드립니다.
- 책값은 뒤표지에 있습니다.

쌤앤파커스(Sam&Parkers)는 독자 여러분의 책에 관한 아이디어와 원고 투고를 설레는 마음으로 기다리고 있습니다. 책으로 엮기를 원하는 아이디어가 있으신 분은 이메일 book@smpk.kr로 간단한 개요와 취지, 연락처 등을 보내주세요. 머뭇거리지 말고 문을 두드리세요. 길이 열립니다.